生徒の心をわしづかみ！
長谷川博之の「学級通信」365日全記録

上巻

長谷川博之

《著》

学芸みらい社
GAKUGEI MIRAISHA

まえがき

少ない年で400号余り、多い年で700号余りの学級通信を書き散らしてきた。
その通信には学級生活の描写や授業の記録の他、生徒の文章も多く掲載している。
ここでいう生徒の文章とは、主として日記の文章である。

4月の出会いの日、私は一人ひとりに1冊のノートを贈る。
表紙には彼らの氏名を丁寧に書き入れておく。
このノートに、生徒は日々感じることや考えることを綴る。
学級生活や授業の感想に始まり、部活動の悩み、友人への励まし、誰々のように努力するという決意、学級への問題提起等が綴られていく。
私はそれらを学級通信に載せる。

基本は帰りの会の前に当番が配る形である。授業で扱うことも時折ある。
翌日、日記には読後の感想が綴られる。それをまた通信に載せる。その翌日はまた感想が届く。
この積み重ねで1年が過ぎてゆく。

学級通信は一方通行の連絡掲示板ではない。
主張、質疑応答、批判等が入り乱れる、真剣なコミュニケーションの土俵である。
コミュニケーションの輪にはもちろん、担任である私も入る。
また、保護者も参画する。
大人たちが真剣に綴った文章もまた、多々掲載されるのである。

学級通信発行と日記指導とを連動させ、生活場面以外のリレーションをも高めて学級集団を進化させる。
それが私の学級集団形成の方法である。

2012年1月、『子ども・保護者・教師の心をつなぐ"交換日記＆学級通信"―魔法の書き方と書かせ方』という書籍を上梓した。
20代後半から30代前半にかけての実践を基に、我がNPO法人埼玉教育技術研究所のメンバーと共に書き上げた1冊である。
編集担当として構成の指導やタイトルづくりの労をとってくださったのが樋口雅子氏であった。

本書もまた、その樋口氏の依頼による。
今度は私の学級通信を1年分すべて公表せよという。
一字一句変えずに発表しようという。

学級通信に嘘は書けない。生徒が読むし、保護者も読むし、同僚も読む。
よって、書かれていることはすべて事実である。
私以外のプライバシーに関わる部分を仮称にするなどの他に、変える必要はない。

だが、というか、だからというか、読む人がいるのかどうか心配になったのである。
地方の一公立中学校の、その中の小さな一学級の実践である。
ただただ生徒用に書き綴った文章である。
中学生のために書き散らした文章である。
私の仲間は義理で購入してくれるだろうが、他に誰が読みたいと思うのか。
そこが気になったのだ。

しかし、私以上に根気強い樋口氏からは再三にわたってアプローチがある。
最後はもう後は野となれ山となれで、えいやっと思い切った。

ただ通信を再現するだけでは面白くない。
樋口氏の助言を受け、1号ずつにコメントを付すことにした。

どの時期にどのような内容を書くのか。
なぜその話題を選んだのか。
表現の意図は何か。
なぜ生徒はそのような行動をしたのか。
その日記が生まれた背景には何があるのか。
保護者が学級経営に参画し始める、そのきっかけとなった出来事は何か。
行事に臨むにあたって、担任の仕事とは何か。
そもそも、教師の仕事とは何をどうすることなのか。

以上のような観点でコメントを綴った。
読み返し当時を思い出しながら念入りに書いたつもりである。

全355号の通信を二分冊にした。
本上巻には創刊号から174号までを収めた。
出会いの日から、10月末の大イベントである合唱コンクール後数日分までである。

読んでいただければわかるが、この年は異動初年度であり、担当するのは問題山積の学年であった。
黄金の1日目から教育的格闘の連続である。
指示通り椅子に座って担任を待っていた生徒、わずかに2名。
私が話し始めた瞬間に机に突っ伏した生徒、4名。
全員に話を聴かせるまでにかかった時間、30分。
廊下には学年職員と管理職が待機する。
まさにマイナス2万点からの出立であった。

では、半年後の合唱コンクールはどうであったか。
文字通りの大波乱であった。
体育館の片隅で即席の「保護者会」が開かれるほどに、である。
いわゆる「合唱」としては「大成功」には程遠い。
しかし、その結果をその後の大成長にどうつなげるかがこちらの腕の見せ所である。
実際に、その後学級は教師、保護者から「奇跡」と評される質の成長を示す。
3月まで読み進めれば、起きる出来事すべてが伏線であり、布石であったことに気づくだろう。
興味を持っていただいた方にはぜひ、下巻もお読みいただきたい。
学級集団の段階別進化を具体的事実として確認でき、また、その進化を実現するための教師の仕事を細部に渡って知ることもできるはずである。

　編著も含め14冊目の出版となるこの本もまた、教師という仕事に打ち込んでいる、あるいはこれから打ち込もうとする人々に対する、連帯の意を込めた一教師の記録である。

　最後になりますが、今回もまた執筆という教師修業の機会をくださった学芸みらい社樋口雅子氏と、常に我が国の教育の行く末を思い叱咤激励してくださる向山洋一師匠に心からの感謝を申し上げます。

　　　　　2019年早春　NPO法人埼玉教育技術研究所代表理事・TOSS代表代行補佐　長谷川博之

もくじ

まえがき……2

4月　混沌緊張期に学級を組織する鉄則

創刊号　出会いの日に思うこと……10

2号　学級のしくみとルールを作り、動かし始める2日間……11

3号　出逢いの記録……12

4号　この現実から始める……13

5号　出逢い二日目の記録……14

6号　人の心に火を灯す、そんな言葉と行動を……15

7号　20XX年前期、O中学校2年A組組織……16

8号　朝から感動した……17

9号　心の冒険にチャレンジしよう……18

10号　2A写真館……19

11号　幸せになるには三つの事を満たす必要があるのでしたね……20

12号　本気の国語教室を創造しましょう……21

13号　「正しい」と「楽しい」……22

14号　なんでもない日常、この日常をいかに生きるか……23

15号　悲しい現実、嬉しい現実……24

16号　徳を積む話……25

17号　心のふれあいから生まれるもの……26

18号　事実の力の前に、涙こぼれる……27

19号　利己と利他のバランス……28

20号　2Aから始める大事業……29

21号　本音の交流をしましょう……30

22号　改善点は「改めればさらによくなる点」です……31

23号　心……32

24号　一匹狼のたくましさと、野武士の如き集団を……33

25号　人の痛みを自分のこととして捉えられるか……34

26号　ありがとうゲーム……35

27号　それぞれの日記から……36

28号　授業内容とは別に、私が教えたこと……37

29号　私は変わっているのです……38

30号　プライドをもとう……39

5月　小集団成立期も「増やしたいことは褒める」が原則

31号　レッテルを剥がさないか……40

32号　精いっぱいの努力で作り出した記録を、
更なる努力で更新する……41

33号　笑顔の共創……42

34号　あなた自身の問題なのです……43

35号　原因と結果の法則……44

36号　一生をかけてやる勉強とは……45

37号　土台づくり、進行中……46

38号　明るく温かく……47

39号　就きたい職よりなりたい自分……48

40号　人は皆、華……49

41号　未来は選べる……50

42号　正解よりも変容……51

43号　歩みを止めるな……52

44号　はじめからうまいこと　言えるはずないんだ……53

45号　心を高める……54

46号　「人は何のために学ぶのか」……55

47号　成功とは……56

48号　凡事徹底で土台を作る……57

49号　彼女はきっと成功する……58

50号　5年後の自分は、いまの自分の反映だ……59

51号　メッキは簡単にはがれ落ちます……60

52号　行事の価値……61

53号　千里の道も一歩より……62

54号　私は君たちと同じ……63

55号　凡人だからこそ……64

6月　問題行動続発の6月には説教ではなく語りを増やそう

56号　成長明らか、課題明らか……65

57号　行事の価値はその後の生活の質の変化を見て判断される……66

58号　林間学校明けの学校生活……67

59号　大人になるということ……68

60号　人の上に立つ者が身につけるべきスキルその1「指示」……69

61号　不幸な人間は、周りをさらに不幸にしようとする……70

62号　安心・安全な環境を自分たちの手でつくる……71

63号　出逢いから日々蒔き続けている種、一つまたひとつ
　　　芽吹いてきた……72

64号　感動を覚えた日記……73

65号　本気が人を引き付ける……74

66号　その気になれば、日常のすべてが学びの素材になる……75

67号　心……76

68号　大人になった彼女の長所は、中学時代のままだった……77

69号　だからいつも笑顔なんですね……78

70号　注意の回数が持つ意味……79

71号　見ているものに人は似る……80

72号　全力で不幸になろうとするのは、もうやめよう……81

73号　釣り合わざるは不仲のもと……82

74号　負けて泣いた後が、大事……83

75号　上りのエレベーターにするか、下りまっさかさまに
　　　落ちるか……84

76号　大人の門のくぐり方……85

77号　学ぶことは変わること……86

78号　なぜ実力をつけるのか……87

79号　本音で言おう……88

80号　やればできるけれど、ほとんどの人がやらずに流される……89

81号　級友に刺激を受けて……90

82号　品格には上下がある……91

83号　「口動」を止めて、行動しよう……92

84号　日記を書かせる意味、学級通信を書き続ける意味……93

85号　あの人はなぜいつも勝てるのか……94

7月　夏休み明けを見据えた一学期の締めくくり方

86号　なぜあの学級は奇跡を生み出したのか……95

87号　なぜあの人はテレビを持たないのか……96

88号　数え切れない喜怒哀楽を共にすれば……97

89号　なぜ人はあのリーダーについていくのか……98

90号 なぜあの人は格好いいのか……99

91号 なぜあの人は体を張って働くのか……100

92号 中学1年女子の、魂のスピーチを聞け……101

93号 困難であればあるほど、私は挑戦する……102

94号 「いい子ぶってんな」と言われたら
「ありがとう！」と笑おう……103

95号 「態度が変わる」のは一方だけの問題ではない。
双方に原因がある……104

96号 「2A」には形がない……105

97号 またひとつ新たな事実が生まれた日……106

98号 2A 不在の三日間……107

99号 一番できている！……108

100号 与えられたら、与え返そう……109

8月　休み明け1週間で一学期の到達レベルを取り戻す

101号 刻み付ける……110

102号 それぞれに責任を果たす……111

103号 行動だけが現実を変える……112

104号 母校をどう見ているか……113

105号 生徒が望む学校……114

106号 最下位集団のままか、抜け出す努力を始めるか……115

9月　日常生活の質が非日常行事の成否を規定する

107号 長谷川がまず変わる……116

108号 「ねば」から「たい」へ……117

109号 義務を果たすだけで終わってはもったいない……118

110号 それでも、急がないんだけれどね……119

111号 この教室に、幸せのループを……120

112号 楽しさを生み出すために苦しんじゃあいけないよね……121

113号 否定でなく、肯定プラス願望から始めよう……122

114号 ドラえもんになろう……123

115号 もっと自分を大切にしていいんだよ……124

116号 あの集団はなぜ100回を超えるのか……125

117号　見た目にこだわろう……126

118号　過ちは改めよう、そしてやり直そう……127

119号　目指すのは全体最適だ……128

120号　まずは、気づこう……129

121号　賞状の出ない所で一番になれ……130

122号　本当は困っていない。だから改善の行動が生まれない……131

123号　壁になる……132

124号　相手へのリスペクトなんだ……133

125号　人間は誰かのためにがんばれる……134

126号　ペーパー学力より数十倍大切なチカラ……135

127号　ファーストペンギン……136

128号　叱ってもらっているのだ……137

129号　本を読もう……138

130号　思いつくまま語ろう……139

131号　師匠をもとう……140

132号　後期学級委員を決める……141

133号　その時挙がった一本の手……142

134号　それでは正義が死に申す……143

135号　信じ合うということ……144

136号　共に汗をかこう……145

10月　生徒・保護者・教師の心をつなぐ学級通信の活用法

137号　20XX年後期、O中学校2年A組組織……146

138号　夢を描き、ロマンを追う……147

139号　共に過ごす限り、何度でも伝えよう……148

140号　利己で生きているだけで良いか……149

141号　歌う心は健康な心……150

142号　「私」の前に「公」がひざまずくのか……151

143号　真剣な問題提起……152

144号　愛情がベースにあれば遠慮は要らない……153

145号　心配はしていない。信じています……154

146号　君達はきっと……155

147号　全員参加、全員本気、全員成長……156

148号　2Aと共に在る……157

149号　連帯しよう……158

150号　尊敬され、信頼される大人であるために……159

151号　声、声、声……160

152号　前に、前に進む……161

153号　合唱は手段の一つに過ぎない……162

154号　週末に合唱コンクールを控えた月曜日に……163

155号　取り返しのつかない過ちがある……164

156号　言葉の力、思いの力……165

157号　2A 応援団の声……166

158号　人間のする後悔のほとんどは、
　　　　やらなかったことに対する後悔なのです……167

159号　合唱は3日で激変する……168

160号　歌に乗せて響かせる……169

161号　心ある行動の数々に、元気をもらう……170

162号　弱さに負けそうになったら……171

163号　私が本当に実現したいこと……172

164号　できないことは支え合えばいい……173

165号　初めての合唱コンクールで……174

166号　前へ……175

167号　「ほんとうにくやしい」……176

168号　過去に縛られて……177

11月　「子どもの事実」はつくるものではなく生まれるものである

169号　Time is life……178

170号　泣きながら歌う姿の意味……179

171号　「もったいない！！」……180

172号　命の炎を自ら燃やして……181

173号　だから、諦めない……182

174号　確かに承りました……183

あとがき……184

●4月

平成X年4月8日発行創刊号

出会いの日に思うこと

●アーカイブコメント： 通信創刊号は所信表明演説の場である。最も伝えたいことを自分の言葉でシンプルに表現する。なお、生徒というフィルターを通さず、直に保護者へのメッセージを伝える貴重な機会でもある。よって、保護者への一言も記すようにしている。

□皆さん、進級おめでとう。

　この1年、2年A組の担任を務める長谷川博之です。

　埼玉県熊谷市生まれ。20XX年4月に教師になり、2校で14年間教壇に立ちました。昨年1年間は母校の大学院で研究をし、この春、O中学校に赴任しました。現在は本校まで往復80キロ弱を通っています。

　家族は妻、娘、息子。妻の年はわかりませんが、娘は本日が小学校入学、息子は4歳です。

　O中学校という枠の中では、私より皆さんの方が「先輩」です。

　皆さんの言葉から、行動から、Oの歴史を学び、新たな歴史を共に紡いでいきたいと考えます

□さて、私の信念のひとつに、「仕事に呼ばれる」があります。

　（ちなみに「天職」は英語で「callinng」だそうです）

　人は仕事を選んでいるようでいて、実は仕事から選ばれているのだと、昔から世界のあちこちで言い伝えられてきました。

　だから若い頃から、「ここでこの仕事で働きなさい」と命じられれば、承諾し、その場その場で働いてきました。

　本校に赴任したのも縁。君たちの学年に出会ったのも縁。そして、君たちを担任することになったのも縁。

　世界には70億人が生活しています。この学級にいるのはそのうちの、たった25人プラス私の26人です。70億人が生まれ生き死んでいく。その中で、この日本に生まれ、埼玉の秩父に、同じ年に生まれ、出会った君たち。そして私。

　そのご縁に感謝しつつ、日々を価値あるものとするため、全員参加・全員本気・全員成長を実現するため、互いに努めていきましょう。

□もうひとつ。昨日までは過去です。

　過去には様々な出来事があったことと思います。私にもありました。

　大切にしたい過去は大切にすればよい。

　しがらみとなり、苦悩のもととなる過去は忘れ去ればよい。

　「忘れられないほどつらかった」という体験があるかもしれない。

　でも、大丈夫。「過去は変えられる」から。

　「過去は変えられる。未来は変えられない」

　賢者の間の言い伝えのひとつです。詳しくは教室でお話ししましょう。

　ここでは簡単に。

世の中の出来事は、すべて「とらえ方次第」「解釈次第」です。

　それがどんなにつらいことであっても、プラスの方向に解釈して歩を進める。

　これも私の信念です。

　この1年、学級で起こる様々な出来事も、私は常に「意味のあること」「私たちのさらなる成長に必要だから起きたこと」と解釈し、笑顔で進んでいくつもりです。1年間、楽しく、知的に生活しましょう。どうぞよろしく。

□保護者の皆様。大切なお子さんを本日確かにお預かりしました。

　O中学校のことは知り始めたばかりですが、本校の価値ある伝統を受け継ぎ発展させるために、この1年間、2年生と共に歩んでいきます。

　お子さんの心身の更なる成長のために、1年間共に汗をかいてまいりましょう。来春の学級解散のその日まで、どうかよろしくお願いいたします。

●4月　　　　　　　　　　　　　　　　　　　　　　　　平成X年4月8日発行第2号

学級のしくみとルールを作り、動かし始める2日間

●アーカイブコメント：　黄金の2日目の動きを構想しながら書いた。自身の思考の整理に資すると同時に、予定表としても機能する。長谷川学級において委員会や係・当番活動は立候補で決定する。いきなりでは躊躇するだろう。これを読みながら、生徒は心の準備をするのである。

□明日9日（木）は、午前中4時間がすべて学活となります。
　この4時間で、まずは以下の2点を決めます。

> 1. 学級のしくみ（組織）
> 2. 学級のルール（最低限守るべきこと）

　1のしくみは、大きく言って三つの柱から成り立ちます。

> (1) 当番活動　　　(2) 係活動　　　(3) 委員会活動

　(1) は、清掃や給食等学級を維持するため、毎日定期的に繰り返される仕事で、一定の人数が必要なものを言います。たとえば給食当番や清掃当番がこれに当たります。生活班編成と同時に行うことになりましょう。
　2Aではここに「一人一役」を加えます。一人ひとりがそれぞれに仕事を持ち、定期・不定期にかかわらず活動をします。たとえば窓の開閉や植物の世話、黒板消し等がこれに当たります。
　(2) は、学級生活を豊かにするために必要な組織です。文化・スポーツ・レクリエーションの三分野で、好きな人が好きな係を立ち上げ、学級会に提案し、運営・実行します。教室にふさわしいことならば中身は自由です。
　(3) は中学では特に重要な活動です。考えようによっては、学級だけでなく、学年や学校全体を動かすこともできます。
　この三つの柱が立つと、「人の群れ」が「学級集団」として機能し始めます。
　なお、当番活動や係活動を正常に機能させるためには、ある種のチェック機能が必要となります。それを「日直」が務めます。
　日直は原則1日1名、名簿順に回します。チェックというのは促進作用であって、処罰の担当ではありません。注意叱責や指導は、教師の仕事です。安心して、仕事を促してあげてください。

□2のルールについては、昨年、各クラス様々にあったことでしょう。それらを整理しつつ、2年A組の当面のルールを立法します。
　ルールには「授業のルール」もあります。これは各教科によって若干の違いがあります。たとえば、国語には国語の時間に特有のルールがありますよね。
　ルールは常に確認し、必要に応じて修正していくことが大切です。
　分からないことがあれば、遠慮せず尋ねてくださいね。

□明日決めることを具体的に書いておきます。

> 1. 委員会（林間学校実行委員、選挙管理委員を含む）
> 2. 一人一役（各教科係を含む）
> 3. 生活班と班内の任務（当面の座席は名簿順。学校共通の決め事です）
> 4. 給食当番と清掃当番の詳細（明日は全員エプロンを持参のこと）

　これらがどれだけ濃密に、円滑に進むか。楽しみです。
　明後日10日（金）は身体測定から始まり、3・5時間目が学活。4時間目が写真撮影の予定です。6時間目は新入生オリエンテーションです。
　学級の仕組みとルールを構築した後は、レクと学習を兼ねたかるたやふれあい囲碁、掲示物作り等も行いましょう。コンセプトは「中2らしい、かっこいい掲示物」とします。アイディアを日記帳に書き留めておいてくださいね。

●４月   平成Ｘ年４月９日発行第３号

出逢いの記録

●アーカイブコメント： 黄金の１日目を思い出しながら書いた。意図的に生徒の名前を出して褒めている。髪の毛一筋の成長を認め、褒め、全体に広げる。その姿勢を明らかにしているのである。「叱責の原則」を明らかにすることもまた大切だ。積極的生徒指導の幕開けである。

□８日、始業式前に５分間、教室で出逢いの時間がありました。

この場では、皆さん個々のもつ幾つもの良さと、幾つかの課題とが明らかになりました。

良さとはたとえば、遅刻者の机を廊下から教室に入れる際にボランティアを募ったところ、古川陽翔君が手伝ってくれたことです。

また、号令係が決まっていない中、私の依頼を受けて相田貴司君が素直に引き受けてくれたことです。

藤田灯さんは（前日の教室清掃を共にしたので既に知り合っていたこともあると思います）、柔らかな笑顔で私の話を聴いてくれました。

長谷川はどんな教師なんだ、どんな男なんだと、警戒心丸出しとまではいきませんが、皆さん、不安や心配を抱えていたことと思います。

私も、意識はあまりしていませんでしたが緊張していたようで、学級通信を配ることと、遅刻者に対して帰りの会終了後に残るよう指示を出すこと、このふたつを忘れてしまいました。ごめんなさいね。

保護者の皆さんには初日に学級の情報が届かず、気になさった方も多かったと推察します。申し訳ありませんでした。

□始業式と入学式を終えた後、30分間の学活がありました。

まず、春休みの宿題を回収しました。

次に、家庭調査票等数種類の書類やプリントを配付しました。

それから、生活記録ノートと日記帳を配付し、両者の違いを説明しました。

なぜ日記帳なのか、何を書くのかの趣意説明をし、使い方を教えたのです。

日記帳は普段は学校生活の出来事と自分の考えを自由に綴るのですが、昨日は初日のためお題を出しました。本日９日に行う30秒スピーチの原稿を書きましょうと。その際に「好きなこと、好きな物をひとつ入れること」という枠組みを設けました。原稿を書く助けになると考えたからです。

物事を見る目を鍛え思考力を高める上でも、作文のトレーニングとしても、日記の継続はきわめて重要です。過去の長谷川学級ではこの日記を900日、1000日と続けた生徒がいました。どの生徒も大きく成長しました。

皆さんと過ごすのは１年間ですが、ぜひ、「どんな時も書く」と自己規定し、チャレンジしてみてください。絶対に損はありません。

その後、生活記録ノートは備忘録として使えばよいことも伝えました。

□残り時間、５分。「３つ話す。35分には終える」と告げ、始めました。

ひとつめは、私は注意叱責をするのが好きではない。やり直しも好きではない。やるべきことは一度でやり切りなさいという話。

ふたつめは、創刊号にも書いた「過去」の話です。私は皆さんの過去を問題にしない、今日が新たなスタートだと話しました。

みっつめは、長谷川が叱る三つのことの話です。

---

1. 他人の不幸の上に、自分の幸せを築くこと
2. 自分や他人の心や体を傷つけること
3. 同じことを３回言っても直そうとしないこと

これらに対しては厳しく叱ることを予め伝えておきました。逆に言えば、これら以外については基本的にとやかく言わないということです。

注意や叱責は、する方もされる方も気持ちの良いものではありません。

そういうことを極限まで減らすことが、「あらゆる場面で自己最高記録を更新する」ためにはきわめて大切です。安心安全、楽しいが一番ですものね。

●4月　　　　　　　　　　　　　　　　　　　　　　　　　　平成X年4月10日発行第4号

この現実から始める

●アーカイブコメント：　解散日のイメージを描き、願いを書いた。この一言に、1年間のあらゆる活動が収斂していく。次に出立後の10日間を概括したのは、混乱を予防するためである。男子学級委員の立候補者が出ず、教師生活で初めて妥協案を採用したのを思い出す。

□2年A組の仲間たちを紹介します。
　相田貴司君、よろしくね。
　荒巻さとみさん、よろしくね。
　伊藤直樹君、よろしくね。
　浦田由香さん、よろしくね。
　小野晃太朗君、よろしくね。
　大川　博君、よろしくね。
　柿本鈴音さん、よろしくね。
　加藤　舜君、よろしくね。
　亀本圭太君、よろしくね。
　佐々木裕美さん、よろしくね。
　佐藤友梨さん、よろしくね。
　鈴木和樹君、よろしくね。
　嶋本かおりさん、よろしくね。
　高田　唯さん、よろしくね。
　築地咲良君、よろしくね。
　原田悠真君、よろしくね。
　古川陽翔君、よろしくね。
　藤田　灯さん、よろしくね。
　前田　凛さん、よろしくね。
　増本由美子さん、よろしくね。
　宮崎　茜さん、よろしくね。
　宮部美月さん、よろしくね。
　横川陽菜さん、よろしくね。
　矢部颯太君、よろしくね。
　若月碧人君、よろしくね。

　以上25名、プラス担任の長谷川博之で26名。3月、学級解散の日に一人残らずが「この学級で良かった」と心の底から思える。そんな学級にしたい。
　昨日も話しましたが、これが担任、すなわちこの2年A組の最終責任者である長谷川の願いです。

□本日9日（木）は午前中4時間が学活、5時間目が学年集会、6時間目が教科書配付等です。
　明日10日（金）は1、2時間目が身体測定、終了後は3時間目にかけて学活、4時間目が写真撮影、5時間目学活、6時間目が生徒会オリエンテーションです。
　週明け13日（月）は1、2時間目が学活、3時間目が社会、4時間目が体育、5時間目が全校集会です。
　16日（木）に県の学力学習状況調査（2年は国数英と質問紙）があり、17日（金）に全校オリエンテーリングが予定されています。

□ここから、10日の朝に書いています。
　昨日は午前中4時間の学活で学級の仕組みとルールを予定どおりに決定しました。懸案の男子学級委員は、3コマ計50分ほどの時間を使い立候補を募りましたが誰も出ず、最後は「神の採配」で決定しました。
　15年間、役職決めは「立候補じゃんけん制」でやってきましたが、絶対に決めなくてはならないという学校のルールのもと、思いを貫くことができず、少しだけ残念でした。しかし、です。この現実から始めるしかありませんね！

●4月

平成X年4月10日発行第5号

出逢い二日目の記録

●アーカイブコメント：　黄金の2日目を紙上で再現しようと試みた。30秒スピーチを題材に、準備と努力の大切さを語り、聴き方の指導を入れている。口癖の指導からは、学級全体に不平不満や悪口、文句が溢れている実態が垣間見える。担任としてその実態と格闘しているのだ。

□9日1時間目、まずは自己紹介を兼ねて道徳の授業を行った。私の授業スタイルで、20分程度で終えた。

　次に「ルールの総ざらいと仮決定」を行った。複数の学級の生徒が集まる。それぞれでルールが違ったはずである。それを調整するのである。

　朝の登校から放課後までの生活をイメージさせ、場面ごとにルールを出させては統一していった。意見の分かれた部分は私の責任で「そこはこうするが、よいか」と整理していった。「変更の必要が生じたらその都度改めていく」と伝え、ルール作りを終えた。私が異動したてで、O中学校のルールを確認しながら行ったため、20分弱かかった。

□2時間目、冒頭に授業始まりと終わりの約束をした。

　私は授業をチャイムで終える。しかし、始まりが遅れたならば、終わりも延びる。だから開始のチャイムで席につき、前に集中しなさいと教えたのである。

　次に、忘れ物への対応を話した。そして、予告していた30秒スピーチを行った。日記帳を忘れた人が2名おり、個々のスピーチの時間の長短にも差はあったけれども、その場にいる25名全員がスピーチを行った。これは素晴らしいことであった。

　最初の2名、貴司君とさとみさんが終えた時点で、私は「聴き方」を教えた。

　まず、話し手を不快にさせる聴き方を、直樹君の協力を得て実演し、どこが駄目かを聞いた。

　次に、21世紀は魅力の時代（それまでは家柄の時代があり、学歴の時代があった）であり、魅力ある人の共通点のひとつが「うなずき」であることを語った。そして、直樹君にスピーチを振った。

　この対応で聴き方が変わった人が、後ろから見ていて6名いた。その素直さを嬉しく思った。

　裕美さんは30秒ぴったりだった。何度も練習したのではないか。練習は裏切らない。それは学習もスポーツも芸道も同じである。

□スピーチを終えて、当番活動と係活動の違いを教えた。係活動の実例もいくつか話した。

　そのうえで一人一当番制を説明し、質問を受け付け、担当を決めた。

　次に専門委員会を決めた。男子学級委員以外はすぐに決まった。

　男子学級委員は決まらずに、2時間目が終わった。

□3時間目は各活動のチェック促進機能としての日直の仕事を教えた。

　成功者の口癖についても教えた。

　「不平不満悪口文句心配事許せない」等の言葉を連発したり、いじめをしたりする人間の脳に生じている悪影響を、脳科学の知見を用いて語ることもした。

　また、人（無論、長谷川も含む）やテレビの話を鵜呑みにしないこと、なぜか、ほんとうか、正しいかと考えてみること、そして自身で考えることの大切さを話した。

　残った時間は男子学級委員を決めるための時間とした。

□4時間目、まず生活班の編成をした。学校の規定により最初は名簿順の座席でスタートする。その座席を5人ずつの班に区切り、班長以下の担当を決めさせたのである。清掃担当場所や給食当番の順番等もここで確認した。

　そして、女子には「日記帳を書くか、読書をするか」の指示を出し、男子を教室後方に集めて車座に座り、一人ひとりの意向を聴いた。

　どうしても決まらない場合は全員平等な決め方を行うことを告げた。

●4月　　　　　　　　　　　　　　　　　　　　　　平成X年4月10日発行第6号

人の心に火を灯す、そんな言葉と行動を

●アーカイブコメント：　給食の時間はその学級の力を見るに最適の機会だ。「おかわりのシステム」を「弱肉強食」でなく、「平等な形に変えた」とある。これもまた重要な闘いである。食後にゴミが散乱していることからも、生徒個々の心の荒みや闇が透けて見えることだろう。

□給食、昼休み。初めて給食準備、片付けの様子を見、良さと改善点を観察した。おかわりのシステムは弱肉強食でなく、平等な形に変えた。徐々に浸透させる。

　昼休み、落ちているゴミを拾い汁物を拭いていると、かおりさんがさっとゴミ拾いを手伝ってくれた。ありがたいと思った。給食委員になった由香さんの配膳台の取組も立派だった。

□5時間目は体育館で学年集会を開いた。

　学年職員5名の話があり、合間にY先生によるレクが入る形だった。

　私は話を三部構成とした。

　ひとつ、公立の中学生ひとりあたりに1年間でどれだけの税金がかかっているかを発問指示の形で扱った。A組で、午前中に話したことである。

　次に、学校の目的を2つ話した。

◆学校に来る目的は大きくふたつあります。

　一つは、学ぶことです。学んで社会の役に立つ人間になることです。そのために学校は作られたのです。

　学びには様々あります。教科、教科外、学級、行事、部活……。

　学びのチャンスは1日中山ほどあります。どれだけ気づき、モノにするか。それが勝負の分かれ目です。自分以外の誰からも学べる人を大人といいます。

　もう一つは、人間関係の作り方を身につけることです。

　一歩家を出れば、そこは社会です。学校もまた社会です。社会では、様々な人たちと共に生き、共に語らい、共に働くことが不可避です。

　家族とは違い、緊張感もありましょう。気の合う、合わないもありましょう。

　でも、そういう壁を一つずつ越えて、良き関係を作れるのが、大人です。◆

　最後に、「『うにの』状態」から抜け出す話と、「そわか」を大切にする話をこれもまた授業形式で扱い、終えた。

□集会の後、B組の男子、そして女子複数が私の話の感想を伝えに来てくれた。「感動しました」「国語の授業が楽しみになりました」と語るその表情がとても素敵で、こちらの心も温かくなった。

> 人の心に温かい火を灯せる人間でありたい。

　私も常々意識していることだが、それができる人がいる事実に触れ、心の底から嬉しくなった。

□6時間目は予定通り教科書配付、記名から始めた。

　男子全員に運搬を依頼し、ネームペンを忘れた人には買っておいた数本を貸し出した。返す時、全員が「ありがとうございました」と言った。しっかりしているではないか。嬉しい瞬間だった。

□清掃。男子トイレで見た咲良君の取組に感動を覚えた。

　一人黙々と、雑巾で便器の外側を拭いているのだ。下部を拭くときはしゃがみ、便器と相対する形で、である。

　私が教師15年間、4月はじめに見てきた清掃態度で、咲良君はダントツだった。つられて私も雑巾を絞り、しゃがんで便器を拭いた。自然と感謝の気持ちが湧いてきた。

　私は教室、廊下、男女トイレの3カ所をひとりで受け持つ。物理的に可能な限り、共に掃除をする。共に使う場所だから、である。

●4月　　　　　　　　　　　　　　　　　　　　　　　　　　　　平成X年4月13日発行第7号

20XX年前期、O中学校2年A組組織

●アーカイブコメント：　黄金の3日間で学級を組織する。学級を組織するとは、ルールを定め、しくみを構築することである。その原則どおりに展開している。「一人一当番」制を採用していることから、係活動と当番活動を明確に分けていることもわかる。意図的な仕事である。

□2年A組の組織について、以下に決定事項を記す。

■前期専門委員会
　学級委員　　　伊藤直樹・横川陽菜
　図書委員　　　古川陽翔・佐々木裕美
　保健委員　　　原田悠真・佐藤友梨
　安全委員　　　大川　博・高田　唯
　体育委員　　　相田貴司・前田　凛
　放送委員　　　小野晃太朗・藤田　灯
　ボランティア委員　亀本圭太・嶋本かおり
　給食委員　　　若月碧人・浦田由香
　美化委員　　　鈴木和樹・宮部美月
　選挙管理委員　築地咲良・荒巻さとみ
　林間実行委員　矢部颯太・宮崎　茜

■一人一当番
　窓開閉　　　　藤田　灯
　電気　　　　　宮部美月
　チョーク　　　鈴木和樹
　集配　　　　　増本由美子・佐藤友梨
　掲示　　　　　高田　唯・荒巻さとみ
　学級文庫　　　古川陽翔
　担任給食・ゴミ袋　嶋本かおり
　秘書＆ソート　横川陽菜
　黒板A　　　　若月碧人
　黒板B　　　　矢部颯太
　黒板C　　　　原田悠真
　植物　　　　　築地咲良
　国語　　　　　加藤　舜
　数学　　　　　佐々木裕美
　社会　　　　　大川　博
　理科　　　　　小野晃太朗
　英語　　　　　浦田由香・柿本鈴音
　美術　　　　　宮崎　茜
　音楽　　　　　亀本圭太
　技家　　　　　伊藤直樹
　体育　　　　　相田貴司・前田　凛

■生活班編成

班	班長	副班長	掃除長	回収	オールマイティ
1	浦田由香	伊藤直樹	小野晃太朗	荒巻さとみ	相田貴司
2	鈴木和樹	亀本圭太	加藤　舜	佐藤友梨	嶋本かおり
3	原田悠真	古川陽翔	宮崎　茜	前田　凛	増本由美子
4	佐々木裕美	柿本鈴音	藤田　灯	築地咲良	大川　博
5	宮部美月	高田　唯	若月碧人	矢部颯太	横川陽菜

■リーダー会議：学級委員プラス各班長。毎週実施。
■サブリーダー（副部長、副委員長、副班長他）の仕事は13日以降指導予定。
■係活動は13日（月）に扱い、立ち上げの会を開く予定。

●4月 平成X年4月13日発行第8号

朝から感動した

●アーカイブコメント： 黄金の３日目には学級目標も決めている。この決め方は参考になるはずだ。また、「仮決定であることを再確認」しているのも大切だ。目標は実態に応じて変わり得るのである。忘れ物指導の原理原則も、１年間を規定する重要な内容である。

□年度当初の三日間はその学級の１年間の出来不出来を決めるきわめて重要な期間である。教育界の先達はその重要性から、「黄金の三日間」と名付けた。

10日（金）はその「黄金の三日間」の三日目。

およそ次のような流れで進んだ。

1時間目：身体測定
2時間目：「進級した今考えること」の作文〈学年共通課題〉
3時間目：学級目標の設定、必要な掲示物の列挙・分担・作成
4時間目：写真撮影
5時間目：掲示物作成（40分授業）
6時間目：生徒会オリエンテーション（委員会活動・部活動）

学級目標の設定は以下の通りに進めた。
（1）事前に一人ひとつ、学級として何を目指すかを書かせておいた。
（2）それぞれが黒板に書き出した。
（3）同じ目標、似た目標をグルーピングした。
（4）やりとりしつつ文言を確定した。
（5）仮決定であること再確認したうえで、2A が目指す３つの目標を定めた。

目標は次である。

笑顔　〜笑って 協力　〜支え合って 挑戦　〜本気で

目指す価値のある、素晴らしい目標だ。

この目標が、１年間、この学級のすべての活動及び生活を規定する。

一人ひとりが、自身の言動を通して、目標を具現化していきたい。

無論、長谷川も同様である。

□本日13日（月）は、２時間の特設学活の後、社会と体育の授業びらきがあり、５時間目は全校集会が予定されている。

まず、欠席者遅刻者がいなかったことが素晴らしかった。朝から感動した。

次に、10分間の朝読書が私語なく進んだことが素晴らしかった。

この朝読書の時間は、先週9、10日と比べて、空気がまったく違った。

中学生には部活動（及びクラブ活動）がある。土日の２日間、１日中運動に明け暮れる日もある。よって、月曜朝は疲れが残っていることもある。そういう人も、きっちり自分をコントロールしていた。立派である。

日記帳は、25名中23名が提出、2名が忘れた。その時に教えた。

忘れた時は自分から申し出ること。 貸せる物ならばできるかぎり貸し出すこと。 忘れたことを怒っても解決しないゆえ、次にどうするかを一緒に考えること。

これが忘れ物をした時の「原理原則」である。

□学校はできないことをできるようにする場所である。

一つひとつ、生活の質、生き方の質、そして魂のステージを上げるために努力していこう。共に。

● 4月　　　　　　　　　　　　　　　　　　　　　平成X年4月13日発行第9号

心の冒険にチャレンジしよう

●**アーカイブコメント：**　土日を挟んだ4日目の記録である。席替えの規定を明示している。理想の姿を予め提示することで、ポジティブかつプロアクティブな生徒指導を展開しようとしているのである。画像から9つの小話をしたことがわかる。硬軟交え、テンポよく話したはずだ。

□本日13日（月）、1時間目は金曜日の続きで、生活班単位で掲示物を作成した。
　その際、私は次の話をした。

(1) 席替えのタイミングは、現在の生活班での生活が文句無しの状態になった時です。

(2) 座席は担任が決めます。生活班の協力体制や個々人の言動を見て、安心して任せられるレベルになった時には、座席の決定権を皆さんに委ねます。

(3) 皆さんが成長し、自分達のことを自分達で、十分な配慮をもって決定していける状態になることを願っています。

□活動を30分で切り上げ、話をする時間としました。
　残りの十数分間および、2時間目冒頭からの30分間で、私が話した内容は以下の項目です。

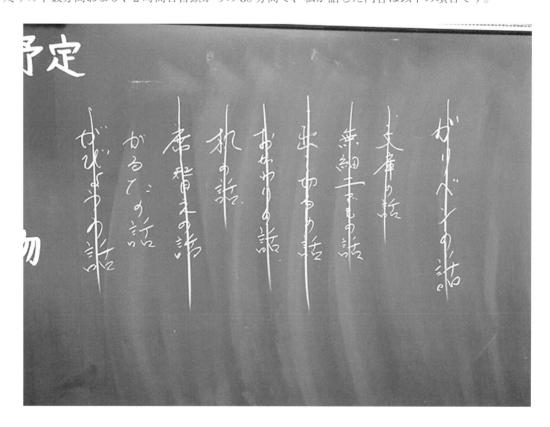

□ひとつの内容が2～3分程度です。
　これだけの内容を一方通行で話しても頭には残りません。よって、ふたつ話したら感想を求める、指名して考えを聞く等、授業形式で進めました。
　「指名なし感想発表」で真っ先に感想を述べてくれたのは灯さんでした。とっても嬉しかったです。
　陽菜さんと由美子さんも発表してくれました。このように「心の冒険」に挑むことから、人生は拓けていくのです。

●4月　　　　　　　　　　　　　　　　　　　　　　　　　　平成X年4月13日発行第10号

2A 写真館

●アーカイブコメント：　学級通信に画像を載せることを私はほとんどしない。年度当初ならではの配慮である。誰への配慮か。無論、保護者である。成長の事実を紹介し、保護者を安心させようとしているのだ。ただし私はマイナス情報も書く。プラスに転じる覚悟をもって書く。

□私は通信に、ほとんど写真を載せません。ほぼ文字一色です（笑）。
　でも、年度当初で、学級の様子を見たい方もいるでしょうから、幾つか紹介することにします。

□まず、学年の先生が撮ってくれた、給食時間の様子です。
　たった1日で準備時間がだいぶ縮まりました。
　片付けの時間も早くなり、その分昼休みを長く取ることができました。
　自分達の快適な生活は、自分達の努力で創り上げていくのですね。

□次に、個々人が学級目標を書いた際の黒板の様子です。
①あるものを全部列挙する。
②グループに分類する。
③各グループに名前を付ける。
　これは学問の基本的方法です。
　今回はこの方法に則って仮決定までもっていきました。
　ちなみに、学級委員の直樹君と陽菜さんには、私の司会術を見て、良いところを盗むように指示しました。
　今は「やってみせる」段階ですが、徐々に皆さんに仕事を移していきます。
　人は仕事を通して成長するからです。

□最後に、教卓から見た班活動（掲示物作成）の様子です。
　手前が3班、奥が5班です。
　5人グループだと、人数が多すぎて、どうしても「お客さん」が生まれてしまうのですが、仕事の分担を考え、メンバー全員が活動できるように工夫した班がありました。素晴らしいことです。

□今日は時間切れで、3時間目以降の出来事を記録することができません。
　また明日、気づいたこと、思ったこと、考えたことを綴るつもりです。
　通信の感想など、日記等で寄せてもらえたら嬉しいです。

●４月　　　　　　　　　　　　　　　　　　　　　　平成Ｘ年４月14日発行第11号

幸せになるには三つの事を満たす必要があるのでしたね

●アーカイブコメント：　生徒の日記を載せている。私は毎日欠かさず日記指導を行う。朝、教卓に提出された日記帳に、その日のうちにコメントを書き込む。共有したい文章を通信に掲載し、そこにも別のコメントを記す。日記と通信の連動は、私の学級経営の柱である。

□本日の日記帳から３つの文章を紹介し、コメントを書いてみます。

◆今日は、ガリベンの話の感想を書きます。先生の話をきいて、自分のとくいのものをもっともっととくいにして、自分を嫌いにならないようになりたいなと思いました。あと、学級文庫の中に斎藤一人さんの本があったので読んでみたいと思いました。（美月さん）
□人と比べて劣等感を持つのは止めること。
　劣等感は、人間の最大の敵と言っていいほど人を駄目にするんだ。
　私は授業を通して、また、学級経営を通して、皆さんの自己肯定感や自尊感情を育みたいと本気で考えているよ。

◆先生が持ってきてくれた本は、とてもおもしろそうな内容のものが多かったので、今、朝読書で読んでいる本が読み終わったら、また最初からきちんと読みたいと思います。
　斎藤一人さんの本を見てみると、共感できる部分もとても多いし、名言等もたくさん書いてあって、すごく魅力のあるすてきな人だと思いました。
　私も将来はたくさんの本を集めたいです。（裕美さん）
□「子供に読書の習慣をつけることは、数千万円の財産を残すことよりも価値あること」と、昔々から言い伝えられてきたんだ。
　人生の成功者は例外なく沢山の本を読み、実践してきた人達だよ。
　彼らの書いた本から、私達が学ぶことは想像以上に大きい。
　私もまた、本を読み、人に会うという修業の過程で、人生が大きく拓けてきた。そのことは、また話をするね。

◆今日の学活では先生がたくさんの話をしてくださいました。話を聞いて自分の感想を発表できませんでした。先生が言っていた通り、一学期が終了するまでには進んで発表できるようにしたいです。（由香さん）
□一学期終了まで------でなく、おそらく、今月中にはできるようになるよ。
　なぜって、日記に書くということは、脳に刻み付けてある証拠だからね。
　人間、自分の中の伸ばしたい所は、脳に刻んで、次に紙に書いて、目につくところに貼り出すといいんだよ。
　そのようにして、一つまたひとつと「武器」を充実させていくんだ。
　そうやって生きると、人生ますます楽しくなるよ。試してごらん。

□昨日話した（通信でも画像で紹介した）話のうち、「ガリベンの話」とは、「なぜ勉強を一所懸命やったり、真面目に精一杯生活したりしている人は、馬鹿にされたり足を引っ張られたりするのか」の話でした。
　「不細工の話」とは、「どんな人でも笑顔は素敵」という内容。
　「出し切る」の話では、筋骨たくましい農民と痩せて小柄な農民を例にして、「出し切った先に何があるか、手を抜いた生き方の先に何があるか」を考えました。
　「おかわりの話」は、給食と掃除の時間を弱肉強食状態にしないという話。
　「机の話」は、私の友人が、小学校３年生の時隣の女子に机を離されて辛かった記憶を30年間経っても忘れられない話でしたね。
　短い話に、私なりに2Aメンバーへの思いを込めてみました。

□今度したいのは、「類友の法則」や「牽引の法則」、「つやこの話」、「魅力の話」などです。出会いの三日間で話した「天国言葉と地獄言葉」、「人の嫌がることをする人の脳に起きていること」などももう一度扱ってみましょうか。

●4月　　　　　　　　　　　　　　　　　　　　　　平成X年4月15日発行第12号

本気の国語教室を創造しましょう

●アーカイブコメント：　国語の授業びらきの記録である。予定した内容をすべて終えたという記述から、学級が安定しつつあることが伺える。過去の事実を例示して授業だけで必ず力をつけると宣言している。リーダーの情熱がフォロワーの情熱を規定する。教師は熱くあるべし。

□私は今年、2年生3年生の国語と、けやき学級の国語を担当します。

　3年1学級を残して、他のすべてで授業開きを済ませました。

　2Bでは、事情で時間を20分しか取れず途中で打ち切ったのですが、2Aでは予定したことをすべて終えました。

---

1. 教材配付と記名。
2. 教材の特長の説明。
3. 国語授業の特色の説明。
4. ノート指導を兼ねた持ち物の確認。
5. 評定の出し方、テスト内容の確認。
6. 「暗唱詩文集」を用いた暗唱。
7. 「名句百選かるた」を用いた活動。

　終わりの挨拶をして5秒後にチャイムが鳴りました。

□いま、埼玉県では公立高校入試受検者全員の得点が学校に届きます。

　教師に、自身の指導の反省を促すためと捉えています。

　20XX年、私は三学年主任兼担任を務めていました。生徒達が一学年、二学年の時は県の規定（生徒指導推進モデル校の生徒指導主任を務めている人間は原則として担任を持たない）により、学年主任としての関わりでした。

　3年間授業を担当した生徒達で、塾で国語を学んでいる生徒はいませんでした。家庭教師を雇っている生徒も無し。

　私は宿題を出しません。無論、やりたい生徒は「自学」（自学と宿題は全く思想が違います）に取り組みますが、私自身としては授業だけで勝負します。

　3月。高校入試の結果が届いた日、校長室に呼ばれました。全受検者の国語の得点が、とても高かったからでした。

　入学時の国語学力（全国標準学力調査NRT）はかなり低かったのです。しかし、入試の最高点は90点超、最低点が38点。他の4教科が一桁台だった生徒も、国語科は55点や68点を取っていました。

　私の指導が凄いという、小さな話ではありません。

　教師と生徒が本気の国語教室を創造すれば、必ず学力が伸びる。しかも、楽しみながら。

　O中学校でも、そのような国語授業を展開していきたいと願っています。

■今日は1日授業でした。国語でたくさんダブルAがとれるようにしたいです。（舜）
□「関心意欲態度」AAの一番手は、由美子さんでした。

　ぜひ後に続いてくださいね。

　授業で大切なのは、「正解すること」以上に、「変容すること」ですからね。

　過去の自分に決別して、新たな一歩を踏み出す。これも心の冒険ですよ。

■国語の授業が楽しかったです。かるたとりでは、だんだんと自然に覚えられているのでよかったです。「月のいみょう」が難しいです。（貴司）
□今年から使う教材『中高生のための暗唱詩文集』の第1回は、「十二支」を扱いました。皆さん、次々と合格していきましたね。

　次の「月の異名」は、貴司君も書いているように、ちょっと覚えにくいです。

　でも、覚えると、中学高校で行う古文の読解に役立ちます。歴史小説を読む時などにも知っておくと便利です。ぜひ挑戦を。

●4月

平成X年4月15日発行第13号

「正しい」と「楽しい」

●アーカイブコメント： 中学校現場はともすれば「正しい」に傾きがちであるが、「楽しい」もまた大切である。楽しいからこそ意欲が湧くものだ。「安心安全」を強調しているのは、学級学年が真逆の状態にあるからだ。楽しい活動で正しさを打ち立てていく。まさに格闘技だ。

■国語の授業の感想は、2年生になって授業のスピードが速くなりました。
　でも、授業のスピードに追いつけるようになりたいです。（咲良）
□授業にはリズムとテンポがきわめて大切です。リズムは強弱、テンポは緩急です。強弱と緩急に変化のある授業は飽きません。速度が上がるので、同じ50分でも2倍3倍の内容を学習できます。ぜひ慣れて下さいね。

■英語の授業では、しりとりをやって楽しかったです。社会では、歴史のことについて勉強しました。今日の授業で印象的だったのは、長谷川先生の授業でした。先生は、今までにいなかったようなタイプで、面白くて、授業が楽しかったからです。今回の国語が楽しみです！（凛）
□嬉しいです。心に火が灯ります。もう話しましたが、私は授業を何よりも大切にし、腕を上げる修業を15年間積んできました。皆さんの学力を育み、それだけでなく、自信や挑戦心も育てるために精一杯やります。

□さて、昨日14日は昼休みにちょっとした事件があり、校舎内が一時的に騒然としました。昼休みと5時間目を使って関係者からの事情聴取と指導を行い、帰りの会でA・B組同時に生活アンケートを取りました。
　全員がアンケートを終えた段階で、私は自身の経験を踏まえて「荒れの段階」の話をしました。熱を入れて語ったのです。
　この事件を成長のチャンスに変える。そのために話したのです。

■今日は先生が帰りの会で話したことを書きます。先生も言っていた通り授業以外の所での過ごし方が悪いなと思いました。自分たちだけで行動することができていないのでクラスで声をかけ合いながら生活していきたいです。先生の中学生時代の話を聞いて、今のクラスのままではどんどん悪いクラスになってしまうと思います。なのでクラス長所を活かして人間性を高め合いながら過ごせたら嬉しいです。（由香）
□「正しい」と「楽しい」。一文字違いのこの二語はどちらもとても大切です。
　正義が通る環境だから、学習の得意な生徒も苦手な生徒も、運動や芸道が得意な生徒も苦手な生徒も、いろいろな個性をもちながらも、安心して安全に生活できます。
　安心安全が保障されているから、一人残らず、心の底から楽しめるのです。
　その環境を自分達の努力で作ろうよ、という話です。もちろん私も共に。

■今日は、先生が中学生の時の話をしてくれました。先生がかよっていた中学校では、校舎のまどが全てわられたりしていたそうです。そんなにあれた原因の最初はとても小さいことで、今私たちはそのあれた学校のとても小さな原因と同じようなことをやってしまっています。学校があれれば、学力は下がるし、だれもしあわせにならないことがよくわかりました。なので、今日から正義をしっかりもち悪いことと良いことの判断をしっかりつけられるようにしたいです。（美月）
□私が入学してから卒業するまでの母校は、めちゃくちゃに荒れていました（先日某市の教育長と当時の話をしましたが、鮮明に覚えているとおっしゃいました）。校門にはテレビ局が取材に来ていました。当時生徒指導主任を務めていた先生は後日、「埼玉の四天王と呼ばれていた」と教えてくれました。
　その環境で、誰一人として幸せになりませんでした。心優しき者から病んでいき、正義が死に、荒れている生徒もまた、不幸なままでした（今でも友人です）。私はそのような地獄を見ています。なぜ荒れたのかの分析も、15歳からしています。その経験を踏まえて言います。学校は安心安全が一番なのだ、と。

●4月

平成X年4月16日発行第14号

なんでもない日常、この日常をいかに生きるか

●アーカイブコメント： 林間学校という一大イベントを控え、日常生活の大切さを語っている。行事ばかり力を入れ、終われば再び生活が荒れる。そんな現場が少なくない。私は、行事すなわち非日常の成功失敗は、日常生活の質に規定されると確信している。日常こそ命である。

□今年度初めての総合は図書室にて、林間学校をテーマに行われました。

御殿場の施設は、私にとっても初めての場所で、Y先生の説明を興味深く聞きました。聞きながら強く強く思ったことがあります。

> 「くだらない指導を一切せず、全員が気持ちよく行って、めいっぱい楽しんで、心地よい疲れを感じて帰ってこられる2日間にしたい！」

■今日は林間学校の説明がありました。みんなも同じ気持ちだと思いますが、とても楽しみです。だから、日頃から正義の通る行動や協力をしていきたいと思います。

日頃の行いが良ければ、他の場所へ行っても胸を張れる行動ができるし、自由も増えます。私は心から林間学校を楽しみたいので、通信にも書いてあったように、「正しい」と「楽しい」の区別をつけられるようにしておきたいと思います。（裕美）

□裕美さんの意見に、異議なし！

■今日は、総合の時間に林間学校についての説明などがあった。これから学校での態度をしっかりとして、林間学校に行っても問題が起こらないようにしていきたいです。（直樹）

□直樹君、さすが学級委員です。頼もしい決意です。

□行事は非日常の世界です。非日常の世界には、日常が色濃く反映されます。

それはたとえば、スポーツの大会本番の結果のすべてが、それまでの練習（日常）に規定されるのと同じです。

> 「練習はいいかげんだったけれど、本番でがんばればいい。
> やるときゃやるぜ、俺たちゃ本番に強いんだ」

こんなことを言っているチームは、絶対に勝てません。フランス語で言うと「へぼチーム」です。英語で言うと「万年ビリッケツ」です。

ちなみに、これは過去15年間、どの学級でも教えたことですが、

> たとえば、合唱コンクールの結果は、当日朝の時点で決定しています。

4月からの、その学級の「足跡」。その学級を構成するメンバーの一人ひとりがどう生きてきたか。他人にどう関わってきたか。学級のために何をしてきたか。事件が起きた際、どんな役割を果たしたか。どう解決したか。

> 学級の成長をどれだけ考え抜き、どれだけ汗をかいたか。

これで、決まります。ちなみに、前任校の体育祭は最終種目が「学級全員長縄」でした。1日協議をし、疲れ切った身体で跳ぶのです。練習期間は5日間。全体練習のうちの一部しか使えません。その状況で、私の学級は毎年100回以上跳んでいました。一昨年は部活動を引退し夏休みを受験勉強で過ごした中3担任でしたが、学校記録の131回を跳びました。周囲は奇跡と言いました。しかし、奇跡ではないのです。

なるべくしてなったのです。そうなるように、4月からを組み立てたのです。

なんでもない、地味な日常。そこをどう生きるかで、非日常の成功と失敗が決まるのです。人生もまた、同じです。

23

●4月　　　　　　　　　　　　　　　　　　　　　　　平成X年4月16日発行第15号

悲しい現実、嬉しい現実

●アーカイブコメント：　傘が盗まれる。これは荒れた学校の特徴のひとつである。全校生徒の誰かが罪を犯している。学校が犯罪者を生んでいることになる。再発防止の策を職員で協議し、決議したのは言うまでもない。この件以降年間を通して傘の窃盗は一件も起こらなかった。

□まず、悲しいお話です。

　月曜日、貴司君の傘が盗まれてしまいました。

　「昨年盗まれたので昇降口に置きたくありません」傘を教室まで持ってきた圭太君の傘は、私が預かりました。

　その話を職員室ですると、数年間働いている先生方から、「一昨年はたくさん盗まれた。昨年はかなり減った」という話が出ました。

　その傘が布製だろうがビニル製だろうが、高かろうが安かろうが、そんなことは無関係で、人の物を勝手に取っていくのは「窃盗罪」という犯罪です。

　被害届を出せば警察が現場検証に来て、指紋まで取っていきます。

　そのような犯罪が校内で起きてしまっている。これもまた現実です。すぐに手を打つべき大問題です。

　貴司君、そして傘を購入された親御さん、申し訳ありません。二度と悲しい思いをする人が出ないよう、教師集団で策を講じます。

□次に、素敵な報告を紹介しましょう。

■今日、OLTファイルを片付ける時、由美子さんが全員のファイルをきれいに並べてくれました。その時に一人一人に由美子さんは「ありがとう」といい、並べてくれました。私はすごくうれしかったし、あんなふうになりたいなと思いました。由美子さん、ありがとう！！（美月）

□由美子さんの行動もすばらしい。そして、その行動に気づき、場面を意識に留め、こうして文章化した美月さんもまたすばらしい。

　凄いことを凄いと思える。してもらったことに素直に感謝できる。

　このような感性を、大切にしたいものですね。

■「今日ね、こんなことがあったんだ」

　私がいう。

　「そっか！　こっちはね……」

　笑顔で答えてくれる人がいる。ふと頭によぎった文字。

　「当たり前だと思っている日々は全てが当たり前ではない。全部、キセキの連続でできているんだ」

　この言葉は私の大好きな言葉のうちの一つです。朝おきれば、オハヨウ。昼、夜、学校、お店……。それぞれで違う言葉が世界でいきかっているんだ。もし、みんなに出会えなかったら？　もし、家族みんなが違う人だったら。それはイヤだ。

　私はいまだに数々の人々の名、顔を覚えています。そして、会える日が来ることを待ち望んでいます♪まったく知らない人でも（笑）もちろん、先生も！

　学校行きたくないな、と思っていた日々（年）もあったんです。でも今は、行きたい！　って強く思えます。テストとかは好きじゃないですけど。先生が、「劣等感を持たないでください」と言っていたことを思い出します。かつての私は、劣等感をバリバリもっていたな。だけど、友達のさそいでダンスを習っていた時から、たくさんの自信をもつようになりました。自分でもうれしく、また違う世界がみえた気がしました。自分に自信がもてるということはこんなにスゴイものなんだな。こんなにちがいがあるものなのだな。とっても、とってもうれしく、気持ちが良かったです。

　更に毎日を、先生に負けないくらいに、元気に笑顔でいたいです！（かおり）

□かおりさんの豊かな感性が滲み出ている文章です。

　かおりさんもまた、感謝の日々を過ごしているのですね。素敵な生き方ですよ。

● 4月　　　　　　　　　　　　　　　　　　　　　　　　　　　　　平成X年4月16日発行第16号

徳を積む話

●**アーカイブコメント：**　生徒の日記にある「ふれあい囲碁」は優れものの教材である。私は背面黒板にマグネット式の碁盤を貼り、マグネットの碁石を設置する。それとは別に紙製の碁盤・碁石セットも人数分用意する。自然と交流が生まれ、楽しみつつ関係性が向上していく。

□ 2A が始動して本日で7日目。

　全員出席、全員健康が続いています。とても嬉しいです。

　私は毎朝5時前に起き、6時半過ぎに家を出るのですが、車に乗る際に気愛を入れて、皆さんの顔をイメージして、1時間ちょっとのドライブを楽しんでいます。

　家庭の事情や体調で、もしかしたらお休みをもらうこともあるかもしれませんが、皆さんと過ごす1日1時間を大事に、関わり合っていきたいです。

□人間が幸せになるためには、3つのことが必要です。

　それが、「身体に栄養」（健康）、「頭に知識」（人生を生き抜くための頭の働き）、そして「ハートに徳」（道徳）でしたね。これらは遠い昔から言い伝えられている真実で、我が国のみならず世界中でも同様の教えが為されています。

　さて、私はNPO法人を主宰している関係で、様々な企業や団体の経営者と付き合いがあります。

　交流する中で興味深いことに気づきました。経営者ですから、お金に苦労していない人がたくさんいるのですが、お金持ちでも幸せとは言えない人が少なくないのです。お金持ちでも健康を害していたり、お金持ちでも家族間のトラブルが頻発していたり。

　だから、お金さえあれば幸せ、というのは違うな、と思っています。

　一方で、見るからに幸せそうで、本人も大いに幸せだと公言している人達もいます。彼らの共通点は、上に書いた3つを持っていることです。

　彼らは人一倍、健康に気をつけます。

　身体に悪いものは食べたり飲んだりしませんし、運動不足にならないようエクササイズもします。

　また、例外なく勉強家です。特に、たくさんの本を読みます。

　そして、陰徳を積んでいます。陰徳とは、人の見えないところでする善い行いです。「宇宙貯金」と表現する人もいます。評価されないところで地道に善行を積んでいると、必ず運勢が良くなり、人生が拓けていくという思想です。

　自分の人生がうまくいっていないとしたら、うまくいっている人に学び真似をするのが一番です。私もそうやって、自分を磨いています。

■今日、ふれあいいごをやった。やったことがない人でも楽しんででき、みんなが自然と笑顔になった。つまらなそうにしている人は誰もいなくて、とっても楽しかった。これでまた、みんなとのキズナが深まったらいいなあ。（茜）

■いごがとても楽しかったです。クラスが一体となって楽しめたと思います。また、協力の大切なものを学ぶことができました。（貴司）

■今日は、総合の時間に「囲碁」をやりました。「女子 VS 男子」の団体戦で1回戦は、女子が勝ちました。だけど、2回戦は、男子の勝ちで少しガッカリしました。でも、みんなで協力し合ったり、喜んだり、悔しがったりするのってなんだかすごくいいなって感じました。今度の時は、絶対に男子に勝ちたいです！！

（灯）

■明日は、テストなのでがんばりたいです。今日、初めて学級通信に、日記がのったので、もっとのるようにがんばりたいです。

　あと、いごがとても楽しかったのでまたやりたいです。（舜）

□「ふれあい囲碁」を私がなぜ取り入れるか。言葉にしなくとも、感じてくれているのですね。ほんとうに嬉しく、ありがたいことです。

●4月　　　　　　　　　　　　　　　　　　　　　　　平成X年4月16日発行第17号

心のふれあいから生まれるもの

●アーカイブコメント： 安田泰敏氏の名著『命を救う「ふれあい囲碁」』を読み聞かせたのである。なぜ囲碁でこのような事実が生まれるのか。頭で考えても理解できない。教室に取り入れ、実践してみればわかる。優れた教師は優れた教材を準備する。未来への先行投資である。

□昨日読み聞かせた『命を救う「ふれあい囲碁」』（安田泰敏、NHK出版）の続きを約束通り紹介します。

◆彼（長谷川注：保育園児のひろ君）はまた、山の天辺に戻りました。彼の居場所なのでしょう。

　二人の先生を対決させました。ワイワイ盛り上がり応援する子どもたち。先生方が夢中になっていたので、山の上の男の子を手招きしました。先生方が心配した目でその子を見ると、暴れるからです。私の膝の上に座って先生方の対決をじっと見ていました。ところが、先生の気がその子にいくと、また暴れるのです。

　試合が終わり、椅子をひっくり返していた、ひろ君を呼びました。私の膝に座ったので、

　安田「今、こうなっていたんだけど、どうすれば良かった？」

　と聞きました。見た瞬間に

　「こうすれば八個取れるよ」

　皆がひろ君を見る目が変わりました。

　「ふれあい囲碁」教室が終わって、園長室で話を聞きました。ひろ君が他の保育園に受け入れられず、転々としてこの園に来たこと。まだ一か月足らずだけど、いろんな問題を起こしていること。たとえば塀の上に立って、先生方の反応を試すので、危ないから鉄線を張ったこと。頭が良くて言葉でも先生の反応を試すので、どうしていいかわからないことなど、矢継ぎ早に話す園長先生。

　いろんな障碍児と接してきたけど、ひろ君のような子は初めてだと言いつつ、先生は最後に付け足しました。

　「今日のひろ君の姿を見て感動しました」

　そう言われた時、窓を見るとひろ君が立っています。「おいで」と手招きして、「僕と囲碁やってみようか？」と話しかけると、嬉しそうに笑うひろ君。

　私とひろ君が対局している間、横で園長先生はずっと泣いていました。

　「また会おうね！」ひろ君と固く握手をして別れました。

◆再会

　囲碁に興味を持ったようなので、地元の人で、私と同じ思いで活動されている方に、週一回保育園に行って頂きました。ひろ君はその日を楽しみにしているようで、一時間でも二時間でも集中して囲碁を打っているそうです。

　保育園の先生から見ると、一分でもじっとできなかったひろ君が、「魔法の道具を手に入れた！」そんな不思議な気持ちになったそうです。

　半年後に、やっとひろ君に再会できました。私は嬉しくて前の日は眠れませんでした。

　教室に入ると、ひろ君が見当たりません。山の上にいないのです。子どもたちを見渡すと、皆の中にちょこんと座っているではないですか。そして、一番びっくりしたのが、二人の先生の顔が、別人のように良くなっていることでした。

　「ひろ君のすべてを受け入れたんだな！」私は心の中で呟き、胸が熱くなりました。

　皆で囲碁を楽しんだ後、子どもたちと昼食を食べました。もちろん私は、ひろ君の隣に座りました。会話をしている途中で、ひろ君がいきなり立って後ろに行きました。

　どうしたのかなあ？　何と後ろの方に座っている女の子が何か困っていたようで、シクシク泣いているのです。私も先生も誰も気付きませんでした。

　ひろ君は女の子の肩に手を当てて「大丈夫？」と言っているのです。

　ひろ君は、なんて素晴らしい子なんだろう！

　ひろ君は、脳障碍を持っているそうですが、私には、障碍児だろうが、健常児だろうが全く関係ありません。素晴らしいものは、素晴らしいのです！

◆美味しい「イチゴ」

　席に戻ってきたひろ君と、また会話を始めました。食事の用意ができたので、皆で「いただきます」。ひろ君のおべんとう箱の中には大きな「イチゴ」が三個入っていました。ひろ君は隣の女の子に「イチゴあげる」「あ〜んして」と言って口の中に入れてあげます。女の子は喜んで美味しそうに食べていました。

　次に、「安田先生イチゴ好き？」と聞きます。（つづく）

● 4月　　　　　　　　　　　　　　　　　　　　　　　平成X年4月16日発行第18号

事実の力の前に、涙こぼれる

●アーカイブコメント：「あたたかい人が周りにいれば、ひろ君の優しさ、素晴らしさがどんどん成長して、この世を救える力がある」この言葉を目の前の生徒と私との関係性に置き換えて考えていた。安田泰敏九段は2018年に逝去された。志を受け継ぎ、全国のセミナーで広めている。

◆（承前）「大好きだけど、ひろ君の分が無くなるから食べて」と言うと、「囲碁を教わったお礼に食べてほしい」と言います。何と優しい子なんだろう！　私の口にも入れてくれたのですが、感動のあまりなかなか呑み込めませんでした。残った一個を美味しそうに頬張るひろ君。こんなに小さいのに壮絶な人生を歩いているひろ君を思うと……涙が出るのを必死になって堪えていました。

　帰りの車の中で私は泣きながら、ひろ君との会話を地元の囲碁の先生に話しました。実はひろ君には、お父さんがいないのです。

　そのお父さんを思う気持ちを私に伝えるのです。

◆孤立させないで！

　また半年ぐらい経って、小学生になったひろ君と再会しました。ひろ君は、ある面では飛び抜けた能力を持っていて大学生並みの知識を持っています。バランスは悪いのですが、あまりにも能力があり過ぎて、特殊学級に入りました。

　地元の方を通して、ひろ君に会いたいと学校に申し込んだのですが、断られました。

　私は、なぜ断られたのか理解できませんでした。地元の方も憤慨していましたが、学校からは「ちゃんと学校で教育していますので」と言われたそうです。こんな心無い教育者の首を飛ばさないと、子どもたちが救われない！

　強い憤りを感じますが、結果的にはとても良かったのです。

　放課後、お母さんと一緒にひろ君と会えたからです。囲碁クラブに来たひろ君は、大きくなっていました。

　安田「お母さん、この子は天才だよ！」

　信じられないような顔をしているお母さんの前で、ひろ君と囲碁をしました。びっくりするお母さん。地元の方と交代して、お母さんと話しました。

　小学校に緊張して行くせいか、家に帰ってきてからの荒れようが酷くなったこと。今は体が小さいけれど、大きくなった時にはどう接したら良いのかわからない不安等を打ち明けてくれました。

　ひろ君は、久しぶりに囲碁をして、満足して帰りました。地元の囲碁の先生にお願いしました。「絶対にあの子を孤立させないでください！」

　それから、ひろ君は子どもの囲碁教室に通い、地元の囲碁の先生方とあたたかく触れ合っています。お母さんも時々顔を出すようになり、笑顔が多くなったようです。

　地元の囲碁の先生がひろ君と約束したそうです。「ひろ君がお母さんを守るんだよ」

私は、いつもひろ君が元気でいるか、気になります。あたたかい人が周りにいれば、ひろ君の優しさ、素晴らしさがどんどん成長して、この世を救える力があると信じています。しかし、心無い人が多くなると、ひろ君のような素晴らしい子どもたちは、居場所が無くなり生きていけないのです。どうか、神様お守りください。（以上、引用おわり）

□これを打ちながらも涙がこぼれます。

　この本には全国の幼稚園保育園小中学校他、果ては外国での、「ふれあい囲碁」を通した心の交流が数多く収められています。

　ぜひ手に取って、読んでみてほしいです。事実の力に、泣けます。

□なお、著者でありプロの囲碁棋士（最高位九段）である安田泰敏氏とは、何度もご一緒しています。

　この本であまりにも感動したもので、すぐに本に紹介されている事務局に連絡を取り、マグネット式の大型囲碁セットと、40人学級で対局するのに必要な紙製囲碁セットを20、注文しました。

　その後、教室で取組ながら、「是非安田九段にお会いしたいな」と願っていたら、研究会（全国規模で、1万人の教師が所属しています）のセミナーに来てくださったのです。びっくり！

　私はその日のパーティでバンド演奏をしました。囲碁とギター。関係の薄い二つの「物」をテーマに、二人で盛り上がったのを覚えています。

　いつか、このO中学校にもお呼びしたいなと、私かに思っているところです。その時は、皆さんと対局してほしいな！

●4月   平成X年4月17日発行第19号

利己と利他のバランス

●アーカイブコメント：　自分の担当場所を終えたら教室を手伝いに来るんですよ。私は毎年そう教える。教室掃除が最も重労働だからである。教えなければ遊び惚ける。この日に手伝ってくれたのは「10名ほど」。こうして一歩一歩を踏みしめつつ、理想形に近づいていくのである。

□昨日朝、我が子への対応について「何かいいヒントがあれば」と話したところ、かおりさんが長文かつ詳細なアイディアを書いてきてくれました。

　まず、私がなにとなく相談したことに、正対してくれたことに感謝。

　次に、その内容にも感謝。特に「長女」の「もっとかまってほしい」という気持ちの指摘には膝を打ちました。

　かおりさん、ありがとう！

□自分の担当場所を終えたメンバーの中で、教室掃除（机椅子の移動）を手伝ってくれる人が一人またひとりと増えてきました。昨日は10名ほどが手伝ってくれて、感動的な光景でした。

　金曜日に呼びかけた時、手伝ってくれたのは友梨さん、舜君、かおりさんの3名でした。今も鮮明に覚えている光景です。

■今日は2回目の道徳の授業がありました。今回の授業で道徳とは何のためにやるのかわかりました。よりよい人生を目指すために目標を立てて達成できるようにしたいです。（由香）

□1回目の道徳はパソコンで作ったコンテンツを使った授業でした。

　2回目は、皆さんの日記を「教材」として授業を展開しました。

　道徳の授業の「教材」は、一つではありません。教科書もありません。何もかもが、光を当てる角度によって、考える素材になり得るのです。

　だから、面白い。私は道徳の時間に、生徒と共に、生き方を考えるのが好きです。一所懸命やります。

□道徳の授業の途中、その時点までの学習の感想を発表させるために、「指名なし発表」を指示しました。

　今回もなかなか出ないなか、最初に立ったのは灯さんでした。この時点で私はもう感動してしまって、その感動を言葉にしました。次に立ったのが陽菜さんでした。陽菜さんは、出会いの頃から、勇気を出して何度も立ってくれています。自分を一段と成長させるために、心の冒険をしているのです。これまた感動的でした。

■今日は、給食の時間に先生に注意をされました。理由は、裕美さんの分の給食だけ配っていなかったからです。同じ班の男子は、自分の給食を持ってくるだけで裕美さんの分の給食を配ろうとはしませんでした。ああ、こういうところだなと私は思いました。

　自分のことだけで、まわりのことを気にしないところは、1年生のときから変わっていないなと思いました。だけど、今日先生に注意をされたことで、今後は気をつけようと私はおもったし、みんなも理解したと思います。これからは相手のことを考えて行動しようと思いました。（灯）

□私からの問題提起を、このように素直に受け止めてくれてありがとう。

　上の状況は、一昨日も同じでした。一昨日は鈴音さんの給食が配られていなかったのです。

　ちなみに、鈴音さん、灯さん、裕美さん、長谷川は配膳をしています。決められた時間に「いただきます」をするために、集中して配っています。

　とするならば、同じ班の人が、あるいは気づいた周りの班の人が、ただおしゃべりを楽しむだけでなく、気を配るべきではありませんか。

　自分のことばかりでなく、もっと他人のために考えませんか、汗をかきませんか。利己と利他のバランスを、もっともっと取りませんか。

　これが私からの問題提起です。

●4月　　　　　　　　　　　　　　　　　　　　　　　　　　　　　　　　平成Ｘ年4月21日発行第20号

2A から始める大事業

●アーカイブコメント：　「この学級から始めて、学校をつくる」我ながら大風呂敷の宣言である。最初は浪漫を描くところから始める。そして、個の成長を学級の成長につなげ、学級の成長を学年へ、学年の成長を学校の改革へとつなぐ。20 代から継続している仕事の文法である。

□昨日は突然のお休みでごめんなさい。
　朝話しましたが、義理の祖父が急逝し、葬儀準備・運営のため日曜朝から福井県に行っていました。すべてを終え、昨夜遅くに帰宅した次第です。
　一番気になっていたのが、金曜日に指示した日記帳の扱いでした。
　朝全員が提出すること、と言っておきながら、私が不在になってしまって申し訳なかったと思っています。
　お休みの分を、今日精一杯取り戻しますね。

□幾つもの課題が見つかったオリエンテーリング。これに関する日記の内容については、残り 2 名の提出を待って共有したい文章を通信上で紹介し、私のコメントを書くことにします。明日書きますね。
　一人ひとりの日記には、私の考えを丁寧に記しましたから、読んでみてください。

■長谷川先生がいなかったけど、私が思っていた以上にうるさくならなくてよかったです。（凛）

■国語の自習がんばりました。自習がとても静かにできたので他の教科などでも自習があったら同じように静かに自習をしたいです。（晃太朗）

□ふたりの報告を読み、とても嬉しく思いました。安心もしました。
　皆さん、留守を守ってくれてありがとう。感謝します。

□突然ですが、本の紹介です。『図解　脳に悪い 7 つの習慣』（林成之、幻冬舎）。
　先月末に出た本です。2009 年に刊行された『脳に悪い 7 つの習慣』の内容を一部修正し、最新情報を入れて改訂した図解版です。前著も読みやすかったですが、今回は「図解」ですからよりいっそうわかりやすく、まさに中高生にぴったり、という装丁（そうてい：本の作り）になっています。
　著者の林成之さんはテレビにも出ているそうですから（私の家にはテレビが無く、10 年くらいほとんど見ていないので確認できないのです）、知っている人がいるかもしれません。著名な脳神経外科医です。文章もわかりやすいです。
　ちなみに、「脳に悪い 7 つの習慣」は以下の通りです。

> 1.　「興味がない」と物事を避ける
> 2.　「嫌だ」「疲れた」とグチを言う
> 3.　言われたことをコツコツやる
> 4.　常に効率を考えている
> 5.　やりたくないのに我慢して勉強する
> 6.　スポーツや絵などの趣味がない
> 7.　めったに人をほめない

　値段も 600 円と安いので、ぜひ買って読むことを勧めます。大いに役に立つと思いますよ。

□ある生徒に話したことです。大切な内容ですから、共有しておきます。
　学校を良くするにはどうするか。「学校を良くしたい」と 100 万回言っても何も変わりません。
　学校は学年の集まりでできています。学年は学級からできています。学級は？
　そうです。生活班の集まりです。ということは、生活班の質が高まれば学級の質が高まり、学級が高まれば学年、そして学校、と良くなっていくのです。
　2A から始める学校づくり。私は本気で挑戦しています。

●4月　　　　　　　　　　　　　　　　　　　　　　　　　　平成X年4月22日発行第21号

本音の交流をしましょう

●アーカイブコメント：　　日記を継続する意義を改めて語っている。一番のねらいは私という人間を知ってもらうこと、そしてその生徒をいっそう深く理解することだ。日記はそのためのツールの一つだ。個々の生活そのものへのアプローチをせずして、学級の向上は実現し得ない。

□学級開きから11日目です。

　毎日家で、手を抜かずに書いている人の日記の文章の質が少しずつ高まってきています。

　日記を書いている人は、たとえば北辰テストや高校入試の作文問題がとても楽に解けます。

　前任校での私の学年は、8割くらいの生徒が、北辰や入試で作文問題を真っ先に解いていました。5分くらいで書き上げられるし、満点を取れるからです。

　日記は何のために書くか。

> ひとつ、自分の1日を振り返り、伸ばす点と改善点を見極めるためです。
> ひとつ、物事を観察する眼を磨くためです。
> ひとつ、思いを言葉にする力を高めるためです。
> ひとつ、自身の気づきや思考を学級（読者）と共有するためです。

　過去、1000日間続けた生徒が複数います。その生徒達には例外なく、奇跡と言っても過言ではない出来事が起きました。私達はそれを「ギフト」と呼び、書くことを楽しんでいました。

　ちなみに、事業家、芸術家、スポーツ選手、芸能人他、成功している人のほとんどは日記を綴っています。たとえば、サッカーの本田圭佑選手が小学校時代から綴っている日記が有名ですよね。

　書いて、書いて、書き続けた人にしかたどり着けない世界が、確かに存在するのです。

　人間は良い習慣も悪い習慣も、21日間で身につきます。続けられるようになった人は、次なる段階に進むとよいでしょう。長く書く、です。

□大事なことを書いておきます。

　この学年はいろいろと課題が多かったし、現在も多いと言われています。

　それは私より、皆さんの方がよく知っていることでしょう。自分達のことですから。

　共に11日間を過ごした私の実感は、評判と少し違います。

　まず、

> 　　　　ルール破りをしたり集団生活を乱したりする人は確かに複数存在する。

　次に、

> 　　　　しかし、集団の質の低さはその人達だけの責任ではない。

　そして、

> 　目立った違反をする人の陰に隠れて、責任を果たさなかったり、小さくルールを破ったり、人の不幸の上に自分の幸せを築いたりする人達が少なくない。

　これが私の観察です。具体的に言いましょう。

　たとえば、挨拶です。朝の挨拶、帰りの挨拶、声が前まで届きません。挨拶とは相手を尊重して行うものなのですが、そうなっていません。

　たとえば、教室環境です。毎日、紙くずやティッシュのゴミが落ちています（これは2A教室だけでなく、廊下や階段にも落ちています。私は毎日拾っています）。机の整頓や席を離れる時に椅子をしまうなどは、何度も教えていますが、なかなか修正されません。（つづく）

●4月　　　　　　　　　　　　　　　　　　　　　　　　平成X年4月22日発行第22号

改善点は「改めればさらによくなる点」です

●アーカイブコメント：　前号に続き、「特定の人の問題なのではなく、大半の人の問題なのだ」と語っている。問題行動を重ねる生徒だけが悪いのではない。視点を転換させ、当事者意識を芽生えさせる指導である。しかも、短所の指摘の後に長所をたたみ掛けている。これが肝だ。

□（承前）また、掃除の取組です。チャイムで取り掛からない、机を運ばないで出て行く、机を引きずる、ゴミ箱がいっぱいでも誰も捨てない、黒板や床がきれいになっていないのに終わらせてしまうなどが目立ちます。

これは、特定の人の問題なのではなく、大半の人の問題なのです。

さて、短所を指摘しましたが、では長所はないのか、という話です。

あります。しかも、複数あります。

たとえば、給食の時間の質です。9日、10日の状態と比べ、昨日の給食時間の質は大きく高まっています。

給食委員もその他のメンバーも、45分着席の指示やごちそうさまの前の配膳台準備、タイミングの指示等、まだ私の仕事に依存している部分があるのは事実です。でも、個々が意識しているからこそほぼ時間通りの運営ができるようになったのです。9日10日は開始が8分遅れ、終了が5分遅れだったのですから、大きな進歩です。

次に、朝読書が正常に近づいていることです。前任校でも同じ取組をしていましたが、25分の時点で全学級の全員が着席して読書の準備を済ませ、30分のチャイムでは何も言わなくとも全員が読書に集中していました。

それが「朝読書」実践（私は全国の「朝読書」実践群を調査しました）の本筋です。2Aも、その本筋に一歩近づいたと言えましょう。

また、提出物の提出状況が徐々に改善されてきたことです。

学級開き当初、「春休みのしおり」や「宿題」、書類等の提出は「下の下」の状況でした。それが日に日に改善されてきて、期限が守られるように変わってきました。担任は毎日様々な物を配ったり集めたりします。25名が期限を守って出してくれれば、ミスは生じません。個々がバラバラに提出してくると落ちが生じます。人間は完璧ではありませんし、私は人一倍完璧ではありませんから、ミスをします。忘れ物はある種の「習慣」ですので、直すのに時間と努力が必要ですが、信用を得るために大切なことのひとつですから、ぜひ今から意識することを勧めます。

最後に、改善点は「改めればさらに良くなる点」です。学校のルールを尊重し、きまりや規定の時間を守りつつ大いに楽しむ。そのために、共に改善していきましょう。

■今日のそうじは、そうじ場所変更の関係で少し開始時間が遅れてしまい、時間内に終えることができませんでした。けれど、とても嬉しいことがあったのです。

私が教室の机を運んでいると、かおりちゃんが私に声をかけて一番最初に手伝ってくれました。するとそうじを終えて教室に戻ってきた美月が、みんなに手伝おうと声をかけて、最後には女子のほぼ全員が教室そうじを手伝ってくれていました。そうじを時間内に終えることはできなかったけど、みんなのおかげであまり遅くならずに済んだのです。何よりも、私は教室そうじを手伝ってくれた人がいたことが、とても嬉しかったです。（裕美）

□裕美さんが日記に書いてくれたから、私はこの事実を知ることができました。まずそのことに感謝します。次に、手伝ってくれた人にも学級を代表して感謝します。ありがとう。男子にもポツポツと協力者が増えてきています。今後がますます楽しみです。

●4月　　　　　　　　　　　　　　　　　　　　　　　　　　　平成X年4月22日発行第23号

心

●**アーカイブコメント：** 全校行事であるオリエンテーリングで数々の事件が勃発した。アルコール、飴・ガム・菓子、そして派手な買い食い。私は教員で唯一自転車を持ち込み、1日中生徒に関わり続けた。忌引き明けの私の指導は、ある生徒の日記を紹介するところから始まる。

□17日（金）のオリエンテーリングについて、共有したい日記が幾つかあります。まずは、文字も質も分量も、一所懸命考えて書いてくれた裕美さんの文章を紹介します。

■今日は全校で、オリエンテーリングという行事がありました。その行事で、私たち生徒は様々な問題を起こしました。

　まず、班別行動がしっかりできなかったこと。これは、はぐれても呼びに行かなかった私たち班長の責任であると、私は思います。班長が、別の班の子と一緒に居たのを見た時、呼びとめるべきだったと思います。きちんと言えば、その人もわかってくれるはずです。

　次に、不要物を持って行った人がいることです。お弁当の袋の中や筆箱にかくし、オリエンテーリング中に食べるというのは、規則違反です。これでは持ち物検査の意味がありません。私も他人事として言うわけではないですが、学校行事にそのような物を持ってこようとする考えから変えていくべきなのかもしれません。

　そして、これは私個人の問題ですが、オリエンテーリング中、班長としてどうかという行動をとってしまったことです。あと10分と班員に言われた時、私以外皆、もう失格でもいいやとあきらめてしまったんです。10分で学校につくのが難しい距離だったけど、私は学校行事なら、あきらめないで最後までやりたかったんです。班員にはこう言われました。

　「こんな行事、真面目にやる方がおかしい」と。

　私はそれが悔しくて、10分で学校に行ってやるって思いました。けど、少し経って後ろを向くと、誰もいなかったんです。班員をおいて一人で自分勝手につっぱしる私に、班長の資格なんてないと思いました。それから複雑すぎる感情が湧いてきて、涙が溢れてきました。もうよくわからなくなりました。でも、とにかくおいていってしまった班員に謝りたくて、最初に声をかけてくれた灯に謝りました。

　「全員気にしてないよ。私性格悪いけど、次は一人にさせないようにするから、むしろこちらこそごめんね」

　私は、灯はすごく優しくて、最高に性格のいい女の子だと思いました。私も、泣いている子をこんなふうに励ませる人になりたいと思いました。

　オリエンテーリングから帰っても、まだ問題は終わりではありませんでした。体育館で見せられた酒の缶。未成年は買えないはずだし、そもそも缶を学校に持ってくるのはありえないです。このようなことをする人がいるから、持ち物検査や集会という無駄なことをしなくてはならなくなるんです。そして自由がなくなって、縛りつけられ、オリエンテーリングもなくなってしまうかもしれません。私としては地域の歴史を知ることができるこの行事を続けたいので、今日のオリエンテーリングは本当に最悪なことの連続だったと思います。

　少し長くなってしまいましたが、ここで宿題にされた林間学校のことを書きます。

　私は、先生に今年の林間は班別行動なしになる可能性があると言われた時、とてもショックでした。学校行事の楽しみといえば班別自由行動なのに、それがなくなってしまうということは、ほとんどの自由がうばわれてしまったも同然です。そんな林間学校、誰が楽しみにしますか。誰が行きたいと思うんですか。今日規則を破った人達のために、きちんとやっている子がまきこまれるのは、とても残念です。規則を破ることが、そんなに楽しいのでしょうか。規則を破ってまで遊ぶことが、本当に幸せなのでしょうか。だったら私は、規則を守った上での楽しみを手に入れたいです。正義の通った楽しみの方が、きっと心から楽しめるはずです。（つづく）

●4月

平成X年4月22日発行第24号

一匹狼のたくましさと、野武士の如き集団を

●アーカイブコメント： 4つの問いはどれもが生徒の心に刺さる刃である。担任からの、本気の問題提起である。できることならば、保護者と全教師の参観する中で授業をしたかった。教育の根幹に関わるテーマだからである。日記に書けと指示した。さて、生徒はどう反応するか。

■（承前）だけどみんなは、その楽しみを知らない。私も一度くらい、縛られず、正義の通った自由の上での楽しみを味わってみたいです。

　林間学校に持ち物検査なんて、普通ならいらないはずです。私は、持ち物検査は皆が自分達で自分達を縛りつけたルールだと思っています。持ち物検査なんていらないよと文句を言っているなら、まずは規則を守ることから始めるべきだと思います。（裕美）

□まずは皆さんに、真剣に問いたい。

1. あきらめてゆっくり歩く班員を置いて、学校で決められた時間を守るために急いだ裕美さんの行動は、間違っていますか。
2. 「こんな行事、真面目にやる方がおかしい」という「班員」の言葉を、どう考えますか。
3. 先に謝ったのは裕美さんだったそうですが、先に謝るべきはどちらだと考えますか。
　　各班の班長さんには更に問いたい。
4. 「班別行動がしっかりできなかったこと」は「班長の責任である」という裕美さんの自己批判について、同じ班長であるあなたはどう考え、自身はどんな仕事をしましたか。

　このテーマで授業参観の授業をやってもいい。それくらい、2Aという学級集団、いや、このO中学校の生徒集団にとって大切なことです。
　上記の問いに対する考えを日記に綴り、明日朝提出しなさい。授業の「素材」とします。

□さて、持ち物検査についてです。
　私は教師生活15年間、生徒の鞄を調べるという行為を、一度もしたことがありませんでした。すなわち、今回が初めてでした。
　最初に1班、貴司君の鞄を見なければなりませんでした。鞄を覗くまで、自身の心の中で、強い葛藤がありました。しかし、それをすることが規定されています。私だけ「嫌だ」と言えば、オリエンテーリング自体が進みません。行事は既に進行しているのです。私の思いは思いとして、来年の行事に活かす。そう決めて、検査にかかりました。
　この持ち物検査は、O中学校がオリエンテーリングという行事をつくり、運営し始めた時点では「無かった」そうです。
　それが、不要物持ち込み等が増えたことで、「必要となった」のだとのことでした。このようなものを、社会では「負の遺産」と言います。
　このような負の遺産を一つでも多く消滅させること。これは、皆さんの仕事です。自分達のためでなく、後輩達のためにも、為すべき価値のある事業です。私は心の底からそう考えます。

□思っていること、考えていること、問題だと認識していること。
　それらを口に出したり、文章に書いたりしなければ、波風は生じません。
　波風は生じませんが、改善もありません。問題はアンダーグラウンドで、着実に進行し、膨らんでいきます。
　物を動かせば摩擦が生じます。大きな物を動かそうとすれば、摩擦も大きくなるのが自然の摂理です。その摩擦を恐れて安全地帯に安住するか、それとも「誰かがやらねばならぬことなら己がやる」と一歩を踏み出すか。
　私は後者です。「一匹狼のたくましさと、野武士の如き集団を」
　師匠の学級の合言葉だったこの言葉を、私は2Aでも追い求めたいのです。

●4月　　　　　　　　　　　　　　　　　　　　　　　　平成X年4月23日発行第25号

人の痛みを自分のこととして捉えられるか

●アーカイブコメント：　私のコメントを是非じっくり読んでほしい。あなたはこのようなマイナスの内容を、これほど厳しい表現で通信に書けるだろうか。私の仲間も無理だと言う。だが、私は事実と解釈をずばり書く。絶対に成長させるという覚悟があるから書けるのである。

□昨日6時間目、言動について、初めて2A全体を叱りました。

■6時間目の総合が始まってすぐに、調べた人別になりました。その時にたくさんの人がしゃべって、教室がさわがしくなり、先生が初めて怒ったのを見ました。先生に言われたことをしっかり理解し、授業を受けたいです。（舜）

□これは舜君の日記の一部です。そうです。初めて強く指導しました。
　次に、鈴音さんの日記の一部です。

■今日の6時間目に私達のクラスがとてもうるさく、長谷川先生につらい思いをさせてしまいました。本当にごめんなさい。でも、うるさかったのはその時間だけではないので、なおして行きたいです。（鈴音）

□優しさに感謝します。
　そのうえで、私が叱ったことを整理します。
　私は「調べたテーマごとにグループを作ります。移動しなさい」と言いました。
　その直後にある男子が女子に、「テーマを変えろ」と迫りました。気の合う仲間と同じグループになるためです。そんな横暴を許すことはできません。その指導を短く、10秒程度しました。
　その男子は本来のグループに戻りましたが、次になんと、女子を椅子から強引にどかし、仲間の近くの席をぶんどろうとしたのです。その女子がバランスを崩せば顔面を机で殴打するほどの暴挙です。許しがたい行為です。その指導を10秒程度しました。
　その時点で、周りはどうかというと、勝手にしゃべっていました。私の指示は「移動しなさい」です。「話をしなさい」とは言っていません。
　一人ひとりが勝手にしゃべりますから、かなりの音量です。級友が危ない思いをし、あるいは指導されているのに、そんなことは関係なしに私語に興じている。それでも中学生か？　保育園児以下ではないか？動物園のようではないか。他人への無関心、ここに極まれり。憤りと悲しみが胸を突きました。指導の為所だと判断し、話をしました。

□昨日、通信を4号書きました。そのうえで、裕美さんの文章を素材に、問いを3つ、班長には4つ出しました。
　今朝の日記の状況です。
　みずから出した生徒、21名。うち問いに答えておらず一文で終えている生徒、男子1名。
　みずから「書いたけれど、忘れました」と申し出た生徒、男子1名。
　言われてから書いた生徒、男子1名。そんな短時間書くのですから、内容とまったく関係がない一文のみ。この生徒のこれからに危機感を覚え、真剣にコメントを書きました。
　言われて「忘れました」と言った生徒、男子1名。言われなければ言ってこない時点で、書く気がないことがわかります。本人は、オリエンテーリングでルール違反をしているのです。関連することを、級友が真剣に日記に綴り、それを担任が真剣に通信の記事にした。にもかかわらず、「無視」です。「真剣な問いかけには真剣に応えなさい」と指導しました。
　ある生徒が言うには、教室で「なんて書いた？」と人に聞き、それから日記帳を開いた人もいたそうです。私はその場にいませんでしたが、悲しい思いをしました。
　かおりさんは6ページに渡って考えを綴りました。美月さん、灯さん、友梨さん、裕美さん、由香さんは2ページでした。全員分、一所懸命読みました。

●4月　　　　　　　　　　　　　　　　　　　　　平成X年4月25日発行第26号

ありがとうゲーム

●**アーカイブコメント：**　担任がいないこそ、その学級の実力が露わになる。私は自分が1週間不在であっても何ら支障なく、質の高い生活を運営できる学級集団を育てたい。教育の目標が自立と自律だからである。国語や道徳が楽しいという感想が見られる。第一は授業である。

□昨日は離任式に出席するため、給食指導後にＴ中学校に向かいました。

■今日の午後は、長谷川先生がいなかったけど、問題も起きずにきちんとできたのでよかったです。ただ、6時間目の学活と帰りの会が思ったよりうるさくなってしまっていたので、今後、自分も気をつけ、話をしている人にも注意できるよう努力したいと思います。
　掃除は、何も言わずとも教室に戻ってきた子たちは机運びを手伝ってくれるようになったので、とても嬉しかったです。私は手伝ってくれた人一人一人に「ありがとう」と声をかけました。掃除の状況は、昨年よりすごく良くなっていると思います。このすばらしい習慣を続けていけば、班別行動でもしっかりできるようになると思います。正義の通った常に笑顔でいられるクラスにできたらいいな。（裕美）

■今日は、長谷川先生が午後、Ｔ中へ行きました。皆は自習の時うるさくなるのかな？　と一人でドキドキしていました。でも、静かにでき、多少おしゃべりをするくらいでした。ただ、礼をする時にはしっかりしてほしいです。第一ボタンをしっかりとめる。「礼」と勝手に言わない。大きく二つのことを直さないとです。これは、自身が気をつけるよう、気にしてもらいたいです。
　帰りの会前に、日記が配られていないことに気がつきました。私は配る係の人に、知らせました。少々、帰りの会があたふたしたものの……ぶじ、今日1日が終わります。明日は授業参観だ！　弁当忘れないようにしないと！？
　今日の国語の授業はとても勉強になりました！！　「や」が感動を表す言葉だと知りませんでしたから、驚きでした。特に、「松島やああ松島や松島や」という俳句はすごく頭に残っています。今後の授業が楽しみです！（かおり）

■明日は授業参観です。そこで、道徳をやるので楽しみです。今日することができなかったので、自分の考え、意見を発表、説明できるようにまとめておこうと思います。
　今日は、先生が出張でいなくなってしまったけど、静かにしっかりできていた気がします。でも、礼のやりなおしを何度かしてしまいました。そういう細かい事からしっかりやっていけるようにしていきたいと思います。（略）（陽菜）

□授業と清掃、帰りの会については、私も少しだけ「心配」しました。
　心配になる自分を、「もう今の状態なら大丈夫だ。信じて、Ｔに行こう」と励まし、学校を後にしたのでした。
　今朝何人が学級のことを日記に書いてくれるかと楽しみにしていました。何人もが、報告を書いてくれていました。どれも嬉しく読みました。読みながら、感謝の気持ちが湧いてきます。ありがとう。

■（23日）今日、先生が言っていた「ありがとうゲーム」の話を聞いて強く思ったことがあります。
　それは、毎日、日記で日付の下に〇がつく人間になりたいということです。そのために、学校を離れた時でも人に親切な行動をしたいと思います。
　（24日）今日の「ありがとうゲーム」は〇がつきませんでした。このゲームは簡単だと思っていましたが、意外と人からありがとうと言われるのは、難しいです。なので、ありがとうと言われる回数を毎日少しずつ増やしていきたいです。（和樹）

□授業で紹介した「ありがとうゲーム」を、和樹君は真正面から捉え、自分なりに解釈し、取り組み始めてくれました。心が温かくなりました。ありがとう。

●4月   平成X年4月28日発行第27号

それぞれの日記から

●アーカイブコメント： みたび日記の意義を語っている。のみならず、生徒の提出状況及び記述内容をまとめている。生徒への指導に止まらず、保護者に現状を知らせ、学級集団形成に巻き込むための挑戦である。皮肉にならないのは、教室で原則として、褒め、認めているからだ。

□私はその日の言動の振り返りを日記に書かせることを、教職1年目から15年間にわたって大切にしてきました。

　人生の成功者のほとんどは、日記を書く習慣をもっています。日記を書くことで、日々惰性（だせい）で生きることから抜け出せるのです。毎日、夜寝る前に自分の言動を省みることで、死ぬまでの1日、1日を意図的、計画的、自覚的に生きるようになるのです。無論、書く力も飛躍的に伸びます。

　私は出逢った子どもたちにもその習慣を身につけさせたい。だから、毎年、出逢いの日に記名したノートをプレゼントし、日記の意味を説明し、年間を通して継続させてきたのです。毎日全員と交換日記をしているイメージです。

　この日記の取組から生まれたドラマは数知れずあります。在学中に、すでに奇跡が起きるのです。

　また、卒業生の半数以上が、成人式で再会した際、「続けていて良かった」と報告してくれます。

　この世には、一つのことを100日200日1000日と休みなく続けた人だけがわかる、見える世界が確かにあるのです。

□保護者の皆さん、土曜日の授業参観、学年保護者会、学級懇談会、部活動保護者会、そしてＰＴＡ総会ではお世話になりました。

　次は家庭訪問でお世話になります。お手数ですが、日程アンケート及び地図記入へのご協力をお願いいたします。

□本日提出された日記から、土曜日の日記の内容をまとめてみます。

　およそ次のような状況です。

　　貴司君　　：授業参観の疲れ〈1時間目休みに提出〉
　　さとみさん：道徳の感想と私の問いかけへの考え
　　直樹君　　：道徳の感想と私の問いかけへの考え
　　由香さん　：道徳の感想と私の問いかけへの考え
　　晃太朗君　：道徳の感想と私の問いかけへの考え
　　博君　　　：未提出
　　鈴音さん　：道徳の感想と私の問いかけへの考え
　　舜君：遊んで楽しかったこと
　　圭太君　　：未提出
　　裕美さん　：道徳の感想と私の問いかけへの考え
　　友梨さん　：道徳の感想
　　和樹君　　：未提出
　　かおりさん：道徳の感想
　　唯さん　　：道徳の感想
　　咲良君　　：授業参観の緊張感
　　悠真君　　：未提出
　　陽翔君　　：道徳の感想
　　灯さん　　：道徳の感想
　　凛さん　　：道徳の感想
　　由美子さん：未提出〈忘れたとの申し出あり〉
　　茜さん　　：道徳の感想と私の問いかけへの考え
　　美月さん　：道徳の感想と私の問いかけへの考え
　　陽菜さん　：道徳の感想と私の問いかけへの考え
　　颯太君　　：道徳の感想
　　碧人君　　：25日の記述は無し

● 4月　　　　　　　　　　　　　　　　　　　　　　　　　平成 X 年 4 月 28 日発行第 28 号

授業内容とは別に、私が教えたこと

●アーカイブコメント：　初めての授業参観に道徳を選んだことには当然理由がある。生き方を整え、その質を向上させることが、目の前の生徒集団にとって急務だったからである。選んだ題材は長野オリンピックのテストジャンパー。私の代表的道徳授業のひとつである。

□時間が足りず数名分だけになりますが、日記を紹介します。

■今日の道徳では、「テストジャンパー」という題でやりました。そもそも「テストジャンパー」とは何か全く知りませんでした。テストジャンパーの西方選手は日本に金メダルをとらせようという気持ちがあったから、テストジャンパーとしての仕事も果たせたし、日本は金メダルをとることができたんだと思いました。
　今日の授業を受けたのは、自分の行動に責任感をもつためだと私は思いました。責任を果たす行動をとることで、たくさんの人が支えてくれ自分を変えることができるからだと思いました。テストジャンパーの西方選手もそうだったと思います。（由香）

■土曜参観でした。長谷川先生の授業では、原田選手のことを学び、オリンピックのことを良く知ることができました。
　先生が最後に言っていた、「私が伝えたいこと」とは、自分一人で成功するのではなく、他の人の支えがあったからなんだということだったのかな、と私は思いました。テストジャンパーは、目立つこともできないし、拍手ももらえない、得点もつけてもらえないけれど、それでも人の役に立っているなら、それで選手が金メダルをもらえるのなら嬉しいとがんばるテストジャンパーの人たちは、とてもかっこいいと思いました。（裕美）

■土曜参観でした。参観を終えての初めの感想は、疲れた。恥ずかしかった。
　道徳で思ったことは、選手は自分、テストジャンパーは自分の周りで支えてくれている人。そう思いました。（鈴音）

■道徳の授業で先生が伝えたかったのは「協力」だと思いました。なぜそう思ったのかというと競技が中断したときテストジャンパーが協力して競技を再開し、日本が優勝できたのでそう思いました。（晃太朗）

■授業参観でした。私たちは道徳でした。なぜ長谷川先生が今日この事を授業したのかということを、私の考えを書きます。いろんな意味があるのかなと思いました。林間のこと、スキージャンプのこと、オリンピックのこと、集団ということ。私は、いろいろ頭にうかびました。私は、すべてうけとめたいと思います。（さとみ）

■テストジャンパーは、たとえどんなにすごいジャンプをしても歓声も上がらず、さみしくて、つらくて、悲しい仕事だと思った。でも、その仕事を生きがいにしている人もいるので、否定できないとも思った。
　原田さんは、リレハンメルオリンピックの時、一番最後だしプレッシャーに勝てなかったと思った。あと、日本代表ということもあり、よけいにしばられてしまったのだと思った。
　これは私の考えですが、たぶん先生は私達に「陰でがんばっている人たちのためにあなたもがんばってほしい」と思っているのかなと思った。みんなも、今日の授業で何かしら感じてるはず！！（茜）

□あの内容をなぜこの時期にこのタイミングで授業したのか。
　その問いとは別に、もう一つ問うてみます。
　私は授業の冒頭から最後まで、授業内容とは別に、幾つかのことを皆さんに教えていきました。それは何でしょうか。思い出し、書いてみてほしいです。

●4月
平成X年4月30日発行第29号

私は変わっているのです

●アーカイブコメント： 私は「天の采配」や「天命」、「因果」等の話を折に触れてする。そんな話の後に、「私は変わっているからね」と添える。そう言うと、生徒は笑う。笑いながら、心のコップが上を向く。目を見ていればわかる。正しさ一辺倒で攻め切っては駄目なのだ。

□家庭訪問日程希望用紙は今朝が提出日でした。提出されたものをチェックし、兄弟姉妹のいるご家庭は調整し、以下のようにまとめました。

　明日提出なさる方は、空いている所に入る形になります。以下の表を参考になさってください。

	11日（月）	12日（火）	13日（水）	14日（木）	15日（金）
14：40〜	増本由美子	前田　凛		矢部颯太	
15：00〜		浦田由香			
15：20〜			嶋本かおり	藤田　灯	
16：00〜	宮部美月	高田　唯		古川陽翔	佐々木裕美
16：20〜	宮崎　茜	佐藤友梨		大川　博	
16：40〜	相田貴司	小野晃太朗	荒巻さとみ		

□振り替え休日だった月曜日、私は初めて家庭訪問を「迎える側」の体験をしました。小学校に入学した娘の担任の先生と、20分間お話をしたのです。

　先生は寄居出身、秩父の小学校に勤務されていたようで、娘の話題より秩父の話題で盛り上がって終わってしまいました（笑）。

　来月の家庭訪問は一軒あたり15分でお世話になります。率直に、考えや思いを共有し合えれば幸いです。

□今朝、2Aのとある生徒から「先生は時間を大切にしていますが、学校以外の時間はどんな生活をしているのですか」と問われました。実力テストの準備で時間がなかったので、「通信に書きますね」と返しました。

　A君、Bさん、私の生活のおおよそは次のとおりです。

（1）平日は退勤後、ほぼ毎日、自身のNPO（非営利活動法人）の活動があります。事務局会議や連携相手の行政・企業との会議、学習会等です。

　　これらは13年間以上続けている、私にとって大切な社会貢献活動です。そのために、私は可能なかぎり早く帰宅します。

（2）休日はNPOでセミナーや学習会を開催しています。自身が全国各地の学習会に参加することも多々あります。13年間で47都道府県ほぼすべてを回り、各地に存在する全国区の実践家に学んできました。もちろん、部活指導も行います。

（3）家族の時間は、ほとんどありません。だから、家にテレビを置きません。テレビを置くと、貴重な上にも貴重な対話の時間や、共に遊ぶ時間が減ってしまうからです。よって、私は10年以上、家でテレビを見たことがありません。

　普通と少し違う生き方をしているので、「変わっているね」と言われることもあります。そうです。私は変わっているのです。

　2Aでも、たとえばちょっとした指導をした後に、「私は変わっているんだよ」と話しますよね。その時はみんな笑います。あの瞬間が私は好きです。

　なぜ私が自身を「変わっている」と表現するのか。その答えは、この1年間で、だんだんわかっていくことでしょう。意図的に、言っているのです。

●4月

平成X年4月30日発行第30号

プライドをもとう

●アーカイブコメント： 4月も末となった。日記の質の向上をねらって語りを入れている。日記は自己確認のツールである。書くことで、人生を自覚的に生きるようになる。結果として心が強くたくましくなる。このような指導を手を変え品を変え積み重ねるのが教師の仕事である。

□小学校1年生も日記を書いています。彼らの日記はだいたい3～4行です。

　たとえば、「きょうは4じかんめにたいいくがありました。なわとびをしました。にじゅうとびができるようになってうれしかったです」という文章です。

　社会の成功者も日記を書いています。彼らは1日の言動をふりかえり、もっと増やすべきところと改善すべきところを「自己確認」します。

　2Aのほとんどの人も日記を綴っています（30日現在提出率10％以下は2名のみです。逆に、1日も欠かさず出している人が8割を超えています）。

　問題はその中身です。

中学2年、14歳が小学校1年生と同じ文章で良いか、ということです。

「それでは恥ずかしい」と思える人は、伸びます。

　試合で格上と対戦して負け、悔し涙を流す人が伸びるのと同じ理屈です。

　本日の「気愛」を読んで、「7歳と同じこと」をしている自分に腹を立て、悔しさを覚え、今日この日から真剣に文章を綴る人が、1年10か月後の入試で成功しますし、その後に広がる人生でも成功を手にする確率が高いです。なぜそう言えるか。

悔しい、恥ずかしいと思える人の心の根本には、「プライド」があるからです。

　自分よりうまくいっている人の忠告を受け入れないような、マイナスのプライドは害ですが、自分の現状を悔しく、恥ずかしく思うプライドは必要です。

　私は教室でも通信でも本音で実感を話します。うわべを取り繕う美辞麗句や「同じて和せず」が大嫌いです。皆さんも文章を書く時は、少し背伸びをして、大人の文章を書いてみましょう。あなたにしか書けない文章を。

　そういえば、日本で最も本を書いた教育界の先達も子どもたちに教えていました。「日記には、独断と偏見に満ちた文章を書きなさい」と。

■1年生との初めての部活で2年生になったんだなと改めて思いました。これからは、2年生という自覚をもち学校生活をおくりたいです。（陽翔）
□部活動は学校の教育活動のひとつです。勝手気ままな活動ではなく、目標を目指して一所懸命取り組む活動です。

　3年生はあと数カ月で引退します。受け継ぐのは皆さんです。自身も後輩も「誇り」に思うチーム、集団をつくっていってほしいものです。

　我がテニス部も、そのための遠き道のりの、第一歩を踏み出しました。

■K体育館で、S高校と他中学校3チーム、O、計5チームで練習試合をしました。高校生達と練習試合ができるのは幸せです。それは、先生、お母さん、お父さん達のおかげでできているので、感謝の気持ちでいっぱいです。その分、プレーで恩返しできるといいです。（由美子）
□そうです。大人は日々の仕事や家事で疲れていながらも、休日を返上して引率や指導、送迎、応援をしているのです。自分を支える周囲の人々に感謝し、言葉だけでなく、思いを行動で表していく。とても大切なことです。

　私は自身のチームを4回県大会に引率しています。関東大会出場校と合同練習や練習試合をした経験もあります。

　県レベルの大会で勝つチームに共通するのは、選手の「心が強いこと」です。

　身体だけでなく心も鍛えられているのです。どこで鍛えるか。日常生活です。

　「コートの中に生活があり、コートの外に勝負がある」これが合言葉なのです。

●５月　　　　　　　　　　　　　　　　　　　　　　平成Ｘ年５月１日発行第31号

レッテルを剥がさないか

●アーカイブコメント： 「学校は社会だ」これは私の一貫した信念である。自宅を一歩出ればそこは既に社会である。社会で許されないことは学校でも許されない。特別ルールはない。これが「毅然とした態度」の中身である。上辺の優しさで生徒をスポイルするのが大嫌いである。

□家庭訪問日程第二弾です。

　まず、ピンクの用紙に詳しい地図を書き込んでくださり、ありがとうございます。Ｏの地理を知らぬ身として、年度当初に提出していただいた家庭調査票の地図ですと、通れる道、駐車できる場所、ご自宅の特徴等が把握しづらかったので、ご協力をお願いした次第です。

　快く引き受けてくださった皆様に感謝いたします。

	11 日（月）	12 日（火）	13 日（水）	14 日（木）	15 日（金）
14：40 〜	増本由美子	前田 凛	築地咲良	矢部颯太	柿本鈴音
15：00 〜		浦田由香		鈴木和樹	
15：20 〜	原田悠真	若月碧人	嶋本かおり	藤田 灯	横川陽菜
					加藤 舜
16：00 〜	宮部美月	高田 唯	伊藤直樹	古川陽翔	佐々木裕美
16：20 〜	宮崎 茜	佐藤友梨		大川 博	亀本圭太
16：40 〜	相田貴司	小野晃太朗	荒巻さとみ		

□昨日の帰りの会で、私は話しました。

　「自分のやるべきことを人に押し付け、楽をすることは止めなさい」

　委員会の仕事、清掃・給食当番の仕事、掃除前に椅子をあげて運ぶこと、給食時45分に着席すること、班長はそれをさせること。

　あなたがやらないということは、誰かがその分をやっているということだ。

　誰かがやればいいと自分は好き勝手なことをする。その根性が気に入らない。

　学校は社会だ。そして、集団生活の場だ。

　好き勝手を楽しむ場ではない。そんなことは家でやれ。

　学校は学校のルールに沿って学び、関わり、取り組む場である。

　ルールに沿わず他に多大なる迷惑をかけるようならば、フリーな学校を選んで通えばよい。

　このＯ中にいることを選ぶなら、ルールに従い、責任を果たせ。

　ルールの大原則。それは、「時を守り、場を清め、礼を正す」だ。

　このように話したのです。

□上記の指導をするのは三度目でした。

　きっと良くなる。必ず良くなる。そう信じて語りました。

　本日５月１日。給食当番以外は皆、45分着席を守りました。

　そして、「49分、いただきます」を達成したのです。

　「10分ごちそうさま」も守れました。快挙です。

　意識して行動すれば、達成できる。君たちが抱える困難の多くは、行動しさえすれば克服できるのです。

　今朝言ったように、「コートの中に生活があり、コートの外に勝負がある」のです。運動芸道学習の成果は、その人の生き方で決まるのです。

　自分達に貼られたレッテルを、自分達の努力で剥がしませんか。

　そのための手伝いならば、私はいくらでもやります。

●5月　　　　　　　　　　　　　　　　　　　　　　　　　　平成X年5月7日発行第32号

精いっぱいの努力で作り出した記録を、更なる努力で更新する

●アーカイブコメント：　出会いから3週間に渡り積み重ねたものが溢れ出た1日だ。冒頭に記した4つのドラマは、荒れや無気力と闘う教師にとって何よりの活力源となる。生徒の日記からも、指導が響き始めたことがわかる。生徒の心が上向きになってきたのがはっきりとわかる。

□5月1日、GW真っ只中のこの日、2Aでは幾つかのドラマが起きました。
　ひとつは、朝読書モードに一瞬で入れたことです。
　ひとつは、給食の時間に「全員」が45分着席をできたことです。
　ひとつは、清掃時間、担当場所から教室に戻ってきた男子が初めて机の運搬を手伝ったことです。
　ひとつは、帰りの会を笑いのうちに終えられたことです。
　私はこの日、1か月間の様々な仕事が報われたように思えました。感動し、疲れが吹き飛びました。皆さんはいかがでしたか。

■帰りの会で笑ったのは初めてです。普段何気なくやっている帰りの会は、よく考えてみれば私にとって、明日の連絡を聞くだけでした。私達の学年は問題が多く、毎日事件を起こしていたので、先生も楽しいことが話せなくなっていたのかもしれません。けれど、今日は皆で、帰りの会で笑いました。咲良の行動だったり、男子が誰も歯を磨いていなかったり、Kが教室掃除を手伝ってくれたのに、自分の掃除場所は×だったり。
　掃除といえば、今日はクラスの一人一人が机にイスを上げ、前に運んでいました。Hも完璧とは言えないけれど、少し掃除をやってくれました。
　そして、給食の時間。今日は私が手洗い教室に戻ると、全員が45分前に着席していました。「いただきます」はおかげで49分、新記録です。
　私達のクラスにとって、これは大きな大きな進歩です。やればできるのに、やらない人が多いから、いつも失敗するのです。でも、これを毎日少しずつ増やしていけば、今日先生が道徳で見せてくれた「理想の中学生像」に近づくことができるかもしれません。そして、体育祭や文化祭は、クラスが一体となって、皆に感動を与えられるようなものにしたいです。(裕美)

■今日は学活で係活動の例や、体育祭、合唱などを見せてもらいました。私の印象に残ったのは合唱です。男子も女子も一人一人が一生けんめいに歌っていて、すごく迫力がありました。去年の私たちのクラスは女子がみんながんばって歌っていたけど、男子は本番でも笑ったりしゃべったりしている人達がいました。だから今年は、映像で見たように団結し、しっかりとした歌を歌い、みんなを感動させられるようになりたいと思いました。あと、今日帰りの会で先生が、Kがそうじを手伝っていたことを聞きました。そんなこと1年前ではありえないことだったのですごくうれしく感じました。みんな少しずつ変化しているんで、このまま良い方向に変えていきたいです。(美月)

■今日、なぜ先生が授業の時にビデオを見せたのかについて日記に書きます。
　「全力でみんなで目標に向かい目標を達成するとこんなにすごいものになるんだよ」って言うのを先生は伝えたかったのかなと思いました。先生が見せてくれたビデオには、みんながそこまでやるか？　っていうくらい全力で取り組んでいて、終わったあと、みんなが涙を流していたり、笑っていました。わたしたちの学年は、全員ではないと思うけど、全力でやることにはずかしいなとか、くだらないなとか思っている人がいると思います。だから、先生はこのビデオを見せてくれたのではないかなと思いました。わたしは、ビデオを見て、言葉にできないほど感動しました。(由美子)

□由香さん、悠真君、さとみさん、貴司君、颯太君、陽翔君、晃太朗君、かおりさん他も、給食や道徳の時間の感想を綴ってくれていました。過去の長谷川学級の映像に触れ、「あのような学級をつくりたい」と書いてくれたのです。素直な受け止め方が嬉しかったです。私は自らの最高記録を超えるために働きます。

41

●5月   平成X年5月8日発行第33号

笑顔の共創

●アーカイブコメント： 「『生きている』と『死んでいない』は違うという話」、そして「本当の勇気の話」は、多くの生徒の心に響いたようだ。聴きながら顔つきが変わり、その後の言動にも変化が生じるのだ。そのような事実を目の当たりにするたび、語りは大事だと心底思う。

□昨日6時間目、生徒総会のための学級討議の時間が特設されました。学級委員の陽菜さんと直樹君に「司会」を任せ、必要な所で介入する形をとりました。

　授業後すぐに二人を呼んで感想を聞いたところ、「皆の前で話をするのは大変。話を聞いてもらうのが難しい」とのことでした。

　陽菜さんは日記にこう書きました。

■今日の学活で私は司会をやりました。いつもとは違う視点で私達のクラスを見ました。司会をやってみると、きちんと聞いている人とおしゃべりをしている人の差があるなと思いました。先生は毎日こんな思いをしていて大変ですよね。先生が前教えていたようなクラスにするためには、こういう差をなくしていかないとだと思いました。(陽菜)

□生徒席に座っているのと、黒板前に立って話すのとでは、「見える世界」がまったく違います。

　生徒席は「one of them」です。集団に埋没しようと思えばできます（ただし、私はさせませんがね）。

　それに対し、前に立つことは「only one」です。20名30名を相手に、明確な説明をし、端的な指示を出して集団を動かさなければなりません。

　それは、現時点では、どの生徒にとってもきわめて困難な仕事です。

　困難だということ。そのことに気づくことが、出発点なのです。

　千里の道も一歩より。陽菜さんはその一歩を踏み出しました。応援します。

□「生きている」と「死んでいない」は違うという話をしました。

　何が違うか。目的目標を持って生き生きと生きているか否か、の差です。

　あなたは生きていますか。それとも、死んでいないだけですか。

□「本当の勇気」の話もしました。

　包丁を持っている相手に素手で向かっていくのは、勇気とは違います。

　勇気とは、震える足で、一歩を踏み出すことです。今までに逃げてきた、避けてきたことに挑戦し始めることです。

　勇気と優しさ。そして努力する自分を信じること。映画「シンデレラ」で印象に残った言葉だと裕美さんが書いていました。私も賛成します。

　一歩を踏み出す勇気を。恐れなき挑戦を、限りなき努力を。

■（略）もう一つ心に残る大きなこと。「ついてる、うれしい、楽しい、感謝してます、しあわせ……」を言葉にすることです。逆、「不平不満、悪口、毒のある言葉、心配……」は、人を更に不幸にする。言葉には不思議な力があるとは本当ですね。たったの一言で、その日が変化することもあります。長谷川先生が「笑顔でいますか？」「不平や不満を言っていませんか？」「友達の悪口を言っていないですか」と問うていましたね。私は、はじめの「笑顔」でいる自分を探しました。2年生の最初と比べて、最近は少し笑顔が減ってしまった気がします。ですが、もう前日等には戻れません。これから、もっと今まで以上に笑顔でいたいです。言葉と同じで、笑顔も不思議な力を持っていると私は思うんです。自分が笑顔でいると、周りも笑顔で話しかけてくれます。更に、何気ない毎日がとても幸せに感じられます。先生も毎日笑顔ですものね！　では、これからも一緒に！　笑顔を競争（共創）したいです。(略)(かおり)

□「笑顔の『共創』」、なんて素敵な提案でしょう。ぜひやりましょう。

　「ありがとうゲーム」に「笑顔の共創」。いっそう幸せな日々になりますね。

●5月

平成X年5月11日発行第34号

あなた自身の問題なのです

●アーカイブコメント： 人のせいにするのを止めさせたい。不幸せの連鎖を断ち切りたい。そんな思いで行った語りである。「毎日がつまらないのは、あなたがつまらない心の持ち主だから」こんなことを言う教師に初めて会ったと生徒は驚いた。想定外からの切り込みである。

□何度か話をした斎藤一人さんの言葉を、今日はひとつ紹介します。

◆「パーティーや異業種交流会なんかに行くと名刺の数は増えるけど、仕事に結びつかないよな。だいたい、そんなもんなの。

　人との付き合いで大切なのは、"目の前にいる人を大切にする"ことなんだよ。これが基本。

　よくね、『こんなすごい人がいる』って聞くと、お金と時間をかけて、わざわざ遠くまで逢いにいく人がいるんだけど、実際には逢いにいっても、それほど得るものがなかったりするんだよね。

　だからといって、『行くな』って言ってるんじゃないよ。行きたかったら行けばいいんだよ。でもな、せっかく逢っても相手に覚えてもらえなかったりとか、所詮そんなもんなんだよ。

　それよりも今、目の前にいる人を大切にする。それだけでいいんだよ。それをやって、やりまくるんだ。

　そうすると、不思議なことが起きるんだよ。人脈になるような人が向こうから自分に逢いに来てくれるから。

　これ、わかるかい？

　目の前にいる人を大切にして親切にしていると、『おがちゃんっていうステキな人がいるよ』って友達を紹介してくれたり、自分のまわりの人の輪はどんどん広がっていくんだよ。

> 　それをさ、仕事がうまくいかないからって『自分はまわりの環境が悪いです』とか『まわりがこんな人で』とか言う人がいるけど、いちいちまわりのせいにするなよって。

　あんたのやってること、言ってることに魅力がないんだよ。

　そんな、目の前の人にも好かれない奴が名刺配ったって、人脈なんて広がらないよ。わかるかい？　自分が『目の前の人を大切にしよう』と思って行動が変わると、世界が変わるんだよ。

　自分の評価って、自分が決めるんじゃないの。まわりの人が、あなたの行動を見て決めるの。このことをしっかりわかって、『目の前の人を大切にする』。これだよ。

　これこそが『ほんとうの人脈づくり』の基本なんだよ」◆

（尾形幸弘『斎藤一人　道を拓く教え』より。枠囲みは長谷川）

□「この学級は嫌だ」「こんな集団はつまらない」「こんなチームでは勝てない」

　そういうことを口に出している人には特徴があります。これです。

> 自分以外はみんな悪い。原因は常に人のせい。

　でも、周りの人間からは、「お前がいるからつまらないんだよ」「あんたの言動のせいで周りがやる気をなくすんだよ」と思われる人間だったりするのです。

> 不平不満、愚痴、泣き言、悪口、文句、心配事、「許せない」

　こういう言葉を口にしている人に魅力ある人はいません。魅力のない人には魅力のない人が寄ってきます。そしてさらに魅力を失っていく。「類友の法則」でしたね。

　「毎日がつまらない」のは、自分がつまらない心の持ち主だからなのです。

　「くだらない」のは、自分がくだらない人間だからです。

　「毎日が楽しい」のは、その人の心が楽しさを生み出しているからなのです。

　「おもしろきこともなき世をおもしろく　すみなすものは心なりけり」

　これは私の好きな一首です。尊敬する高杉晋作が上の句を詠み、彼を看病した野村望東尼が下の句をつけたと言われています。達観だと思います。

　おもしろいも退屈も、好きも嫌いも、結局は自分自身の問題なのです。

●5月　　　　　　　　　　　　　　　　　　　　　　　　　平成X年5月12日発行第35号

原因と結果の法則

●**アーカイブコメント：**　<u>20数件の家庭訪問で、7名が泣きながら話をしてくれた。小学校以来</u>
<u>どれだけ大変な思いをしてきたか、どれだけ悔しい思いをしてきたか。そして、この1年にどれ</u>
<u>だけ期待しているか。そのすべてに応えたいと思いを新たにする1週間であった。</u>

□家庭訪問初日。5軒お邪魔しました。
　うち悠真君の御宅では、お母さんのご配慮で急遽、舜君のお母さんともお話をすることになりました。貴司君の御宅では、最後の数分間、帰宅した貴司君も含めてお話をしました。
　増本さん、原田さん、加藤さん、宮部さん、宮崎さん、相田さん。たいへんお世話になりました。感謝いたします。

□「どんな話をされるのか心配で夜も眠れません」という日記がいくつかあって、笑ってしまいました。
　そんなに心配は要りませんよ。私は事実と感想を分けて話しますし、その場で話すべきことと、時間をかけて話していくべきことは私なりに整理してありますから。心配するより、楽しみに帰った方が心の健康にいいですよ。
　指摘された課題は、乗り越えれば今よりも人生が良くなることなのですから。
　ピンチはチャンス！　そう唱えて、勇気を出して玄関の扉を開けましょう。

□本日、感動した日記があります。

■今日は、部活が早く始められなかったので、先生に言われたことをしっかりやろうと思いました。
　あと、お母さんに、悠真の家で、家庭訪問をしたと聞きました。ぼくは、その時は、ぼくと悠真と弟で遊んでいて、ぼくと悠真は笑っていました。初めての経験でした。
　最後に、ぼくの日記に書いてくれた言葉は、いい言葉だなと思いました。

> 良い種をまいて、良い実をかりとろう。
> 人生は因果。原因があって結果がある。

　ぼくは、この言葉が好きになりました。言葉をしっかりと考え、結果を出し、その結果をしっかり見つめていきたいと思いました。
　家庭訪問ありがとうございました。（舜）

□舜君にとって、このひと月で最も長く、そして思いの詰まった文章です。
　私はその時々で、私から見た相手の状況に合った言葉を贈ることを続けています。言葉の力を信じているからです。
　昨日舜君に贈った言葉が、上の枠囲みの言葉だったのです。
　彼はその言葉を素直に受け止め、意味を考え、そして、日記に綴りました。
　その行動をイメージして私は感動を覚えたのです。舜君ありがとう。

□この世の中は、投げかけたものが返ってきます。良いことを投げかければ良いことが、悪いことを投げかければ悪いことが返ってきます。
　同じことを農作業でたとえたものが「刈り入れの法則」です。
　人は因果律から逃れることができません。因果律とは、言葉は難しいですが、意味は簡単です。「原因があるから結果がある」ただそれだけのことです。たとえば、「アイスをたくさん食べたからお腹を壊した」ということです。
　アイスの例はわかりやすいですが、わかりにくいのが「運」についてです。日々起こる良いことは、事前に良い種（原因）を蒔いたから起きており、悪いことは悪い種を蒔いたから刈り取らざるを得ないということです。それを「運が良い」とか「運が悪い」とか評しますが、運を良くしたのも悪くしたのも、自分自身の言動なのです。すべては自分の生き方が原因なのです。

●5月 　　　　　　　　　　　　　　　　　　　　　平成X年5月13日発行第36号

一生をかけてやる勉強とは

●アーカイブコメント：　口に出す言葉によって人生はいかようにも変わる。生き方の質を上げるために言葉の勉強は不可欠である。感謝を言葉に表す人は人に好かれる。感謝するよりされる方が多い人は、もっと人から求められる。どこにいようと求められる人になれ。そう語った。

□「ありがとうゲーム」を紹介してから3週間が経ちました。
　7割の男女が毎日日記帳に記録し続けています。
　結果、さっそく面白い変化が起き始めているのです。
　まず、毎日4回以上の「ありがとう」を集めている人達の学校生活は、たとえば次のように変わってきたのです。

■今日は、また「ありがとう」とたくさん言われました。自分でも、たくさん「ありがとう」と言ったと思います。言った分、倍に「ありがとう」と言われたのでうれしかったです。（由美子）

□「ありがとう」の連鎖が起きている。すばらしいことです。
　お互いにどんどん心が豊かになっていくのですからね。
　心が豊かになればなるほど、起きる現象が変わっていき、将来は経済的にも社会的にも豊かになります。そういう事例が世界中に溢れていることを、知っている人は知っているし、知らない人はまったく知らずに人生を終えます。こういうことを知らないよりは、知っていた方がいいでしょう。
　もちろん、知ってもやらなければ何も変わりませんけれどもね。どんな良いことも、行動に移さなければ価値はない。この星は行動の星ですからね。

□自分よりも魂のステージや実力が上の人は必ずいるものです。彼らの言うこと、することを真似することが、人生の成功への道筋です。
　私自身も上級者から学び、実践して、今の自分を作ってきました。
　20代の頃の自分と今の自分とはまったくと言っていいほど違っていることを実感します。両親からも言われます。とにかく起きる出来事のほとんどが良いこと、幸せなことなのです。人生が次々と拓けていく感覚です。人間関係の悩みは一切無いし、仕事も楽しいし、仕事以外にもやりたいことやできることがたくさんあるし、経済的にも苦労はありません。
　そうなったのはひとえに、心の勉強をして自分を変えたからです。

■長谷川先生から借りた、斎藤一人さんの本。最初に「あなたの笑顔に人が集まる。あなたの笑顔で傷ついた心がいやされる。あなたの笑顔にまた会いたくなる」という言葉があります。私は心がドキッとしました。こんな人になりたい！　このような人に！　と強く思いました。（略）
　失敗しても「小さな成功だ」と思う。失敗しても、それを失敗したと思ってはダメ。考え方（見方）を変えるのも、大事なんですね。私は今まで、何度も失敗をしてしまった、ではなくて、これは小さな成功なんだ！　と前向きに考えた方が確かですものね。そして、普段口にする言葉も大切なんですね。失敗を、失敗と言っていると嫌な気分ですし……。常に前向きが大事ですね。
　最後に。「普段自分の口にしている言葉が、いかに周囲に影響を与えているのか意識しなきゃいけない」という所。「言葉の勉強は一生かけてやる」という所。心にグッときました。普段、何気なく言っている言葉。その言葉で、人を笑顔にするのか。たった一言で、人を傷つけるのか。（略）
　一人さんの言っている事は、全て心にきます！！　勉強は人の役に立つためにする。バカになるためではない。お金も。威張ったり、持っていない人をバカにするなら、お金を持たないほうがいい。そうですよね。人に嫌なことをしてはいけません！（略）（かおり）

□口にする言葉を一生をかけて変える。心の勉強も一生をかけてやる。
　そのとおりだと思います。それだけの価値がある修業ですよ。

●5月　　　　　　　　　　　　　　　　　　　　　　　平成X年5月13日発行第37号

土台づくり、進行中

●アーカイブコメント：　級友の言動を認め、褒め、感謝する日記が増えている。こちらがアクションを起こしたからこその変容だ。中には別れの日まで変容しない例もあろう。それでも、「収穫には間に合わないかもしれないが、今日も1日種を蒔く」の覚悟で行動し続けるのだ。

□私は「勝ち組」「負け組」という言葉も概念も嫌いです。

　ですが、そのような「事実」があるということは否定しません。

　「思考は現実化する」の教えのとおり、思いどおりの人生をつくりあげている人もいれば、「こんなはずじゃなかった」と後悔の日々を送る人もいる。

　どちらに進むかはいつ決まるかというと、将来決まるわけではない。

> 現在の自分は、5年前の自分の生き方の結果である」

　現在満足した生活を送っている人は、5年前にそのための「種」をまいて栄養を与えていたのです。

　逆に、不平不満、愚痴・泣き言の多い日々を過ごしている人は、5年前にそうなる原因をつくっていたのです。

□人生が将来決まるのでないとすれば、いつ決まるか。

　第一は「シングルエイジ」の過ごし方で決まる。シングルエイジとは、0歳から9歳までのことです。

　第二に、14歳で決まる。これは東京大学の玄田有史氏の学説ですが、「フリーター」「ニート」の研究者達にも広く支持されているようです。

> 14歳のいまどう生きているか、どう生きようとしているか、どんな人間になろうと努力しているか。

　それで、人生の大枠（すべてではありませんよ）が決まるというのです。

　1000名を超える教え子達の中学時代と、卒業後数年経ってからの様子を見ていて、中学時代の生き方の大切さが重要だということは痛いほどわかります。

　教師も、保護者も、そして一番に本人も、もっともっと真剣に人生を考え、行動した方がよいと私は思います。いかがでしょうね。

■今日はそうじの時間に自分を見直す出来事がありました。班の女子達は私も含めそうじの時間、1時30分の少し前に着きこれからそうじを始めよう！　そう思っていたら、咲良さんが私たちよりも早くそうじをしてたんです。咲良さんは、けっこうしっかり者なんだなと思い、自分も咲良さんをみならわなきゃとおもいました。（鈴音）

□2班を手伝い食器を配膳室に運ぶ途中、既に咲良君は生徒昇降口の掃き掃除を始めていました。びっくりして、その場で褒めました。

　何が凄いと言って、周りが来なくても始めたことが凄い。到着した人間から取り掛かる。それが掃除の理想です。

　配膳室から出ると、女子達が到着しました。彼女たちも一様に驚き、咲良君に称賛の言葉をかけていました。ステキな光景でした。

■今日は私が日直で、日誌を書くことを忘れていた私は、帰りの会が終わったあとに日誌を書いていると、由美子さんが、黒板の日付を書いてくれたり、私が教室を出るときに電気をけしてくれたのでとてもうれしかったです。（凛）

□良い学級では、鈴音さんや凛さんが書いたような報告が毎日届きます。

　年度開始前にも、年度当初も、その後の一か月も、そして家庭訪問でも、学級や学年の課題は山ほど話題になります。そのうちのほとんどは実際に課題、問題として存在します。しかし、嬉しい事実もまた生まれ始めているのです。

　この2Aの教室で、私は毎日ワクワクしながら過ごしています。次はどんな成長が実現するか、と。

● 5 月　　　　　　　　　　　　　　　　　　　　　　　平成X年5月15日発行第38号

明るく温かく

●アーカイブコメント：　人を傷つける行為や規則違反を繰り返す生徒がいる。彼らの向上的変容は最初、日々0.1ミリである。髪の毛一筋の成長をとらえ、認め、共に喜ぶ姿勢がきわめて大切だ。信じて関わって、「その瞬間」を待つ。結果を急ぐとストレスが溜まり対応を誤る。

□火曜日は咲良君が、水曜日は舜君が、掃除開始時刻より早く移動し、たったひとりで掃除を始めていました。
　その姿を見て、私は心の底から感動しました。そのことを、水曜日の帰りの会で話しました。
　そして昨日の掃除。30分開始の29分、職員室に戻る時、感動的な光景を目にしました。圭太君が職員室廊下にモップをかけていたのです。そのまま目を移すと、和樹君も職員玄関を掃いていました。
　とても嬉しい事実。帰りの会で、感謝の気持ちを込めて話しました。

■（14日朝提出の日記）帰りの会で咲良さんと舜さんのことを聞きました。二人とも、そうじ開始時間よりはやくそうじを一人でやっているという話でした。5分前にいって一人でやっているのはとてもすごいことだと思いました。私も二人みたいになれるようにがんばりたいと思いました。（美月）

■（15日朝提出の日記）やはり今日も咲良さんは一番に清掃をしていました。それだけでなく、一番最初に来て、ていねいに一番長くやっていました。咲良さんは、主婦みたいになりそう……。最近、博さんもそうじをしてくれるようになってとても嬉しいです。（鈴音）

□それは嬉しいですよね。私もとても嬉しいです。心がぽかぽかしています。

□14日の朝は、「挨拶の目的」について指導しました。挨拶は相手の心を明るく温かくするために行うのです。いいかげんにして相手の心を重くするのは罪なのです。

■今日、先生から「あいさつ」の話があった。私も、元気よくあいさつされたらうれしい気持ちになります。自分がされていやなことはしないように、自分がされたらうれしいようなことをやろうと思いました。今日1日の運勢はその日一番にするあいさつで決まると思います。だから、元気がいいあいさつを心掛けたいと思います。（茜）

□15日朝、前日より何十点も良い挨拶ができました。2Aという集団を形成する一人ひとりが、一段一段、成長している。良い学級になりますよ。きっと。

□時間がないので詳細は書けませんが、水曜日、新たに班編成を行いました。
　ひと月、私なりに様々な場面を観察してきて、考えに考えて、次のような編成を行うことに決めました。

男子：全員の座席を長谷川が決定する。
女子：たったひとつの条件のもと、自分達による協議で決める。決められなければ長谷川が
　　　決める。

結果として、時間はかかりましたが、自分達で決めることができました。

①3人グループを3つ、2人グループを2つ作らせた。
②彼女達にじゃんけんをさせ、班を確定した。
③それぞれの班内で、座席を決めさせた。
④その座席に座らせて、私が作った男子の座席を発表した。
⑤机ごと新たな班の形にさせ、班内の役割と林間学校の役割を分担させた。

最後に、新生活班は来週月曜日から始動することを告げ、授業を終えました。
良い個人が良い班をつくり、良い班が良い学級をつくる。第一歩を君から。

● 5月　　　　　　　　　　　　　　　　　　　　　　平成X年5月15日発行第39号

就きたい職よりなりたい自分

●アーカイブコメント：　出会ってひと月で、「小5や小6、中1のころと比べれば、驚くほど成長した」「ここまで私達の学年がよくなるとは思いませんでした」という声が挙がっている。努力したらできた。僕も、私も変われた。この経験を山ほど積ませた結果である。

■最近、掃除を積極的にやってくれる男子がとても増えたと思います。咲良は今日も、私達より先に来て掃除を始めていました。男子の中にも、このようにきちんとやってくれる子がいるのだから、女子が班メンバーを自由に決められるようになったように、男子も全員がしっかりとやり、先生の信頼を勝ち取って班メンバーが自由に決められるくらい成長してくれると嬉しいです。

　長谷川先生にとって、私達のクラスはまだまだあたり前のことがあたり前にできないレベルの低いクラスかもしれません。けれど、今の状態でも、私達は小5や小6、中1のころと比べれば、驚くほど成長したのです。

　帰りの会が終わらないうちに逃げ出して帰ってしまった人もいたのに、今はそんなことがなくなりました。掃除に時間通りに来ない人の回数も減りました。正直、ここまで私達の学年がよくなると思いませんでした。これは、階段をのぼっている証拠でもあると思いました。（裕美）

□そのとおりです。目的地を目指して、毎日一段ずつ階段を上っているのが、いまの君たちであり、私です。事実として、どんどん向上しています。

　私はこの2Aを「レベルの低いクラス」とは思っていません。やりがいがあって、可能性があって、わくわくします。

　もちろん、世の中には上には上がいます。現在の2Aよりも質の高い学級集団は全国にたくさんあることでしょう。

> だから、上を目指して考え、アイディアを出し、工夫し、汗をかく。

　私にできるのはそれだけです。それだけだから、精一杯やりますよ。

■私は、将来の夢とかなりたい職業とか、ぜんぜんないしわからなくて、昨年も進路のこととか、どこの高校に行きたいとかいうのもなくて、その場の成り行きでいいかな、と思っていました。

　でも、14歳から将来は決まると聞いて、今のままでは今日習ったフリーターやニートになってしまうと思いました。

　私は勉強も運動も好きではないし、人見知りはするし、何にも良いところなんてないから、仕事に就けるかどうかわからないです。でも、どんな風に生きたいかと言われたら、人の役に立つ、人を幸せにできる人間になりたいな、と思いました。そしたら、人を笑顔にできる仕事に就けばいいんだな、と気づきました。具体的にはまだわからないけれど、人を幸せにできる仕事に就きたいと思います。そのためには、勉強も運動もがんばらなくてはならないと思います。だから、来週の中間テストは良い結果が出るように、たくさん勉強をしようと思います。（唯）

□「就きたい職業の前に、なりたい自分を考えよう」をテーマに授業しました。

　なりたい自分が決まり、どう生きたいかが決まれば、職業はいくつも見つかるのです。逆に職業から決めると、挫折の道が待っていることが多いのです。

■「なりたい自分をみつける」今回の授業は自分の将来にすごくいい授業だったと思いました。自分は将来、どんな人になりたいのか、どんな人達と関わりをもっていくのか。自分の未来についてたくさん考えられた時間がなぜかすごく楽しかったし、これからの人生にわくわくしています。この14歳をどのように生活していくのか。そこを意識していきます。これからは、もっともっと将来のことについて考えていこうと思います。（由美子）

□人生はつくるものです。つくるのに遅すぎることはあっても、早すぎることはありません。まずは10年後の自分をイメージしてみる。表情、場所、景色、色、におい、音、ほか。鮮明であればあるほど実現可能性が高まりますよ。

●5月

平成X年5月18日発行第40号

人は皆、華

●アーカイブコメント： 粗を探すより、良さを見つけて褒め合う。その方が何倍も心地よい。それは、経験させなければわからない。経験させるために言う。「注意叱責はし合わなくてよい。それは教師の仕事だ。君達は良さを認め褒め合いなさい」教師の姿勢次第なのである。

□金曜日、無事家庭訪問が終わりました。ご多用の中、準備し迎えてくださった保護者の皆様、お世話になりました。ありがとうございました。

「伺い、話ができて良かった」と実感しています。

やはり、フェイストゥフェイスが基本ですね。

3月までの、残り10か月半、どうぞよろしくお願いいたします。

■今日はお世話になりました。家庭訪問の時も言いましたが、本当に男子達が変わってきていると思います。そうじもですが、授業中も前と比べたらこの変化はすごいと思います。だから、先生に言ってもらったように、ほめてあげられればなと思います。（陽菜）

□互いの粗（あら）を探すのでなく、良さを見つけてほめ合う。その方が何倍も楽しいし、仲も良くなりますよね。

特に、男性は女性に認められ、ほめられたいものなのです。脳がそのようになっているのです。

女子の皆さん、ぜひ男子のがんばりに敏感になり、ほめてあげましょうね。

■唯のおかげで、みんなのいいことを書けて本当にうれしかったです。唯が日記に書いてくれなかったら、いつも仲良くしている子達にいつも言っていないこととか、あまりしゃべったりしない子達にもいい所を書けなかったので、唯には感謝しています。これからも、こういう機会をたくさんつくって、いいクラス、いい学年にしていきたいです。（由美子）

□唯さんの日記を読んで、予定していたことを捨て、「アトランダム・ラブレター」の活動を実践したのです。

人は皆、華です。華が土のような色をしていては駄目なのです。

一度きりの人生、一花どころか百花も咲かせないと。

そのために、簡単にできることがあります。それが、周りの人の良さを見つけてほめることです。ほめた方もほめられた方も幸せな気持ちになるのです。

■道徳でみんなのいいところを書きました。そういうことをやったことがなかったので、きんちょうしたけど、いがいと書けてよかったです。（陽翔）

□書こうとすると、見るようになるのです。

今度またこういうことをやりますよ、となると、日頃から意識して見つけるようになる。意識が変わり、そのあとに、生き方が変わるのです。

日記も同じです。

その日の出来事を詳しく書こうと思えば、目の前の出来事を詳しく見るようになり、見る目が育ち、考える力も向上するわけです。

何のためにそれをするのか。

私が取り組むすべてのことには、意味があります。たとえば、「ありがとうゲーム」も、「立候補じゃんけん制」も。

だから、わからなかったら尋ねてください。いくらでも、わかるまで教えますから。

■クラスの一人一人の良い所について考えました。考えた結果、みんな良い所がたくさんあるんだと思いました。普段から自分の良さを活かして生活していきたいです。そうすれば、クラスも変わっていくに違いないです！！（由香）

□そのとおりです。ほめ合い、認め合いが自然とできるようになると、集団の魂のステージが上がります。そういう集団が何かにチャレンジすると、大きな成果を挙げることができるのです。体育祭しかり、合唱しかり、演劇しかり。

学級で取り組む行事の成果は、なんでもない毎日の積み重ねで決まるのです。

49

● 5月   平成X年5月19日発行第41号

未来は選べる

●アーカイブコメント： 中学校の進路指導というとすぐに「何になりたいか」ばかり追求させる。その風潮を私は良しとしない。「何になりたいか」よりも大切なことがある。「どうなりたいか」である。理想の自分に近づくための職業なら数多くあるはずだ。枝葉より幹である。

□あなたが考えている「あなた」は、あなたのすべてではない。

「アトランダム・ラブレター」の取組で、その一端がわかったはずだ。

今朝の学年集会でも話したが、マイナスの思い込みは外した方がよい。

自分の人格を下げ、品格を貶め、脳の働きを鈍らせることはその一切をやめるのがよい。

そういうことをひたすらやっていて、頭の悪さを親のせいにしたり、性格を生育歴のせいにしても、本人も周囲も幸せにはならない。

未来は選べる。いまこの時に何をするかで、私達は未来を選んでいるのだ。

■唯さんが日記に書いていた、自分に何のとりえもないということ。私も、何のとりえもないと思っていました。自分のことをです。皆と比べて、自分自身を下げていました。「運動は苦手。皆の足を引っぱるから。どうせ……」とか、「勉強も。どうせ、私は……」などなど、ネガティブ発言だらけでした。「どうせ」ばかり、自分ばかり責めていました。しかし、今は違います（たまに狂う時もありますが）。2、3年前の私が、今の私をみたら驚くと思います。友達にも言われました。生き方を少し変えると、見方も変わるんですね。周りが知らない世界が。知らなかった自分を。

「人の悪口、かげ口を言っていると、自分が汚く（悪く）なる」って本当だと思いました。だから、一言で相手も自分も気分が嫌になる日々は送りたくありません。同じ一言なら、相手も自分も気持ちの良い言葉がいいです。

たとえば、ありがとう。たとえば、幸せです。たとえば、あなたがいてくれて良かったです。たとえば、ステキな笑顔を輝かせていてください。たとえば……。

こうやって、私にできること、みんなができること、笑顔が増えること。心から夢見ています。（かおり）

□世界的に有名な「ジョハリの窓」を教える。

あなたが知るあなたは下の図のⅠ「開放の窓」とⅢ「秘密の窓」だけである。

Ⅱの「盲点の窓」を知る努力は、しないよりもした方がよほど良い。なぜならば、人間の評価は、他人がするものだからだ。自分はこういう人間だと思っていても、他から見れば違うということが少なくない。自己評価と外部評価が近づいている方が、精神は安定する。

もうひとつ、した方が良いことがある。Ⅳの「未知の窓」を探す努力だ。「未見の我」とも言われるこの部分に、才能が眠っている可能性が高い。

ではどうやって探すか。必要なのは、新たな挑戦である。今までできなかったこと、やってみたいのに逃げてきたこと、やるべきなのに避けてきたこと。

そういうことにチャレンジすると、今まで見えなかった自分が見えてくる。

ジョハリの窓

	自分に分かっている	自分に分かっていない
他人に分かっている	**Ⅰ** **開放の窓** 「公開された自己」 （open self）	**Ⅱ** **盲点の窓** 「自分は気がついていないものの、他人からは見られている自己」 （blind self）
他人に分かっていない	**Ⅲ** **秘密の窓** 「隠された自己」 （hidden self）	**Ⅳ** **未知の窓** 「誰からもまだ知られていない自己」 （unknown self）

●5月

平成X年5月19日発行第42号

正解よりも変容

●アーカイブコメント：　「授業で大切にすべきは『正解』ではなく『変容』だ」これは授業者としての私の基本スタンスである。「間違えてよい」ではない。「間違えた分だけ力がつく」と語るのだ。そして、間違えても挑戦した生徒をめいっぱい評価するのだ。事実が人を変える。

□昨日5時間目の国語。授業開き以降、最も活発に活動が展開する授業となった。そんな日に限ってビデオカメラを忘れた私。反省！

　でも、これからもっともっと活性化していくのを実感する。活性化すればするほど、個々の学力も、自己肯定感も、タフさも高まっていく。楽しみだ。

■国語の授業で、私は印象に残ったことがあります。それは、授業でたくさん間違ってもいいということです。私は、今まで授業で間違えるということが恥ずかしくて、積極的に授業に参加しませんでした。ただ先生の話と友達の意見を聞いていただけで、自分から発表をしませんでした。

　でも、今日の国語の授業で、間違ってもいいのだとわかりました。間違った分、自分のためになるので、今度からは授業で間違ってしまっても恥ずかしがらず、積極的に取り組みたいと思います。(凛)

□教室は間違えてよい場所だ。

　授業は、どんどん間違えるべき場所だ。

　授業で私が大切にするのは、「正解」ではない。「変容」である。

　間違えても、なぜ間違えたかがわかり、直せた。級友の意見を聞いて自分の考えを見直した。質問や反論ができた。今まで避けてきた発表や討論に、みずからの意思でチャレンジできるようになった。

　そのような「変容」を、私は最も大切にしてきたし、最も高く評価してきた。

　結果、生徒の国語学力は全国学力学習状況調査のトップ10％まで上がった。

　つめこみをせず、宿題も出さず、ただひたすらに「楽しく、しんどく、熱中する」授業をしながら、である。

■国語の授業。さとみさんが自分から発言しました。自信を持っていなくても、発言ができるクラス。間違えても、バカにされないクラス。笑われないクラス。恥ずかしくないクラス。自分でいられるクラス。2Aはそんなクラスだと思います。

　今までは全然違いました。でも、自分から立って発言。そんな授業が大好きです。自分で手をあげて、発表するのは、ていこうがありました（いろいろと）。

　でも、今の授業は楽しいです。間違えてもマイナスにならない、プラスになる。自信が、当たった時のうれしさが！　笑顔で始まって、笑顔で終える。そんな授業ができて私はうれしいし、幸せです。本当に心から思っています。残り10か月半という短い月日を、大切にすごしていきたいです。(かおり)

□2Aの変容は、まだ始まったばかりだ。目的地までの道のりの1/10ほどだ。

　あなたたちはまだまだ向上する。まず人間性が。そして、学力も。

■ぼくは国語の時間にうれしいことがありました。一つ目は、暗唱詩文集です。「早口言葉」は、けっこう苦手なので合格できるか、わからなかったけどチャレンジしてみると、「合格」といわれて聞きかえしてしまいました。うれしかったです。二つ目は、発表です。ふだんあまり自分から国語の時間発表しないけど、理由はごちゃごちゃになってしまったんですが、発表できたことは自分でもいいことだと思いました。また、発表したいです。(陽翔)

□恐れなき挑戦を。限りない努力を。それが成功の道だ。

■国語の授業は私にとって今までで一番積極的にできたかなと思いました。×が5つもついてしまいました(笑)。私は今日の授業で、今日よりもっと積極的に授業に取り組もう！！　と思いました。(美月)

□「×」の分だけ力がつく。何十個何百個という「×」は、何十回何百回と挑戦した証だ。誇るべき「足跡」だ。チャレンジ、チャレンジ、チャレンジだ。

●5月　　　　　　　　　　　　　　　　　　　　　　　　　平成X年5月20日発行第43号

歩みを止めるな

●アーカイブコメント：　意図的計画的なメンバーチェンジ及びリーダーチェンジは、学級集団形成の必要条件である。席替えも然り。「好きな人同士」など愚の骨頂だ。生徒に任せるのは自治的集団に成長させてからの話だ。道筋を明確化しよう。偶然性に依拠すれば痛い目に遭う。

□新たな生活班です。林間学校の行動班を兼ねています。

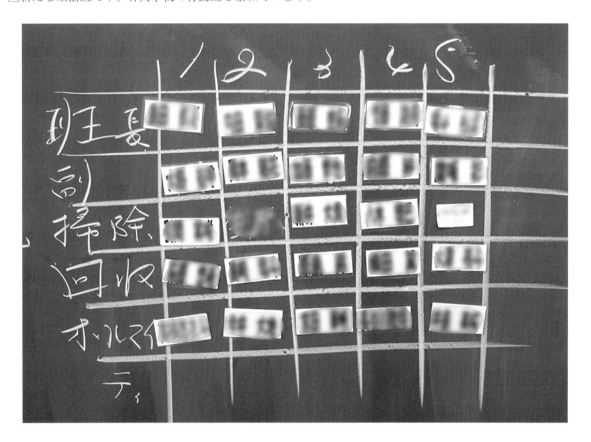

■新しい班になり、3日がたちました。すごく充実した日々が送れています。林間に向けて、班行動を意識して生活していきます。(由美子)

■ごちそうさまが時間前に全員できて、とても嬉しかったです。そうじも、自分から進んでやってくれる人が増えたので、教室そうじも時間前に終わってすごく気持ちが良いです。(鈴音)

■今日は時計を見て行動することができました。給食で全員が10分には片付けて「ごちそうさま」ができました。4月に比べて一番、変わったことだと思いました。(由香)

□今の班で、現在よりも質の高い生活を送れるようになったら、次の班編成を行います。「メンバーチェンジ」と「リーダーチェンジ」は、学級集団づくりのうえで重要な要素だからです。
　逆に、今の班で、たとえばおしゃべりをしていて掃除に取り組まないなどの問題が生じた際も、班を解体し、私が席を決める形で再編成します。
　生活の質を高めるための班編成ですから、質が落ちたら本末転倒なのです。
　今朝、昨夕の職員室での「掃除態度を通した人物評価」で2Aの男女数名の名前が、「改善すべき」として出た話をしました。
　君たちは一人ひとり2Aの看板を背負っています。汚す行為は、学級に対する裏切りです。いま君たちは日々成長しています。歩みを、止めるな。

●5月　　　　　　　　　　　　　　　　　　　平成X年5月20日発行第44号

はじめからうまいこと　言えるはずないんだ

●アーカイブコメント：　この「教室はまちがうところだ」は多くの学級で紹介されてきた。しかし、この詩を紹介するだけでは残念ながら生徒の言動は変わらない。何が彼らを変えるのか。無論、授業である。間違って良かった、得をした、成長できた。そんな授業こそ必要なのだ。

□自ら学べば成果は数倍になります。その一歩を踏み出すのは早い方がいい。

■国語の授業で発表する人が、段々と増えていっていると思います。今日の授業では男子も発表していて、これが進歩なんだなと思いました。給食も帰りの会も時間が守れるようになったり、皆の授業態度も変わりました。
　私の好きな言葉の一つで、「心が変われば行動が変わる　行動が変われば習慣が変わる　習慣が変われば人格が変わる　人格が変われば運命が変わる」という、松井秀喜選手の恩師である山下智茂監督の言葉があります。2Aは今まさに、この状態であると私は思いました。全てを変えて、2Aの皆と運命もいい方向に、一緒に変えていきたいなと思いました。（裕美）
■通信を見て、かわることが大事だということがよくわかりました。まちがえるのはいけないことでなく、意見を変えたりすることで自分の勉強になることがよくわかりました。（美月）
□本日、かおりさんが日記帳1冊目を終了しました。毎日中身の濃い文章を書き続けているかおりさんはいま、物事を見る目が鋭くなり、文章力も上がっています。そんなかおりさんが今日、「教室はまちがうところだ」という有名な詩を引用してきてくれました。その一部を、紹介しましょう。

いつも正しく　まちがいのない
答えをしなくちゃ　ならんと思って
そういうとこだと　思っているから
まちがうことが　こわくてこわくて
手もあげないで　小さくなって
だまりこくって　時間がすぎる

しかたがないから　先生だけが
勝手にしゃべって　生徒はうわのそら
それじゃちっとも　伸びてはいけない

神様でさえ　まちがう世の中
ましてこれから　人間になろうと
しているぼくらが　まちがったって
なにがおかしい　あたりまえじゃないか

うつむき　うつむき
そうっとあげた手　はじめてあげた手
先生がさした

ドキリと胸が　大きく鳴って
どっきどっきと　体が燃えて
立ったとたんに　忘れてしまった
なんだかぼそぼそ　しゃべったけれども
なにを言ったか　ちんぷんかんぷん
私はコトリと　すわってしまった

体がすうっと　すずしくなって
ああ言やあよかった　こう言やあよかった
あとでいいこと　うかんでくるのに

それでいいのだ　いくどもいくども
おんなじことを　くりかえすうちに

それからだんだん　ドキリがやんで
言いたいことが　言えてくるのだ
はじめからうまいこと　言えるはずないんだ
はじめから答えが　あたるはずないんだ

なんどもなんども　言ってるうちに
まちがううちに
言いたいことの　半分くらいは
どうやらこうやら　言えてくるのだ
そうしてたまには　答えもあたる

まちがいだらけの　ぼくらの教室
おそれちゃいけない　わらっちゃいけない
安心して　手をあげろ
安心して　まちがえや

まちがったって　わらったり
ばかにしたり　おこったり
そんなものは　おりゃあせん

まちがったって　だれかがよ
なおしてくれるし　教えてくれる
困ったときには　先生が
ないチエしぼって　教えるで
そんな教室　つくろうやあ

おまえへんだと　言われたって
あんたちがうと　言われたって
そう思う　だからしょうがない

だれかがかりにも　わらったら
まちがうことが　なぜわるい
まちがってること　わかればよ

53

●5月　　　　　　　　　　　　　　　　　　　　　　　　　平成X年5月21日発行第45号

心を高める

●アーカイブコメント：　生徒総会における「自由討議」が無いのはなぜか。その時間はなぜ必要なのか。生徒と共に考えた実践である。自治的集団を形成していくためには、自由と責任の指導が必須となる。自由を束縛しておいて責任の指導をしても効果は小さい。さてどう変える。

□生徒総会。質問者も回答者も固定され、前もって念入りなリハーサルを行っての会となりました。

　自由討議の時間がないのは初めてで、その意図を担当者に聞きました。

　答えは、昨年の生徒総会でヤジや悪口、非難が相次ぎ、収拾がつかなくなってしまったからだという内容でした。

　その状況にしないための苦肉の策としての「自由討議無し」。

　これが理想の状態ではなく、理想の状態に近づいていくための一方策なのでしょう。1日も早く正常化させ、自由・自発・創造的な生徒総会をつくりましょうと、ふたりで話しました。

□本番。私は2A、2Bの個々に合わせて30回程度の指導をしました。

　おしゃべりする、服装を乱す、プリントで仰ぐ、顔を上げない。

　生徒の発表時も、校長先生、教頭先生が話している最中も、それらが連続するのでした。

　こんな経験は初めてでした。

　生徒総会は、生徒が学校づくりに関わるきわめて重要な場です。

　「先生方、ここは任せてください。学校を思う気持ちは先生方と同じです。その思いで、精一杯取り組みますから」

　これが、生徒総会に臨む生徒の心構えです。

　しかも、教員は各地から集まる「部外者」ですが、生徒であるあなたたちにとって、このO中学校は生まれ育つ土地にたった一校だけ存在する「母校」なのです。その母校を一歩でも二歩でも前進させ、未来を後輩に託して卒業する。それが中学生のあるべき姿です。

　誰が何と言おうと、そうなのです。

　それなのに、2年生に限定しても、大半が「他人事」でした。自分自身のことだと自覚しているならば、あのような態度にはなりません。

□帰りの会。私はA組の君たちに指導をしました。

　あの条件下で、私にできる精一杯の話をしました。

　キーワードをひとつだけ挙げるならば、「心を高めること」です。

　学習でも運動でも行事でも、結果が向上しないことの主原因は心が未熟であることです。

　たとえば、行事（非日常）の質はそれまでの日常生活の質で決まります。日常生活の質を見れば、まだ見ぬ行事の質もはっきりとわかるものなのです。どの人間でもわかる、とは言いません。修業を積んだプロには、わかるのです。

　君たちがいま為すべきは、心を鍛え、高めることです。そのことでさまざまな「結果」が変わります。一人ひとりの心が高まれば、誰もが安心し、心身ともに安全に生活できる中学校を実現できます。私はそう確信しています。

□時間がありません。日記を紹介したいのですが、授業が詰まっていてできません。私からの問題提起について書いた日記には本気で長文のコメントを残しました。たとえば美月さんの日記にはこう書きました。例として紹介します。

◆すべては、心なのです。がんばること、たすけること、ささえること、本気になること、つづけること、チャレンジすること、共に泣くこと、気づくこと、考えぬくこと、へこたれないこと、やさしくすること、期待に応えようとすること、自分の弱さとたたかうこと、人をかばうこと、人のために行動すること、ひきずらないこと、たちなおること、目標を持つこと、努力を重ねること、すべて、心なのです。

　昨日も、本気で話しました。君たちと、さらに上のステージに進みたいから。

●5月　　　　　　　　　　　　　　　　　　　　　　　　　　平成X年5月22日発行第46号

「人は何のために学ぶのか」

●アーカイブコメント： 何のために学ぶのか。この大きなテーマを共に考える授業をした。中間考査の前日であるにもかかわらず、濃密な日記が並ぶ。勉強の時間を削ってまで授業や学級の出来事を綴るのは、生徒の見方・考え方が変化していることの証である。

□道徳ではふたつの関連するテーマを扱いました。

ひとつは、誰もが一度は突き当たるであろう、「人は何のために学ぶのか」です。私の生きる指針となっている先達の言葉をもとに、20か国を歩いてこの目で見てきた現実を素材として授業しました。

もうひとつは、上記と関連して、「努力を惜しまない学校生活を積み重ねるとどんな奇跡が生まれるか」です。人格（心）を磨き、知力を高め、行動力（仕事の腕）を高めると何をどこまで為し遂げられるか。事実をもって示しました。

今朝提出された日記のほとんどに、授業の感想が綴られていました。しかも、どれも中身が濃い。今まで2行3行で済ませていた人も、9行10行、あるいは1ページ2ページと綴っているのです。

テスト前日に、このような「事実」が生まれる。素晴らしいことです。

心が磨かれれば、勉強の「身につき方」も「発展の仕方」もまったく変わります。日記もまた心を磨くツールです。

すべては、心から始まるのです。私も、君たちと共に進みます。

■「学びたくても、学べない人達のために学ぶんだ」

これは、今日長谷川先生が、道徳の授業で紹介してくれた、長州藩士として、思想家、教育家、兵学者、地域研究家として名を残している吉田松陰先生の言葉。この言葉は、「なぜ学ぶのか」という疑問の一つの答えだと教えてもらい、私も、なぜ勉強するのか考えたこともあったことを思い出しました。

今まで先生方に言われてきたのは「自分自身のため」だとか、「自分の幸せのため」だとかいうことだけど、私は一度、本当に自分自身のために、自分が幸せになるためだけに勉強するのかと考えたことがありました。

けれど、その時はまだ答えがわかりませんでした。今日、この言葉を聞いて、勉強は自分のためだけではなく、「人のため」にすることでもあるということを知ることができました。学べる者がたくさん学び、その上で、長谷川先生のように、学びたくても学べない人々をたすけてあげる。そうすれば、学べる人ももっと増えるようになるし、世界中の人間が幸せになることだってできる。これは、幸せの連鎖です。人間の幸せも、鎖のように、世界中とつながっているのですね。

私達は、こんなにも恵まれた国で、欲しい物も簡単に手に入れることもできるのだから、その幸せを、貧しい国の人々にわけてあげたいなと思いました。貧しくても、夢を持ち、懸命に働く、輝く瞳の持てる魅力ある人達と共に、世界で起こっている現実と戦い、私も魅力のある、世界に幸せを降り注げるような、輝ける人間になりたいです。（裕美）

□思いは実現します。流れ星が消えるまでのほんの一瞬に3回言えるくらい、強く思い、潜在意識に落とし込むことです。それと同時に、行動することです。

君たちの人生はすでに始まっています。

「中学生だからできない」「大人にならないと無理」「自分にはどうせ……」

そういうリミティング・ビリーフ（自分を縛りつける思い込み）を外してみましょう。世界には、中学生で「起業」し、社会に価値を提供している人達だっているのです。

> できない理由を100考えるより、できることを探してひとつでも実践したほうが、人生は楽しい。

仏教などで人は10万回生まれ変わるという教えもあるけれど、この身体で生きる人生はたった一度きり。やらずに後悔するよりは、「やって反省」を繰り返す方がよほど楽しいものですよ。

●5月   平成X年5月22日発行第47号

成功とは

●アーカイブコメント： 「成功とは、人を助けた数である」年間を通して、具体的な事例を取り上げて語る。行動を褒める。また、自らの背中で示そうと努めている。利己と利他のバランスを取りながら生きる。これはQOL（人生の質）を高めるための重要な視点なのである。

□心を磨き、知力を高め、行動を重ねれば、困っている人や苦しんでいる人を救えるチャンスが増えます。

　授業でも話しましたが、私自身、学ぶことの意味、自分を高めることの意味に気づき、行動を重ねることで人生が大きく変容した「実例」の一人です。

　長い間劣等感に苦しんだ過去を持つ私のもとにも、ここ10年ほどは毎週、全国各地から100名を超える教師や教師を目指す大学生が学びに来ます。

　何を為す力も持たなかった私が、安倍晋三総理と同じステージに立って発表をし、また、全国規模の「まちづくり」や「観光」に関わり、専門医と研究者の集まりである「発達障害への対応委員会」で委員を務め、ケニアに学校を建てる事業に関わるようになりました。

　また県知事部局及び経済同友会、青年会議所とのパートナーシップのもと親子の絆を深める親守詩大会を運営したり、文科省・総務省・観光庁の応援を受けて事業を展開したりと、活動の幅は広がるばかりです。

　様々な仕事を通して、心からの「ありがとう」を受け取る機会がどんどん増えています。受け取るたびに、私自身の幸福度は上がります。

　いま、思うのです。

> 「成功とは、人を助けた数である」

　自分のための努力ももちろん大切。そして、それと同じくらい、自分以外の人の役に立つための努力も大切。その道を生きていて、不幸になった人を、私はたったひとりも知りません。私もとても幸せです。

　だから、縁あって出逢った君たちにも、自信をもって伝えたいのです。

　「この道はとても楽しいよ。自分も周囲もどんどん幸せになるよ」と。

■今日の道徳の授業で自分たちより貧しい人の方が夢を持っているんだなと思いました。わがままを言っていてすこしはずかしい気持ちになりました。

　僕も、なぜこんなに勉強するのかと思っていたので、勉強する意味がわかり、がんばろうと思いました。僕たちは恵まれた環境で生きているので幸せだと思って、いいところをたくさんつくりたいです。生徒総会などをしっかりできるようにします。（晃太朗）

□最後の一文で、「思います」と濁さず、「します」と断言しているところに、晃太朗君の思いの強さを見ました。

　することの意味がわかれば、そして目的がはっきりすれば、人は努力を継続できるものなのです。勉強も、そのひとつ。自分で、勉強する目的を決めた人は、強いのです。「～のために」を胸に抱いている人は、心が折れないのです。

■道徳で、海外の貧しい人たちのことを聞きました。日本という国は、豊かで学校も不自由なく行けるのに、海外の貧しい人たちのことを知ったら、学校は、みんなが行けるものではないんだと改めて実感しました。

　毎日学校に行くことを普通だと思っていました。しかし、「学ぶのは、学べない人のために学ぶのだ」と聞いた時、学ぶことはとても大切なことで、自分のためだけではなく、人のために学ぶことなのだと分かりました。（貴司）

□「学びたくとも学べない人のために学ぶ」

　これは、「何のために学ぶのか」の問いに対する答えのひとつです。

　では自分自身は何のために学ぶか。何のために自分を高めるか。

　時間にゆとりのある中学生時代に、じっくり考え抜くといいですよ。

　進路を決める頃までに「いまの自分」なりの答えを出しておくと、選択に迷うことが少なくなるはずです。私の教えた数百名の中学生もそうでした。

●5月 　　　　　　　　　　　　　　　　　　　　　　平成X年5月22日発行第48号

凡事徹底で土台を作る

●アーカイブコメント： 　世界を救うという巨大な夢を描きつつ、身の回りの人間を幸せにするために働く。大きな目標の実現を願いながら、目の前のささやかなあれこれに力を尽くす。これを「人生の土台づくり」だと教えている。立派な土台の上に柱を立て、屋根を葺くのだ。

■先生の話を聞いて。

　日本はとてもめぐまれている国だと改めて実感しました。そんな国に生まれてきた私達はとても運がよかったと思います。毎日食べるものもないような人達もいるのに、私はとてもわがままで恥ずかしく思えました。

　貧しい国の子供達からみれば私達はとてもめぐまれていると思います。でも私はそういうのを忘れていました。

　あんまり関係なんですけど、国語でやった「虹の足」にあった最後の方の作者の気持ちみたいなのと似ているんじゃないかなと思いました。「他人には見えて自分には見えない幸福の中で格別驚きもせず幸福に生きていること」の部分です。いっぱい勉強して、学ぶことのできない人達にたくさん教えてあげられたらいいなと思います。

　みんなで協力して、三送会や音楽祭とかで3年生や、1年生よりもいいものができたらいいです。あと、明日はテストなので頑張ります。（略）（友梨）

□「虹の足」を例に挙げたところに友梨さんの知を見ました。

　いま自分が常識と思っていることから一歩外に出てみて、常識が世界の常識ではなかったのだと気づく。そんな経験は宝物です。海外を歩いてみると、自分の固定観念が次々に揺さぶられます。若いうちに行っておくことを勧めます。目的をもった旅を通して、人生観が変わりますよ。

■今日の道徳で先生が話していた、募金のことやなぜ勉強をしなくてはいけないかよくわかりました。私は、募金は大切なことだとはわかっていても、あんまり募金をしたことがありませんでした。でも今日の話を聞いて、貧しい生活を送っている人や明るい未来を夢みている人に募金したいなと思いました。

　それと、なぜ勉強しなくてはいけないのかもよくわかりました。勉強したくてもできない人のため。日本みたいに豊かな国で勉強ができることって幸せだなと思いました。私は今までわがままばっかり言っていて、今の生活が不自由だと思っていました。でも本当はすごく幸せなことで、勉強がしたくてもできない人のためにも一生懸命勉強したいなと思いました。（凛）

□募金は、そのお金がどこでどのように人の役に立つかを納得すると、抵抗なくできるようになります。私も趣旨に納得した所に、毎月募金しています。

　さて、次の言葉があります。

　「世の中のすべての人が幸せにならなければ自分も幸せではない」

　これを言ったのは、あの宮澤賢治でした。今の私にはまだたどり着けない境地です。憧れます。

■私が住んでいる日本は、とてもめぐまれていて、海外の子どもたちよりもとてもゆうふくです。だから、将来の夢などが決まっていなくても、会社などに入り仕事ができます。なのに、「ある程度できるだけでいいや」という人も中にはいると思います。それは、周りの人々や貧しい人々にとても失礼だと思いました。それに、自分のためにならないし。

　私は今からでもそんな人にならないように努力をしたいと思います。落ちているゴミを拾ったり、机を整とんしたり、みんなのイスをしまったり。これは、みんなのためにもなるし私のためにもなると思うので、この気持ちを忘れずにがんばりたいと思います。（美月）

□小事を継続できない人が大事を為し遂げることはありません。

　当たり前のことを当たり前に、しかも丁寧に行う。これを「凡事徹底」（ぼんじてってい）と言います。これが、夢を実現する土台となります。

　世界を思いながら、まずは身の周りの人間のために働く。美月さんの思いに、強く共感します。私も日々、凡事徹底を重ねます。

●5月　　　　　　　　　　　　　　　　　　　　　　　　　　　　　平成X年5月22日発行第49号

彼女はきっと成功する

●アーカイブコメント：　年度初め、昼休みにゴミを拾い汚れた床を水拭きする私に、最初に手を貸してくれたのがこの女子生徒だった。彼女は日記指導をきっかけに自己変革を始め、行動することで人格を高めていった。日記と行動の積み重ねで周囲も彼女に一目置くようになった。

□日記の文章が濃く充実しているので、コメントを書くのに一苦労です！
　書かれた文章の内容、真剣さに合わせて、1〜2ページのコメントを書いています。これを「嬉しい悲鳴」と言うのですね。

■長谷川先生は世界の子達の現状を語ってくれました。それが一番心に残っているから、最初に書きます。貧しい所に住んでいる子達。学校へ行かずに、毎日毎日、ゴミ山へ向かう。私達にできるだろうか。1円でも2円でもかせぐ。まさに、死ととなり合わせだろう。そんな子達と、社会で戦う（競い合う）のだ。アフリカ等の子は、目を輝かせて、夢を語る。必死に生きようと前を見ている。私は？　わがままばかり。とてもはずかしい。ちゃんと、前を見ているのか。目が死んでいないか。
　前に先生が言っていた、「死んでいないけど、生きていない」という所なのかもしれない。このままでいい訳がない。私も社会に出て、世界に出て、生き残りたい。今現在のままじゃいけない気がする。変わらなくては。自分達で、一歩ずつ踏み出していかなければダメだ。皆の気持ちが、上に向かっていかなければ。「心」を成長させなきゃ。強くならないと。このままでは、社会に出ても、必要とされない、悲しい人間のままで生きていかないといけなくなってしまう。イヤだ。必要とされたいし、アナタがいてくれなきゃって頼られる人間になりたい。絶対にだ。
　次。「勉強はなぜやるのか」ということです。先生に今日、教えてもらえて良かったです。今まで、私は、やる意味も解らず、ため息まじりの「勉強」の日々でした。でも、知った時に、心がポンッと軽くなったんです。
　「勉強はやりたくてもできない人のためにする」ときいた時、なるほど！　っと素直に解ったんです。勉強……努力して、うけられない人達のために。助けを求めている人々のために。手を差しのべられるようになるため（もちろんお金もないとだが）。だから、勉強をするんだ。そして、大人になった時に、手を差しのべられるようになっている自分でいてほしい。
　だから、今から頑張る。今までは、熱くなってもムダだし、どうせバカだし……と自分をネガティブへ引っ張っていた。けれど！　違うんだ。ポジティブに、目の前を見て、明日、明日なんだ！　中間テスト。「目の前の事ができていない奴に何ができる」まずは、自分の学力を見直すことが優先的だ。助けたい気持ちはどんなにでかくても、今の自分ではできないから。
　変わりたい。でも変われない。
　そんな中を迷って、1年がたつ。発言もできていない。でも、今日の感想は言えなかった。言わなかった訳ではないんです。真っ白で、言葉がまとまらず……。本気で。でも、1年よりか、変わっている自分がうれしいです。まだまだですけどね。少しずつ、少しずつですが、変わっていきたいです。

> ゴミ拾い、床ふき、皆が嫌がる所をキレイにする、トイレの流し忘れを見て見ぬフリをしない、細かい所も見落さず。（※枠囲みは長谷川）

　私ができること。今の私が、人の役に立てること。たくさん、たくさん見つけて、やっていきたいです。クラスのために。皆のために。十年後くらいの、私のためにも。（かおり）
□枠で囲んだ行動の一つひとつを、かおりさんは毎日、実際に行っています。
　4月はじめ、まだ授業後や給食後に紙の切れ端やストロー、ドレッシング袋などのゴミが散乱し、私が拾い床を拭いていた時、一番最初に手を貸してくれたのがかおりさんでした。以降、「先生に拾わせるわけにはいかない」と言って、行動しつづけてくれています。彼女はきっと成功します。私の確信です。

●5月　　　　　　　　　　　　　　　　　　　　　　　　　平成X年5月26日発行第50号

5年後の自分は、いまの自分の反映だ

●**アーカイブコメント：**　他の動物にはできないことこそ、人間らしさだと思う。時を守る、場を清める、礼を正す。これは人間にしかできない。「私達のおかしな、普通ではない『当たり前』」を「長谷川先生が、次々と壊していってくれる」とある。その端緒が、時場礼である。

□ 25日（月）、家庭の事情で1日休みました。
　たくさんの人が、担任不在の1日について報告してくれました。
　4月当初には見られなかったことです。
　一つひとつの文章をとても嬉しく読みました。内容には胸の痛むこともありますが、あきらめたら未来が無い。だから、顔晴ります（私は「頑張る」を「顔晴る」と書きます。笑顔でがんばった方が結果が良いからです）。

□体育の1500m走で「いいかげんに走る人が多かった」ために、やり直しになったと知りました。
　考えたことは2点です。
　ひとつめは、「一所懸命走っていた人がいたとしたら、連帯責任はかわいそうだ。手を抜いた人達はどう責任を取るつもりなのだ」ということです。
　もうひとつは、「自分の尊敬するあの人物（スポーツ選手等）は、手を抜いて走っていたか」という想像力を持てばよいのに、ということです。
　たとえば、イチローが1500m走で手を抜いてタラタラと走っていたなら、現在のイチローは存在しません。
　本田圭佑が、長友佑都がいいかげんに走っていたら、彼らは現在のような選手にはなることができなかったはずです。
　今回は1500m走が話題だからスポーツ選手を例に挙げました。でも、文化面だろうと芸能面だろうと、皆同じです。
　いいかげんに生きている人は、5年後の姿もいいかげんです。
　いまこの時の生き方が、5年後の人生を規定しているのです。

■テストも終了し、ほっとした顔を見せるクラスメイト達。けれど、そこで起こしてしまった一つの出来事。それをふまえ、長谷川先生に「人間らしさ」というものを教えてもらいました。「人間らしさ」とは、「時を守る」こと。それは、人間にはできるけど、動物にはできないこと。O中の掃除開始時間は35分と決められているのに、35分にはもう既に掃除場所にいなくてはならないのに、34分に私も含め大半の人が着替えを終えていない状態。テストで疲れているのかもしれないけれど、そんな時こそ、時をしっかりと守るべきだと教えられました。

> この事も私達にとって「当たり前」、「普通」であったこと。

　でも、それはおかしいのだと、普通ではないのだと先生に言われ、気づくことができました。長谷川先生が、次々と壊していってくれる、私達のおかしな、普通ではない「当たり前」。
　けれど、それは先生に言われて気づくのではなく、自分たちで気づいていかなくてはならないことなのではないかと思いました。これからは、その間違っている「当たり前」に気づき、それをただし、「人間らしさ」を持って生活していきたいと思います。（略）（裕美）
□人間らしく生きてほしい。
　たとえば、時を守ること。
　たとえば、使った場所をきれいにすること。
　たとえば、相手の心を明るくする挨拶をしたり、呼ばれたらすかさず返事をすること。
　たとえば、悲しんでいる人の、その悲しみを想像し共感すること。
　これらが、人間らしさです。
　まずは目の前の2Aメンバーに、一つひとつを大切にしてほしいのです。

●5月 　　　　　　　　　　　　　　　　　　　　　　　平成X年5月27日発行第51号

メッキは簡単にはがれ落ちます

●アーカイブコメント：　学級通信の感想が日記に綴られる。教師の問題提起を生徒個々が自分のこととして受け止め、考え、反応を返す。これは学級集団形成が進んでいる証であり、生徒と教師の関係性が向上している証である。日記と学級通信の連動、その効果はきわめて大きい。

□昨日通信に書いた内容について、複数が反応（レスポンス）をくれました。

　私が通信に書くのは、その時々に「これは大切だ」と強く思うことです。

　通信を読む読まないは、「今日は絶対に読み、考えを日記に綴りなさい」と指示する時以外は、自由です。

　それでも自分から読んでいること。それがまず、素晴らしいです。通信を読むということは、学級を大切にすることの具体的表現だからです。

　そして、読みながら感じたこと、思ったこと、考えたことを日記に綴ること。これは、最初はハードルが高い活動でしょう。でも、読んで書くことを繰り返し、積み重ねると、自分が変わり、そして見える世界が変わります。

　長谷川学級初代から一昨年度の五代目までで生まれた数々の「事実」をもとに、断言します。自分の才能を鍛え伸ばしたければ、読んで書くことを続けなさい。

■彼は手をぬいて走っていないと思いました。次の1500mを走るとき手をぬかずにがんばろうと思いました。そしてその他も手をぬかずにがんばりたいです。今日はそうじでぞうきんでふいたところにまだ汚れがあったので、そういうところも手をぬかずにやりたいです。（晃太朗）

□大切だから、何度も言いますね。

ふだんの生き方のすべてが、真剣勝負の場で、あらわになります。

　日常生活で手を抜いていて、本番だけ本気でやる。人間の脳の構造上、それは不可能なのです。

　小さなことを真面目にやらない人が、大きなことを為し遂げた例は歴史上ひとつもありません。偉業を為し遂げた人々は、例外なく、当たり前のことを当たり前にするどころか、当たり前のことを周りが驚くほどのレベルでこなしていたのです。

　また、運勢を悪くすることをすれば、運は確実に悪くなります。

　気持ちの良い挨拶。真剣な掃除。生き方をふりかえる日記。それらに人一倍の力を入れて、大きな果実を手にした先人は山ほどいます。

　今度、その一例を授業してみましょうか。

■今日の学級通信には、今の自分がよく考えなければいけないことがたくさんありました。

　その中でも、「人間らしさ」という言葉が心にひっかかりました。私は人間らしさがあるのだろうか、と考えました。私はすぐにめんどくさいと思ったり、やりたくないと思ってしまうことが多いです。めんどくさいから1000mをいいかげんに走る、というのは人間らしさではないと思います。

　より良い人間ならば、なんでも一生懸命だと思います。そして、人のことをよく考え、自分の意見を持ち、当たり前のことが当たり前にできると思います。

　私は「人間らしさ」がないです。でも、これから自分を変えていって、まず当たり前のことができるようになりたいです。（唯）

□唯さんは人間らしさをたくさん持っていますよ。

　なぜか。まず、通信を自分から読んでいます。次に、みずからの行動をふりかえり、反省すべきところを冷静に反省しています。そのうえで、考えたことをこうして日記に書いています。何より、私が本気で書いた通信への反応を、本気で返してくれています。

　こういう行動が、唯さんの人間性の良さ、根の素晴らしさを表しています。

　素晴らしいことです。唯さんはおそらく、素晴らしいリーダーに成長します。

●5月   平成Ｘ年5月28日発行第52号

行事の価値

●アーカイブコメント：　いわゆる学年崩壊状態からのスタートである。自分の学級を整え育みつつ、学年全体にアプローチをしていく必要がある。最大の方策は、授業で教え育むことである。荒みと無気力が蔓延する現場では、授業力がなければどうにもならない。修業あるのみ。

□昨日は午後にほとんどの先生方が出張（秩父郡市の小中学校すべて）するため、40分5時間授業、部活動無しという措置がとられました。
　4、5時間目は体育館で林間学校に向けた取組を行いました。
　4時間目は係別会議と部屋別会議。
　5時間目がフォークダンスの練習でした。
　この練習が、崩壊しました。担当のM先生の指示が通らないのです。Y先生、長谷川も所々で注意をしますが、すぐに元に戻るのでした。

> 　学年集団に、「いいかげんでよい」「たらたらやっていたほうが楽」という負の空気が充満しているのです。

　だから、何をやっても許される状況が続いています。
　何度も言うように、目立って注意される人達のみの問題ではありません。学年のほとんどが、話を聞くべき時に私語をし、指示通りに動くべき時に指示に従わないのです。
　次が給食の時間ですから、授業を延長することはできませんでした。結局、40分間かけて何の上達もないままに終わりました。
　終わりの会でY先生は言いました。
　「言いたいことはいろいろありますが、時間がないので、学級で指導を受けてください」
　この言葉を受け、給食・清掃後の帰りの会で、一緒に考える時間を設けたのでした。

□全体にかけた時間は10分間です。まず私が、何をするかの趣意説明をしました。次に、「Y先生の『言いたいこと』とは何であったのか。一緒に考えよう」と告げ、指名なしで発表させました。
　一瞬の間の後、最初に立ったのが由美子さんでした。「先生は一所懸命指導してくれているのに、男女が嫌だからなどの理由で練習をしなかった」
　次に裕美さんが「指導に従わないことが問題」と述べました。
　美月さんは「4秒礼等を何度もやり直させられていること」について。
　かおりさんは「手をつなぐよう指導されているのにやらないこと」について。
　陽菜さんは「フォークダンスで自分勝手に行動し、時間が過ぎてしまったこと」について。
　最後に茜さんが「何年も一緒にいる皆なのに、恥ずかしいとかなんとかでやるべきことをやらないでふざけていること」と述べ、発表が途切れました。
　私は述べました。
　「林間学校は、準備を進めれば進めるほど楽しみになってくるものだ。しかし、いま、私はまったく楽しみを感じない。行きたいという気持ちもない」
　「林間学校に行っても、くだらない、無くてよい指導を受け、楽しくなかったと帰ってくることを君達は望むのか。そうだとしたら、行く価値はあるのか」
　私の目を見つめ、「そんなことは望みません」という意思を伝えようとする人が大半でした。
　「ならば、一人ひとりがやるべきことに集中しなさい」
　その後、「本日の嬉しかったこと」を小さなことひとつ、大きなことひとつ話し、解散しました。

□行事は「参加すればよい」ものでもなければ、「行って帰ってくればよい」ものでもありません。行事後の生活の質が高まらなければ、どんな行事も、価値がないのです。体育祭も文化祭も三送会も、すべて同じです。

●5月　　　　　　　　　　　　　　　　　　　　　　　　　　　　　　　　平成X年5月28日発行第53号

千里の道も一歩より

●**アーカイブコメント：**　以前教えた「本当の勇気」。それをもう一度取り上げ、「震える足を一歩踏み出そう」と呼びかけている。誰かがやらねばならぬことで、それを誰もやらないならば、自分がやる。自身の信条を、私は生徒にも伝える。そして、常に励まし続ける。

□時間の関係で紹介できるのは数名ですが、たくさんの人が昨日の出来事を綴っていました。成長を感じ、嬉しくなりました。

■4、5時間目に林間学校のことで集まりました。そして5時間目にキャンプ・ファイヤーのことをやりました。そのときにM先生がいっしょうけんめいみんなに教えていたのに、おしゃべりをしたり男女で手をつながなかったりしていました。そして最後にY先生が「言いたいことはたくさんありますが」といいました。それについて長谷川先生が帰りの会で話し6人しか意見が出ませんでした。次の練習のときは林間学校がたのしく行けるようにしっかりとやりたいです。（悠真）
□「次の練習」はもう無い。時間がないのです。
　過ぎた時間を取り戻すことはできません。
　昨日のあの態度は、取り返しのつかない失敗なのです。
　1回1回、1時間1時間が勝負なのです。

■帰りの会で先生が話をしてくれました。Y先生がいくつかあるけどと言っていたときに、ぼくはちゃんとしている人はいるけど、ふざけている人が多かったなと思いました。
　帰りの会、ぼくは口に出すことができませんでした。先生が言ってくれなければ、自分は書かなかったと思いました。次は反省も書くけど、いいことも書きたいと思いました。少しでも、声がけをしたいと思いました。（陽翔）
□まずは自分が変わる。これを「主体変容」と言います。
　自分が変わると、それを見ている周囲の人間が変わり始める。
　そうやって、変容の輪を広げていくのです。
　まずは背中で示すことを、大切にしましょう。

■総合の時間の態度は「時を守り」「場を清め」「礼を正す」ということが一つもできていませんでした。帰りの会の先生の質問に対しても答えませんでした。自分の意見を持って発表している人は、よく考えている人だと思います。だから、うまく発表することはできなくても自分の意見は大事だと思いました。（由香）
□震える足を一歩踏み出す勇気。その勇気を10人が出せば学級集団が変わります。20人が出せば、学年集団が変わります。すべては自分から、です。

■4・5時間目は合同で林間のことをやりました。その時の態度はとても自分でも悪かったと思います。特に、5時間目はもっと悪かったです。フォークダンスもM先生がよくやってくれていたのに私たちは好き勝手に行動していて反省することがたくさんです。（略）（鈴音）
□学年集団の質を高めるには、まずひとりから。
　そのひとりは、自分です。

■4・5時間目に林間のことをやった。5時間目のフォークダンスで勝手なことをやったり、私語が多かったので、これからはしっかりやりたいと思う。そして、楽しい林間にしたい。（和樹）
□社会では通用しない「ルール違反」や「勝手な行動」が、学校でだけ通用する事態は異常なのです。なぜなら、学校も「社会」だからです。
　私は、学校を社会に近づける努力をしています。君たちを、社会人として立派に通用する人間に育てたいのです。
　「お客様」発想で社会に出て行くと、痛い目に遭います。
　だから私は、子どもだからといって、特別扱いはしないのです。ひとりの人間として、君たちと対峙するのです。

●5月　　　　　　　　　　　　　　　　　　　　　　　　平成X年5月29日発行第54号

私は君たちと同じ

●アーカイブコメント：　時を守る。出会いから指導し続けてきた価値が内在化され、チャイム無しの日にドラマが生まれる。こういう事実を書き留め、共有し、残すためにこそ、通信がある。「できない」と「やらない」の語りは効果が高い。これもまた激励の一形態である。

■今日は給食が早く食べられました。ぼくは給食当番で4時間目がおわったあとすぐに着かえました。階段を降りている途中にY先生に会いました。そのとき「A組ははやいですね」といわれました。すごくうれしかったです。ぼくだけでなく、班のみんながエプロンを持ってきてくれたおかげだと思いました。明日は、1・2分でも早く食べられるようにしたいです。(陽翔)
□この尊い思いから、本日もまた記録が更新されました。
　「12時48分いただきます」と、非常にゆったりと食べた上での「13時08分ごちそうさま」を実現したのです。
　しかも、ノーチャイムデーに、です。チャイムに急かされてやったのではないのです。
　このことを知ったある先生は「あの子達がですか。奇跡ですね」と表現しました。2Aの意識と行動が生んだ奇跡です。
　4月から毎日配膳を手伝ってきた私の仕事がほとんどないという、嬉しくもちょっぴり寂しい事態ともなりました。その分仕事を探して、私も顔晴ります。

■今日はノーチャイムDayでしたが、給食が50分にいただきますをすることができました。先生が教室に戻ってくる前に、配膳を始められていたので、やろうとすればできるのだと思いました！！　とても嬉しかったです。
　それと、かおりさんが牛乳パックの整頓を手伝ってくれてとても嬉しいです。ありがとう！！　(由香)
□昨日の帰りの会で、私は話しました。

> 「今日確信したことがある。君たちが『できない』のは能力のせいではない。ひとえに『意識』の為せるわざである。だから、気持ちひとつ正すことでもっとたくさんの成長の事実を生み出すことができる」

　私が教室で話すことはすべて「本音」です。家庭訪問で話すことも、三者面談で話すことも「本音」です。おべっかは言いませんし、お世辞も口にしません。美辞麗句が嫌いだからです。
　その私が評するのですから、本当です。すべては、心ひとつです。

■学級通信に「主体変容」と書かれていました。まずは、自分から変わること。周囲の人が変わり始めていくこと。自分が変わることとは、一人の人間として勇気（自信をもつ）を出し、一歩踏み出すことが大切だと改めて感じました。その一人は、自分。でも、一人、二人、三人……と増えれば、クラスが変わります。そして学年が。学校が変わっていきます。
　昨日の授業（総合的学習）は、男女問わずに反省点はたくさんあります。しかし、ただ反省すればいいわけではありません。今度は、二度と同じ事をせず、くだらないことで指導を受けないことが大事です。
　今日の体育で、林間のキャンプ・ファイヤーでのフォークダンスが減ったことを知りました。これは、私達がムダな時間にしてしまったからだと思います。どうすれば良いのか。先ほども書きましたが、繰り返してはいけません。一人一人が意識をして、1回ごとの授業をしっかりと受けるようにすることが大切だと私は思います。(かおり)
□「主体変容」は、私が毎日毎日、何十回と意識し直す「人生の大原則」です。
　自分の未熟さを痛感しているのは私自身です。自分の弱さを射抜き、教師として生徒の前に立つ資格があるかを自問しつつ、今日も教壇に立っています。
　私も日々勉強、修業なのです。君たちと同じ、発展途上の身なのです。
　教えながら教えられている。この関係が、私は好きです。

●5月　　　　　　　　　　　　　　　　　　　　　　　　　　平成X年5月29日発行第55号

凡人だからこそ

●アーカイブコメント：　天才ですら努力をしている。凡人である私たちはそれを倍する努力を重ねようではないか。いつか努力を努力と思わず自然にこなせるレベルに到達したら、その時ようやく「努力が才能を超える」事実を生み出せるだろう。私自身に向けた言葉である。

□今朝M先生に伺ったところ、「ダンスが形になりました」との返事でした。
　木曜朝に提出された日記で、10名を超える人がM先生のがんばりに報いられなくて申し訳ないと書いていたことを伝えました。その時のM先生の笑顔。印象的でした。

■今日は体育でダンスをやった。しっかりおぼえてしっかりできるようにしたいです。また、自分自身のきげんを人にとらせるようなことをしないようにしたいです。（舜）
□「自分の機嫌くらい自分でとりな」「人に機嫌をとらせるのは悪だよ」
　「人の機嫌を取るのもやめな。心が疲弊するよ」「自分の機嫌を自分でとって、笑顔と愛のある言葉を心がけて生きるんだよ。それが人間らしさだからね」
　これは昨日の朝の会で話したことです。舜君が取り上げてくれて、とても嬉しいです。大切にしていることだからこそ、嬉しいです。

■道徳の授業は面白かった。今までの道徳が本を読んで登場人物の気持ちを考えていただけなのに対して、成功者のことを色々学べるので、楽しいし、勉強にもなるのでよかった。（和樹）
□私の道徳授業は「事実」を扱い、生き方の原理原則を抽出することを中核とします。君たちの心の深奥に届いてほしいから、力のある資料を使うのです。

■道徳の時間に本田圭佑選手のことを学びました。本田選手は将来の夢に「世界一のサッカー選手になる」と書きました。どんな壁に当たってもあきらめることなく正面からぶちやぶっていったことがすごいと思いました。（颯太）
□「自分は凡人だ」と彼は言いました。凡人にでも、いや、凡人だからこそできることがあるのです。それが、日々の努力の継続です。
　ただし、です。

天才は凡人以上に努力をしています。

　努力を努力と思わずに、自然に流れるようにできるのが天才の天才たるゆえんなのです。
　テレビなどでは、天才は努力をせず要領よく成功していくような姿で描かれることが多いです。しかし、現実は違います。彼らは努力をしているのです。しかし、好きなことにとことん取り組んでいるから、努力しているという意識がないのです。その姿をはたからみると、楽をしているように見える。ただそれだけなのです。
　天才ですら努力をしているのです。凡人である私たちなら、なおさらではないでしょうか。私はそう決めて、呼吸をするくらい自然に努力ができるようになるために、日々意識して取り組んでいるところです。

■（本田圭佑の授業について書かれたノート1ページ半、貴重だが時間の関係で略）そのために、まずは身の周りのことからしっかりとやっていかなくてはなりません。礼儀もなく、時も守れず、場も清められない人間は、いつまでたっても二流なのです。今日は、長谷川先生が教室に戻ってくる前に配膳を始めることができ、見事50分ちょうどに食べ始めることができました。これが「時を守る」ということなのですね。昨日は叱られたけど、今日はまた一歩進歩しました。とても嬉しいことです。「嬉しい悲鳴」が出そうなくらい（笑）。これは、「日進月歩」ですね♪（裕美）
□失敗は誰にでもある。要は、指導されたら直す努力をすることなのです。

64

●6月 平成X年6月3日発行第56号

成長明らか、課題明らか

●**アーカイブコメント：** ひとつめの四角に書いた成長は、その一つひとつがドラマティックであり、価値あるものであった。だからこそ、後半の崩れが残念なのである。もちろん書いている私は冷静である。成長が右肩上がりの直線だとは思っていない。成長は曲線を描くのである。

□今日も本音で書く。

御殿場、国立中央青年の家を利用した林間学校終了。

重大事件はゼロ。特設の生徒指導もゼロだった。

1日目の日中は、確かに良かった。

特にウォークラリーは進歩が見られた。4月のOLT後の指導が確かに活きた。ばらける班ゼロ。すべての班がほぼ時間通りに到着した。一番最後に到着した班が15時02分。知らない土地での難度の高いウォークラリーで、2分の遅刻は誤差の範囲だ。

これが、2日間で私の最も嬉しかったことである。

様々な会合の集合時刻も5分前行動が意識され、良い滑り出しだった。

野外炊事の説明（施設の人）も40分程度延々と続く話であったが、私語はゼロだった。これも、後ろから見ていて嬉しかった。

□その後の片付けで、第一の崩れが生じた。男子の半数ほど、および一部女子が片付けに加わらず、特定の女子達が最後の最後まで生ごみを集め、鍋を洗うという事態となったのだ。

これで時間が大幅に遅れた。

私もサボる生徒に声をかけ、仕事をさせていた。その後、私は片付けの途中で炊事場を離れた。スタンツ大会の担当として、事務所で鍵を借り剣道場のセッティングをするためだ。だから、後で片付けの「その後」の報告を聞いて胸が痛んだ。サボった人間の分まで一手に引き受けた生徒達に申し訳ないと思った。同時に、おそらくかなり以前から、そのような「差別構造」が続いているのだと考えた。教室の生活でも所々に表れるその「差別」と、私は全力で戦っていくことを誓った。

□スタンツ大会が始まる時点で25分の遅れであった。

各班のスタンツは撃沈した。

まず、練習不足である。

次に、集団を前に自己表現をできる生徒がほとんどいない。

公の場で意見を述べたりスピーチをしたりする経験の圧倒的不足も背景にある。おしゃべりとスピーチとは全く別物なのだ。

司会の仕切りを手伝ってやった結果、終了時刻を20分短縮した。

□キャンプファイヤー。

このキャンプファイヤーは、「楽しかった」と書いている生徒も複数いたが、過去に他学年への応援も含め10回以上のキャンプファイヤーを見てきた私からみたら、残念なものだった。

無論、準備不足も否めない。

実行委員の横川さんと嶋本さんの奮闘ぶりには拍手を贈りたいが、進行も内容も、改善の余地がたくさんあった。

結果、個々のエゴが随所に出て、「みんなで一つになる」キャンプファイヤーには程遠い状態となった。

たとえば、実行委員のかけ声を無視しておしゃべりする。

合唱に参加しない生徒半数。

ダンスの輪に入らない生徒もいれば、入っていても、手を一度もつながなかった生徒もいた。

全員でルールを守って一つのことに取り組む活動はレベルが高い。

我が学年にはまだまだできない。

これが、私が林間学校で見た学年の課題の第一である。

●6月 　　　　　　　　　　　　　　　　　　　　　　　平成X年6月3日発行第57号

行事の価値はその後の生活の質の変化を見て判断される

●アーカイブコメント： 夜、私は結局廊下にソファを出して寝た。生徒の部屋と部屋との間に横たわったのである。なぜそうしたか。問題行動を予防するためである。学年全体を見れば、まだまだルールの内在化には程遠い。だから、仕事を工夫したのである。まずは教師が変わるのだ。

□1日目夜。

　入浴の場面で人間模様が見られたと、学年の先生から報告を受けた。

　その内容はおいおい扱っていきたい。

　部屋に戻り、就寝時刻直前に、私はA組男子の部屋で怪談を三つした。

　約束だったからだ。

　その後1時間、2時間。男子の部屋の話し声が大きくなるたびに、入室して制した。疲れて寝ている生徒がいる。無理矢理眠ることはできないが、だからといって彼らの邪魔になってはならないからだ。

□この晩、私が寝たのは3時。

　なぜか。ルールを破らせないためだ。学年の看板に泥を塗らせたくなかったのだ。

　そのために、違反を阻止する手立てをひたすらに取った。1時、2時。ドアノブの音が聞こえるとすぐに廊下に出る。それを何度も何度も繰り返した。

　翌朝は5時起き。生徒は6時。起こして回った時、良く寝た顔、寝不足の顔、はっきりとわかった。最も良い顔をしていたのはB組の第1号室。寝るのも早く、寝起きも良かった。布団の整理や掃除も素早く丁寧だった。

□2日目のメインは植林活動である。寝不足もあり、性質もあり、脳の抑制機能が働かない生徒達が朝から目立った。

　その影響は富士山植樹体験で明らかに出た。

　みずからの感情を最優先させ、指導されるまで作業に取りかからなかったり、勝手に終わらせて腰を下ろして休んでいたり。

　その繰り返しで講師を怒らせ、呆れさせてしまった。

　私は植林後の自然観察を講師と共に歩き、謝罪し、教えを請うた。

　感情の抑制が苦手な生徒が一緒になると、負の相乗効果で収拾がつかなくなる。

　これが私の見た学年課題の第二である。

　富士山五合目、強烈な日差しの下で溶岩の上を歩いて回る植樹は大仕事。それはわかる。疲れているのもわかる。私も同じだ。

　そういう時こそエゴを抑え、気愛と熱を入れて活動するのだ。それが人間らしさだ。

　さて、先ほどS学年主任と話したが、「班別行動」にするだけでも様相は違ったものになっただろう。

　ウォークラリーやカレー作り（片づけを除く）は、成長が見られたのだから。

　よって、植林活動の失敗の原因は我々教師にもある。

　今後の企画に、必ず活かす。

□集団は次の段階を踏んで成長する。

混沌緊張期⇒小集団成立期⇒中集団成立期⇒大集団成立期⇒自治的集団成立期

　君たちの4月当初の状況は混沌緊張期そのものだった。

　4月の終わりくらいに日常生活の各場面で班行動ができるようになり、ルールの定着度も30％を超え、小集団成立期を迎えた。現在もその途上だ。

　中集団になれないから、大人数でルール通りに一つのことに取り組む、しかも自己表現を伴う合唱やキャンプファイヤー、演劇等の質が高まらないのである。

　ではどうするか。頭の中に方策はある。

　まずは学級。一つひとつ実行する。

　今朝の朝読書、朝の会での私の毅然とした指導は、その出発点である。

●6月　　　　　　　　　　　　　　　　　　　　　　　　　　　平成X年6月3日発行第58号

林間学校明けの学校生活

●アーカイブコメント：　通信を用いて授業を展開している。学活や道徳でこの形を採ることが少なからずある。私はひとつの話題を話したのち、考えをノートに書かせ、発表させる。これがワンセットだ。数回繰り返し、最後には感想を求める。こうして個と集団を鍛えていくのである。

□本日4、5時間目の総合的学習で林間学校のふりかえりと個人新聞作りに取り組んだ。まず、3時間目の社会の時間をもらい（S先生は修学旅行引率で不在）、漢字スキル7のテストを済ませた。その後、私の書いた通信を素材に林間学校2日間をふりかえった。

□途中と最後に感想を求めた。一言で良い、立派なことは要らない、長谷川への反論でも良いとした。
　結果、指名なしで発言したのは女子5名。由美子さん（2回）、茜さん、裕美さん、陽菜さん、友梨さんであった。
　その他男子5名が指名されて発言した。
　指名なし発表は、将来必ず来る面接試験のために「も」やっていることだが、現段階では、2Aメンバーのほとんどが不合格の状態である。自分が社長だと考えればわかるだろう。人前で話す頭と口があるのに話さない人間を欲しいと思う経営者はいない。
　「その場になったらちゃんとやる」と言う人がいるかもしれないが、本当にそうならば面接で落ちる人間はいないはずだ。自分は特別だと言うかもしれないが、この学級に、日常生活でできないことが本番でできるような人間はいない。皆、私も含め、凡人である。1000名以上の中学生を見てきた私の実感である。
　いつか来るはずの「その日」「その瞬間」のために、平凡な1日1日で自分自身の心身を鍛える。それが天才、秀才、凡人を問わず、誰もに共通する成功の道である。気づいたら遅すぎたということにならないよう、今この時に負の習慣を断ち切るが良い。私はそう思う。

□さて、4時間目、最初に学年の反省シート（B4版1枚）に取り組んだ。
　左半分が6分野計26項目を4段階で自己評価する用紙である。満点は130点。合計点を書き込むスペースもある。
　右半分は、自分の役割と三段階評価、特に頑張った級友の名前と理由、一番印象に残った活動、自身の頑張った点と反省点、感動シーン・エピソード、おまけとして「今だから話せる『こんなこと・あんなこと』」の全6分野について記述欄が設けられた用紙である。
　感動も、後悔も、嬉しさも悲しさも、人間は忘れていく。
　だからこうして、自分の生きざまを日記に書き、シートに刻み付けることには意味がある。時を経て、己の歩みを確認できるからである。そのツールを見れば、その時の感情を、思考を、ありありと思い出すことができるからである。

□そういえば、今朝提出された日記にそれぞれの性格が表れていた。
　私が素晴らしいと思ったのは、1日の分も2日の分もきちんと「通常どおり」に書いた人が複数いることである。昨夕帰宅して疲れた身体で、それでも二日間の出来事を思い出し、文章化したわけである。こういう人が、成功する。
　成功者は常に「自己確認」を行っている。常に自分の言動を省みて、修正すべきを修正し、力を入れるべき点を明らかにして生きている。
　誰にでも真似られることだから、真似する方が得である。

□「特に頑張った人」として名を挙げられていたのは以下のメンバーである。
　陽菜さん、茜さん、颯太くん、裕美さん、由美子さん、貴司君、晃太朗君、碧人君、直樹君、鈴音さん、さとみさん、友梨さん、圭太君、かおりさん、唯さん、由香さん、和樹君だった。鈴音さんや唯さん、さとみさんを選んだ「理由」で「最後まで鍋を洗っていた」「手をまっ黒にして片付けをしてくれた」「最後までごみを拾って捨てていた」とあった。かおりさんには「僕の班の中で一番がんばってくれた」とあった。当日、私の見えなかった所を知ることができ、嬉しかった。

67

●6月　　　　　　　　　　　　　　　　　　　　　　　　　　　　　平成X年6月4日発行第59号

大人になるということ

●アーカイブコメント： 「学級らしくなってきた」と書いた。生徒と教師の関係性、生徒と生徒の関係性が向上しているのが、日記の文面からわかるのである。自治的集団のイメージを描かせ、憧れを育み、そうなるための今なのだ、と落とし込む。中学生は「何のために」を求めるのだ。

□社会の自習をもらって行った林間学校の反省。日記にはほとんどの人がその感想を書いていました。学級らしくなってきた、そう思えました。

■林間学校が終わり、今日学校へ登校すると、「疲れた」とつぶやく人、疲れきった顔をしている人、疲れが行動に表れている人など、ほとんどが林間学校の疲れを見せていました。そんな中、私のクラス（先生も含む）で一人、林間学校に本当に行ってきたのかと疑ってしまいそうな人がいました。
　朝から元気にあいさつし、常に笑顔で、疲れなど全く見せず、私達に林間学校での良いところ、悪いところや課題を語ってくれました。私達にこう教えてくれたのです。
　「疲れている時こそ、エゴを出さず顔晴りなさい。疲れた顔を他人に見せても無駄なだけだ」
　私は確かにそうだと思いました。疲れている顔を他人に見せても疲れが回復するわけでもないし、疲れている顔なんて誰が見ても楽しくありません。疲れている時こそ笑顔を見せ、元気に生活することが大切です。だって、調子のよい時、元気のいい時に笑顔でいられるのは当たり前なのだから。
　長谷川先生に今日出していただいた課題は、時間をかけてでも一つ一つこなせるようにしていきたいと思いました。
　先生が問題提起をし、生徒はそれに、本気で答える。クラスの全員が、先生の問題提起に本気で答えることができるようになれば、「全体集団成立」も夢ではないかもしれません。（裕美）
□全体集団すらも超えて、自治的集団へ。そうなった時、学校生活は現状の数百倍楽しく、深く、学び多きものとなります。個々の幸せも増します。
　3月にそこまで到達したいから、私は今日も教えるべきを教え、育むべきを育む努力をします。

■通信を見て。私は「時間を守る」に集中しすぎていました。時間を守ることは、きちんとできていたのかなとふり返ってみると思いました。林間に行ってどんな課題が出たのか。それは、「男女がもっと仲良くなること」だと思いました。（由美子）
□日常生活からコミュニケーションを取り、その質を高める努力を重ねる。
　その結果として、たとえば合唱、たとえば演劇等「目に見えるもの」の質が数段階違ってくるのです。
　大事なのは行事当日ではない。この、平凡な毎日に何を為すか、なのです。

■林間のふり返りをしました。先生が言っていた反省に、たしかにそうだなと思いました。良いところをもっとみんなでのばし、今回の林間でできなかったところや反省点もみんなでのばせたらなと思いました。（略）（美月）
□その思いを持てたなら、あとは行動するだけです。
　行動するたびに、現実が変わっていきます。変化を楽しみましょうね。

■今日は林間の疲れがあり、みんなダルそうでした。しかし、「そんな時こそ」の言葉をよく考えて行動しようと思いました。疲れが出ている時は本当の自分が出ると思うので、頑張りたいです。（鈴音）
□そうなのです。逆境にある時にこそ、人間性が露（あら）わになるのです。
　順風満帆で気分の良い時に明るくきびきび動くことは誰にでもできる。
　そうでないときに自分を律することができるか。大人になるとは、それができることなのです。年齢の問題ではないのです。子どもの中にも、大人以上に大人らしい人がいるし、大人にも子ども以下の人間性の人がいるのが現実です。

●6月

平成X年6月4日発行第60号

人の上に立つ者が身につけるべきスキルその1「指示」

●アーカイブコメント： リーダーシップの取れない生徒をリーダーとして育て上げる。公立の義務教育学校で働く教師の重要な仕事である。リーダーを固定するような旧文化を、生徒の成長の事実をもって駆逐することを私は自分に課している。その第一段階として「指示」を教えた。

□コメントをしたい日記が増えてきたことを嬉しく思っています。

■通信で「二つの課題」があると、先生は記しました。皆の記している「時間」ではなかったのです。正直、驚きました。私も「時間」だと思っていたからです。ただ、1日目の反省ですが。2日目は「時間」を守れていたと思うからです。

まず一つ目。野外炊事後の片付けからです。一番先の「ウォークラリー」は、4月のOLTのようにならなかった。全ての班が、ばらけずに行き、帰ってこれたからです。迷子にもならずにできました。全く知らない土地で、歩き、知らない人と話す。初めてのことで大変でした。「コマ図」は難しかったです。

さて、片付けの話です。私達1班は、男子がいなくなってしまいました。まだ鍋が残っていて、汚れも落ちずに、2班の鈴音さん達も手伝ってくれました。水は冷たくて、手の感覚もジワンとしていたし、皆、手が真っ黒でした。これは、班長として、もう少し周りを見ていれば良かったです。注意しなければいけませんでした。私の不注意。

次です。二日目の植樹体験。皆、とは言い切れませんが「エゴ」が抑えきれない人達がいました。自分優先で。私も私語がポツリと出てしまいました。皆、疲れている。だからこそ、頑張る（顔晴る）んだ！ 完璧じゃないけれども、ちゃんとやる。長谷川先生が今日言っていた。林間でのいいところ、悪いところを今後にいかしていきたい。

私自身、班長としてしっかりと仕事等ができていたと思う。しかし、反省や感想で終わりにしては無意味なのです。しっかりと今後も気をひきしめて生活していきたいです。（かおり）

□真剣に書いたあなたに、私も真剣に返しましょう。

> 野外炊事の片付け場面で、どうすれば良かったか。

そこを具体的に考えなければ、次につながりません。
いくつかの方法がありますが、そのうち一つはこれです。

> 作業開始前に仕事を明確に分担しておく。

作業開始前とは、ごちそうさまをする前、という意味です。
その時点なら、班員全員がいます。全員がいるところで伝えなければ、指示は徹底できません。
方法のもう一つはこれです。

> 終わりの行動まで示してから作業にとりかかる。

自分の担当任務を終えたらどうするのかを指示することです。
たとえばこうです。
「A君とB君は牛乳パックと生ごみを片付けます。C君は炊事場床の水を掃き出します。それぞれが終わったら、鍋を洗っている女子を手伝います」
このように、終えたら何をするのかを明確にするのです。
上記2点を指示してから片付けに取りかかれば、結果は違っていたはずです。
このようなことは、教わるか、自ら本や人から学ばなければ身につきません。
だからいま、教えました。
部長、委員長、学級委員、班長その他。人の上に立つ時には大いに役立ちます。実際に使って初めて身につくスキルですから、実践してみるとよいですよ。

●6月　　　　　　　　　　　　　　　　　　　　　　　　　平成X年6月5日発行第61号

不幸な人間は、周りをさらに不幸にしようとする

●アーカイブコメント：「力のある資料」を用いて授業すると、生徒は見方・考え方を大きく揺さぶられる。生まれてきたからには幸せにならなければならない。それで世界から不幸な人間がひとり減る。自分が幸せであればこそ周囲を幸せにできるのだ。毎年、そんな語りを重ねる。

□社会の自習課題が「人権作文」でした。が、用紙を配って「書きなさい」と言っても書けない人がいます。彼らは「書くことがない」と訴えます。

　これは無理からぬことです。作文とは、多くの生徒にとって負荷の高い活動なのです。何らかの材料を与えて書かせる責任が私達にはあります。

　今回、私は国際支援ボランティアのDVDを見せることにしました。

　世界の現実が、20分弱の映像にまとめられています。日本に生まれ日本に生きる多くの人間が気づきもしないし真剣に考える機会もない、そんな現実です。私自身、海外を渡り歩いてこの目で見てきた光景です。

　心を打たれた人が多かったようで、読み応えのある日記が幾つもありました。

■5時間目の道徳のときに、ビデオを見ました。生きるのに必死な子供達、家族のためにゴミから食べ物やお金になるものを拾う人達がたくさんいてびっくりしました。3歳の子供ですら、ゴミの中をあさったりしていました。1日に100円にもみたないお金でも、必死にお金をかせぎ、ニコニコと笑顔を見せていました。中には、将来の夢に「おなかいっぱいごはんが食べたい」や、「長生きしたい」などと言っている子供がいて、衝撃を受けました。

　日本みたいな、豊かな国ではあたりまえの生活が、貧しい国では幸せなことなんだと思いました。

　もしも自分の身近な人が困っていたら、助けてあげたいと思いました。貧しい国の人たちのためにも自分の命を大切にしていきたいと思いました。（凛）

□日本に生まれただけで、ただそれだけでも幸せだ。

　世界の現実に触れると、そう思わざるを得ません。

　現実を知ると、自分の悩みや苦しみがいかにちっぽけなものであるかを痛感します。自分、自分と、どれだけ「自分病」に罹っているのかを自覚します。

　「自分病」とは、以前会って話したこともある「夜回り先生」こと水谷修さんが命名した「症状」です。日本人の、特に若い世代に激増している、「自分の事ばかり考え、悩み苦しむ」状態です。水谷さんは言います。

　「自分病から抜け出すために、人のために動いてごらん」

　同感です。世のため人のためになることに汗をかいている人は、悩む暇がありません。暇だから悩むのです。自分の事ばかり考えているから苦しいのです。

> 不幸になる秘訣は、自分が幸せかどうかを悩む暇を持つことである。

　昔から言われているこの言葉は、真理を突いています。

　利他の生き方をしている人は、悩むことも苦しむこともありません。そんな暇があったら、働くからです。その方が幸せなのです。

■道徳でゴミの中で生きる人々の動画を見ました。「大人になるまで生きたい」「お腹いっぱいにご飯を食べたい」そんなふうにいう子供が世界にいることを知りました。3名にひとりしか15歳になれないと知った時は、すごくビックリしました。このことを知って、改めて私たちはとても恵まれているのだなと思いました。しかし、今日の帰りに「いじめ・差別」があるという話を聞きました。今日を生きるのに精いっぱいの人がいる中で、なんで恵まれた環境の中いじめや差別が起こるのかと思いました。実際にやった人、周りで見ていた人、知らないふりをしていた人、みんながいけないと思いました。これから、いじめや差別が絶対起こらないようにみんなで意識して行動したいです。（美月）

□不幸な人間が自分の下により不幸な人間をつくるために、いじめや差別をするのです。私の大嫌いな行為です。

●6月　　　　　　　　　　　　　　　　　　　　　　　　　　　平成X年6月5日発行第62号

安心・安全な環境を自分たちの手でつくる

●アーカイブコメント：　隣の学級で起き得た事件を題材に、いじめ・差別を撲滅し、安心・安全な学校を自分たちの努力でつくりあげようと語っている。なお、私は「いじめ」という言葉を使わない。その行動のすべてを刑法で規定された具体的な犯罪名で語る。そこに曖昧さは要らない。

□私は「いじめ」という言葉が好きではありません。

その言葉を使うことで、問題点が曖昧になるからです。

私は、「いじめ」を具体的な「罪」の名前で表現します。

たとえば、掃除用具入れに閉じ込めるのは「監禁罪」です。

段る蹴るは「暴行罪」です。

ズボンを脱がしたり、強制的に何かをやらせるのは「強要罪」です。

悪口を言って名誉を傷つけるのは「侮辱罪」です。

金を持ってこいと脅すのは「脅迫罪」です。

すべて、刑法で規定された「罪悪」です。加害者は逮捕されます。

「いじめ」と言うと、これらの深刻さが見えなくなるのです。

だから、私は「いじめ」なる言葉が好きでなく、ほとんど使わないのです。

□「社会に出てもいじめはあるのだから、そんなに厳しく指導する必要はない」

そのように言う大人がいたとして、私はこう返します。

「自分の身近にいじめがあるなら、見すごさずに戦いなさい。そうすれば、少なくともあなたの周囲にはいじめがなくなります」

「あなたの大事な子供がいじめられている側だとして、あなたは同じ言葉を言えるのですか。言えないでしょう。当事者意識を持ちなさい」

「社会に存在するいじめをなくすために、子供時代から厳しく諌め、二度としないよう指導するのです。あなたのようないい加減な考え方が、社会のいじめを助長しているのです。気づきなさい」

私は、「いじめ」や差別をする人間、それを傍観する人間と、徹底的に戦ってきました。

同時に、いじめられる側の人間を、体を張って守ってきました。

公立中学校に「停学」はありません。しかし、「出席停止」という措置を取る権利があります。指導に従わない生徒はその出席を停止できるのです。すなわち、事実上の停学です。

事そこまで至った例は、私の経験ではありません。

卑劣な行為を行った生徒も、指導されて気づき、生き方を改めました。

□いつ誰が差別されるか、いじめられるかわからない。明日は我が身かもしれない。

そんな環境で、どうして安心し、安全に暮らせるでしょうか。

安心・安全が保障されなければ、個性の伸長も学力の向上も集団の団結も、すべて絵に描いた餅で終わります。

被害を受けた人間は心身が傷つきます。

のみならず、加害者もまた、脳が傷つきます。誰も幸せにならないのです。

だから私は、許さないのです。徹底的に戦うのです。

以降、人をいじめたり、差別したりしようとするならば、私を含めた全教職員及び心ある生徒、そのすべてを敵に回す覚悟でやることです。

そのような、人を見下して、人の不幸の上に自らの幸福を築こうとする人間は、臨終の瞬間まで、一生地獄を見ることになります。その覚悟があるかを、自分に問うてごらんなさい。

□今回の一件は隣の学級で起きたことです。しかし、A組の多くの人が日記に書いたように、昨年から、いや小学校から続いており、多くが「問題だ」と思いながらも解決の努力をしなかった問題です。すなわち、学年の問題です。

無関係な人間は一人もいません。私も含め、全員が当事者なのです。

安心・安全な環境を我らの手で築き上げましょう。幸せのために。

●6月　　　　　　　　　　　　　　　　　　　　　　　　　平成X年6月9日発行第63号

出逢いから日々蒔き続けている種、一つまたひとつ芽吹いてきた

●アーカイブコメント：　そうだった。私はこの学校に赴任したばかりなのだった。学校のしくみやルールを生徒よりも知らない状態からのスタートなのだった。日々教育的格闘を行い、往復80キロ超、有料道路を使って通勤する生活に多少の疲れを感じた矢先、事故を起こしたのだった。

□昨朝、学校まであと300mという所で、接触事故を起こしてしまいました。

　赤信号で停車していた時に、ひどく咳き込んだのです。その時、ブレーキから足が離れていることに気づかず、前の車にこつんと触れてしまったのです。

　幸い、相手方に怪我はなく、車にも傷がつきませんでした。車を停めて謝罪に行くと、「怪我は全然大丈夫」「傷もへこみもないねえ！」と笑って対応してくれました。

　こちらも怪我がなく、ナンバーが折れた程度で済みました。

　警察もすぐに到着し、すばやく現場検証をし、その場は解散となりました。

　車の持ち主である県内某会社の社長さんにもお電話をしたのですが、「なんのことはない。大丈夫です」と言ってもらいました。

　あとは保険会社同士のやりとりで済むとのことです。

　初めての事故。この程度で済んでツイています。かみさまは見ていてくれるんだな、と心の底から思った次第です。

　新たな現場に赴任して2か月間。長距離通勤と仕事の疲れがたまっていたのかもしれません。

　体調を整え、気を引き締めて3月まで顔晴ります。

■今日は、朝読書のときに先生が最初来なかったのでどうしたのだろうと思ったら、朝の会で先生が「事故をした」といっていたのでどうしたのだろうと思いました。せきをしていたらブレーキから足をはなしてしまったといっていて、悲しいはずなのに笑顔で話している先生はすごいと思いました。体は大丈夫なのかなと心配してしまいました。(陽翔)

□心配させるためでなく、「事故はいつ誰に起きるかわからないから、皆さんも気を引き締めて登下校しようね」と伝えるために概略を話したのですが、こうして心配させてしまったら駄目ですね。ごめんなさいね。私は大丈夫です。気愛を入れ直して、ますます顔晴りますよ。

□何人もの男女が「先生の体を心配しています」等と書いてくれました。

　「生徒に心配かけるなんて、俺もまだまだ未熟だな」と反省しつつも、人間と人間の心のつながりが生まれているのを実感し、嬉しくもありました。

　特に、颯太くんや貴司君、さとみさんや茜さん、悠真君の言葉が心に響きました。

　ありがとう。感謝します。思いを仕事に変えて、恩を返します。

■今週はまだ始まったばかりなのに、事故を起こしてしまったり、掃除場所を四カ所もまわったり、次々生徒指導をしなくてはいけなかったり、とんだ災難、いえ、とてもツイていますね（笑）。けれど、男子達にはあきれたものです。いいところもあるのに、なぜそれを、もっと生かそうとしないのでしょう。先生に指導されるのが楽しいのでしょうか。男子達が先生方に指導されない週が来たら、それはすごく幸せですね。
（裕美）

□不平不満・愚痴・泣き言・悪口・文句を言っていると、その通りの現実を引き寄せてしまいますからね。つらいと言うと余計つらくなる（笑）。だから、不満を言う暇もないくらい働く。ひとつでも多くのありがとうを受け取るために汗をかく。それが私流です。

■今日のそうじで、いろいろな人が机を運ぶのを手伝ってくれました。みんなが日記に書いたり、先生が言っていた意味がわかりました。私も、みんなにありがたいなと思われるように色々なことを手伝っていきたいです。(陽菜)

□ね。わかるでしょう。自分が手伝われる立場になるとわかるのです。

　こういう気づきをたくさん与えられるように、今日も2Aに種を蒔きます。

●6月 平成X年6月10日発行第64号

感動を覚えた日記

●アーカイブコメント： なぜこの男子生徒の日記を取り上げたのか。第一に、彼の向上的変容を心から嬉しく思い、その思いを彼と彼の保護者に伝えたかったからだ。第二に、彼の成長を学級全体に波及させたかったからだ。一人の成長をその一人に留めておかないのが大事なのである。

□今朝、ある生徒の日記をひと目見て、心にグッと迫るものを感じました。
　じっくりと文章を読むと、腹の底からの感動が湧き上がってきました。
　その生徒の日記を紹介する前に、ひとつ文章を読んでみましょう。

■「耳に痛いことばかり言われるんです」と言う人は、偉いです。
　人の話をきちんと聞いているということです。
　二流の人は、耳に痛いことを言われると聞き流します。
　授業でもノートをとらないし、「そういう人いるんですよね」と、人ごとのような顔をしています。
　この「一流の思考の作り方」を読んで、「ヤバい、自分は二流かもしれない」と思う人は一流です。
　二流の人は「いるいる、こういうヤツ」と言って、自分のこととは気づきません。
　「こういうヤツ、いるんだよね」と読むのではありません。
　「自分もこういうところがある」と思えるのは、耳に痛いことを聞き流さない人です。
　耳に痛いことをキャッチしていくことで、成長するチャンスが生まれるのです。
　「耳に痛い」と感じたら、自分のことと受け止めている証拠です。
　一流の人は、「耳に痛い」と感じます。
　今できているかどうかより、「耳に痛い」と感じたら、その瞬間から一流の道に進んでいるのです。■
　　　　　　　　　　　　　　　　　　　　　　　　　　（『一流の思考の作り方』中谷彰宏）

□中谷さんの主張に、私も全面的に賛成します。
　指導されても右から左に聞き流す人がいます。そういう人が伸びた例は一度も見たことがありません。最初はそういう癖をもっていても、自ら直す努力をし、指導を素直に受け入れ生き方を変えることで大きく伸びた例ならば、たくさん見てきました。
　成功するのは、成功するにふさわしい種を蒔き、毎日栄養を与え続けたからです。
　人生は先払いなのです。先に努力をして、後に果実を受け取るのです。
　その先払いを意図的にしている、その一人が晃太朗君です。
　最初に結論を述べておきます。彼の今日の日記は素晴らしいです。向上心と生きる意欲が滲み出ています。彼は「目覚めた」のです。ここから、今まで以上に成長速度が増し、成長カーブの角度が大きくなることでしょう。
　なぜなら、彼の本気に触れた私が、全力で応援するからです。
　私は教育のプロフェッショナルです。結果を出します。

■僕は最初はサッカーの自主練などをしていたのですが、最近は弱い自分がおり自主練ができなくなってきました。いつも走り込みをしていたけどいつの間にかやらなくなってしまったので、続けられるひけつはありますか（※1）。
　あと何もない日が火曜日しかないので30分くらいでできる練習はありますか（※2）。お願いします。
　僕は今勉強とサッカーを両立できていないと思っています。今は塾で勉強はできていますが、自分で勉強することが少なくなってきました。中間、期末テストでは目標の点数にはいっていますが、もう少し点数を伸ばしたいのでいい勉強方法を教えてください（※3）。「脳に悪い7つの習慣」を今読んでいます。
　僕は今がんばっていることはサッカーと学校で先生に帰りの会などで言われたことを直すことです。
　　　　　　　　　　　　　　　　　　　　　　　　　　　　　　　　　　　　　（つづく）

●6月

平成X年6月10日発行第65号

本気が人を引き付ける

●アーカイブコメント： 彼からの質問に応じて、まず努力を継続するための秘訣をすぐにできる形で紹介した。サッカーの練習方法については、翌日やってみせ、やらせて身につけさせた。勉強方法についても然り。教育相談の場を設け、彼の勉強方法を訊き、改善点を明示した。

■（承前）サッカーでは新人戦などのレギュラーになるために走りの練習の時全力でやったり、夜遅く疲れて帰ってきた時絶対にやるといったことはできるだけがんばってやるようにしています。

　　先生に言われたことはその日の日記に書き、忘れずに直していけるように努力しています。

　　クラブチームに入った時にかかげた目標を忘れずになしとげたいです。

　　今日の掃除の点数が50点だったので、明日は80点にしたいです。（晃太朗）

□なぜ晃太朗君の日記に感動したか。それは、彼が「本気」で書いたことが文字から、内容から、はっきりとわかるからです。

　　人は、人の本気に心を揺さぶられます。

　　たとえば、夏の高校野球です。

　　野球を好きな人も、得意な人も、興味の薄い人も、やったことすらない人も、甲子園で連日繰り広げられる熱闘を視聴しています。

　　なぜ、ルールすら知らない人や未経験者まで試合に見入るのか。

それは、画面に映る高校球児が、一人残らず本気だからです。

　　本気でプレーする人間を見て、こちらも感動を覚える。だから毎年、試合を観るのです。仕事等で試合そのものは見られなくとも、ニュース番組をフォローする人はたくさんいます。本気でがんばっている若者の姿を見たいからです。

□晃太朗君の本気に応え、私も本気で質問に答えます。

1. 続ける秘訣はあります。人が努力を続けられない理由はふたつ。目標から意識が外れているか、その目標が本当に達成したいものでないか。どちらかです。まずは心の底から達成したいのかを再検討しましょう。目標が定まったら、常に目に入るよう、家の中の数カ所に貼り出します。潜在意識に刷り込むくらい、何十何百回と目に入れるのです。寝る前と起きた時、まだボーっとしている間にも目に入れ、考えるようにします。これが秘訣の一部です。

2. 30分でできる練習はあります。コーンふたつとボール1個があれば、一人でかなりの練習を積めます。実地に教えます。

3. よい勉強方法はあります。現在している勉強方法にちょっと「工夫」を加えるのです。私がアドバイスをするためには、あなたの今の勉強方法を詳しく知る必要があります。これもふたりでじっくり話しましょう。

□晃太朗君の質問は3つでしたので、ここでの助言はこれくらいにします。

　　それにしても、私の勧めた『脳に悪い7つの習慣』を読んでいるのはいいですね。私は毎月100冊の本を読みますが、そのうちで中高生にも是非読ませたい本だけを紹介します。前任校の長谷川学級では、朝読書で読んでいる本の2／3くらいが私の紹介する本になっていました。本は良いです。最も安価で、最もリターンの大きい「投資」ですからね。

　　私の勧めた本を買って読む。その素直さと向上心の大きさに触れ、私ももっと教えたいと意欲が湧いています。

　　私が学級に指導したことを「聞き流さず」、日記に書き留めて改善の努力をしている。嬉しいです。私は無駄なことが嫌いです。教えることは本当に必要なことだけです。あなたのように受け止め、行動する教え子と出会えて私は幸せです。私自身も更に学び、人格と知力と教える腕を磨くことを誓います。

●6月

平成X年6月11日発行第66号

その気になれば、日常のすべてが学びの素材になる

●アーカイブコメント： まず、この日まで欠席ゼロが続いていることを褒めている。欠席者が増えてもおかしくない現場である。それでも皆休まずに登校してくる。素晴らしいことである。また、4月に嫌々学級委員となった男子の振る舞いを女子が褒めている。これもまた素晴らしい。

□陸上の学総体予選に女子6名が出場したので、昨日は1日、19名で過ごした。4月から休みなしで全員が揃っていることが「あたりまえ」の状態だったので、空席があることに寂しさを感じもした。

　欠席が無いこと。これも2Aの良さのひとつ。1年間続けていこう。

■6人陸上でいませんでした。そこでもよくやっていたなって思うのが学級委員の直樹さんです！！　陽菜さんがいない分、ちゃんとやるべきことをやっていたと思います。みんなつかれている様子でした。私もダラ〜ンとしてました。よし！　足を動かそう……（笑）。（鈴音）

□眠いけど眠るわけにはいかない時。だるいけれどがんばらなくてはならない時。そんな時は足を動かしなさいと教えた。大きな筋肉を動かすことで血流が良くなり、体温が上がるからだ。体温を上げると、免疫力も上がって体が元気になる。低体温の人ほど病気になりやすい。体温は、キーワードだ。

　さて、鈴音さんの指摘のとおり、直樹君は今の彼にできることをがんばってくれた。4月から、彼もまた一歩一歩と前に進んでいる。私は彼の応援団だ。鈴音さんもがんばった。陸上6名に向けたメッセージを背面黒板に書き、綺麗な千代紙で飾りを作ってくれた。そういう思いやりが一つまたひとつと生まれていることを、とても嬉しく思う。

■今日（9日）のそうじの時間、廊下についていた「う〇こ」を先生は取ってくれましたよね。すごくありがたかったし、素手でふいていたのですごいと思いました。私は、見るのも嫌です。ましてや、いつも通っている廊下に「う〇こ」が落ちているなんて考えると、ぞっとします。

　でも、誰かがやらなきゃきれいにならないと思うので、今度は勇気を出して自分からやろうと思います。

（唯）

□唯さんの日記に、私はこうコメントした。

　「その気持ちがうれしいよ。もし、また勇気が出なかったら、何度でも俺に言いな。何度でもきれいにするから。

　誰かがやらねばならないことで、誰もやる人がいないなら、自分がやる。

　昔からそうやって生きてきたから、大丈夫だよ」

誰かがやらねばならないことで、誰もやらないなら、自分がやる。

　この精神を、私はある書籍から学んだ。それ以降、そのように生きてきた。

　落ちているゴミを拾う。汚れていれば拭く。トイレの汚れを取る。その他。

　多くの人が見て見ぬふりをするそれらのことを、最初は我慢しながら、今ではほとんど自然に続けている。

　そうやって生きていると、素敵な出来事が山ほど起きる。ほんとうに、びっくりするくらい運が良くなる。身の回りがきれいになり、使う人が不快にならず、自分も得をする。こんな素晴らしいことはない。

■掃除の途中で、先生に牛乳パックの下にあるバケツが汚れているよ、と言われたのでバケツの掃除をしました（注：給食委員のお仕事とのこと）。普段あまり気にしたこともなく汚れたままでした。私は、人間らしさが足りないのだと反省しています。周囲に気配りができるような人間になりたいです。そして、誰かに言われる前に行動できるようになります。（由香）

□日常で起きるすべての出来事が学びだ。どんどん吸収し実行していこう。

● 6月 平成X年6月12日発行第67号

心

●アーカイブコメント： 通信の内容について、保護者からの感想が届き始めた。生徒の変容が保護者の目にもはっきりと映り始めた証である。保護者と教師。生徒の心身の成長を願う心は同じ。なればこそその願いを実現するために共に汗をかく関係を構築したい。「共汗関係」である。

□晃太朗君の日記を載せコメントを付した通信。反響が大きい。

影響を受けたと書いた人は多くおり、昨朝は保護者の方からも感想をいただいた。私は通信や学級経営への保護者の方の参画を大いに歓迎する。チラシの裏面でもかまわないから、感想をいただければ幸いです。

■帰りの会で晃太朗くんの話がでましたね。そこで、気愛を読み返してみました。「こうくん、すごい！！」って思っちゃいました。両立。難しいですね。でも、努力して、地道に頑張れば、できること。

わたしはこの通信をみて、「変わろう！！」って思えました。ありがとうございます！ こうくん。

（由美子）

□一昨日1日陸上で不在だった由美子さんの、今朝の日記です。

良い集団には、助け合いと学び合いと牽制し合いがあります。

級友から素直に学び、変わろうと考えた由美子さん。影響を与えた晃太朗君。

4月当初は「群れ」だった2Aが、一歩、また一歩と「学級集団」に成長しつつあるのを実感します。嬉しいことです。

■帰りの会でそうじについて話がありました。晃太朗さんと鈴音さんが、そうじが終わってすぐに教室に来て手伝っていたということを聞いて、自分の班の分だけでなく、ほかの班のところまで手伝っている晃太朗さんと鈴音さんはすごいと思いました。今は教室なので、来週教室の運びを手伝いたいです。（陽翔）

□晃太朗君は廊下（教室）掃除。鈴音さんはトイレ掃除。

真っ先に手伝いに来てくれたのが鈴音さんでした。黙々と机を運んでくれたのです。その行動が、私は嬉しかった。

4月から、手伝ってくれる人が次々と現れています。人の苦労がわかり、自ら汗をかくことを厭（いと）わない心が育っているということです。ほんとうに嬉しいことです。

■「気愛」で鈴音さんが、直樹さんのことを書いた日記がのっていました。私がいなかった分をがんばってやってくれたと思うと、すごくありがたいです。

私も、誰かがいない時にそれをおぎなえるような人になりたいです。（陽菜）

□ぜひ、そういう人に育ってください。それが、本物の「やさしさ」です。

心で思うことは誰にでもできます。美辞麗句も、誰にでも言えます。

それらは「やさしさ」ではありません。

本物の「やさしさ」とは、相手を喜ばせるために行動することです。

たとえば、一昨日の帰りの碧人君の行動です。誰が何を言ったわけでもないのに、灯さんが当番の「窓開閉」を一人でやってくれました。灯さんが陸上で不在だったから。碧人君は「気づき」、そして動いてくれたのです。

■道徳の時間、係企画書の討議を行いました。今回の企画は全ての企画が通ったので、よかったです。これからしっかりと活動していきたいと思います。討議では、ほとんど意見や質問が出なかったし、私もまだ何を言ったらいいのかわからないので、今日先生が言っていた意見や質問を参考にして、次回は意見や質問が出せるようにしたいです。こうやってたくさん係が増えると、レクもできるし、教室の壁に係活動のことがたくさんうまるので、もっといろんな係を立ち上げてほしいなと思いました。（裕美）

□初の学級討議。私は意図的に、質問や意見を発表して見せました。提案者の思考がはっきりとして、聞いている人も理解が進む。

だから、発表が必要なのです。茜さんは2回発言しました。立派です。

直樹君、陽菜さんの司会も良かったですよね。

皆さんの聞く態度も合格でした。良い時間でした。ありがとう。

●6月

平成X年6月15日発行第68号

大人になった彼女の長所は、中学時代のままだった

●アーカイブコメント：　「笑顔」「素直」「働き者」の価値を、結婚した教え子のエピソードを通して語っている。中学校時代の生き方が人生に与える影響の大きさを教えようとしたのだ。保護者の手紙の一部を紹介したのは、親の切なる思いを生徒に伝えたかったからである。

□ 12日、2時間目を終え、硬筆展の審査及び事務を終えて学校を出た。

「給食の時間が少し遅れたが、早くしようと協力していた」

「6時間目に騒がしくなることもあったが、他の場面ではいつもとほとんど変わらずにできた」

自習中の私語、出歩きの報告もあったが、上のような報告も多くあった。

2Aの成長をいろいろなところで実感し、嬉しい。

2Aが成長しているということは、イコール、生徒一人ひとりが成長しているということだ。それも嬉しい。更に高みを目指そう。

□ 13日土曜日、前任校で担任した生徒の結婚式に出席した。

私の異動と同時に入学した学年。3年間連続で担任した生徒が9名いて、新婦はそのうちのひとりである。

彼女は中学時代から明るく、裏表がなく、きびきび動く生徒で、バレー部長や学級委員を務めて努力していた。

披露宴で現在の会社の上司が彼女の仕事ぶりを評した。その内容は、中学時代の長所そのものだった。

私は彼女に話したことがある。

> 「君は社会に出て、どこにいっても可愛がられ、成長するよ。笑顔だし素直だし働き者だからね」

その話を新婦のご両親にしたところ、「先生は予言者ですね！」と言われた。

予言者の力はない。ただ、人間を知っているのである。

中学校生活を見ていれば、おおよそのことはわかるのだ。

見抜けるように、自分を鍛えてきたからである。（ここまで15日に記す）

□ 昨朝、保護者の方（許可を得ていないのでお名前は伏せる）2名からお手紙をいただいた。

ひとつは、「通信を楽しみに読んでいる」「2Aが成長しているのがわかる」「我が子も更に伸びていってほしい」という内容だった。最後は「私も陰ながら協力したい」と締めくくられていた。

もうひとつは、「通信で知る我が子の姿が家でのそれと大きく違うので驚いている」「学校で褒められることが増えているのが親としても嬉しい」という内容だった。

大人は多忙である。仕事の忙しさだけではない。養育、介護、炊事洗濯、近所付き合い、親戚付き合い他、子供はしない事柄を山ほどしなければならない。

その忙しさのなか、私宛に手紙を綴ってくださる。そのお気持ちと行動を心から嬉しく思う。心から感謝する。ありがとうございます。

家庭と学校は車の両輪である。「回転数」を同じにしないと前進できないし、同じ方向を向いて進まないと子供という「本体」が駄目になる。

これからも、腹を割って話し合い、共に汗をかいていきたい。

□ 15日帰りの会で、私は指導をした。

「人を大切にするとは何をどうすることか」を教えたのだ。

人を大切にするとは、その人の発する一語一句に耳を傾け、反応を示すことである。すなわち、その人に興味関心を持って関わることである。

愛情の反対は無関心である。無関心は一番の罪なのだ。級友の発言を大切にできずしてなぜ優しさなど育めよう。冷酷な人間になるだけだ。なぜ質の高い学級などつくれよう。つくれるはずがない。（つづく）

●6月

平成X年6月16日発行第69号

だからいつも笑顔なんですね

●**アーカイブコメント：** 「人を大切にするとは、その人の発する一語一句に耳を傾け、反応を示すことである」これは私が授業で必ず教える価値である。抽象的な価値ほど、このように具体化しなければ、生徒は何をどうしたらよいのかわからず、結局何もしないものなのだ。

□（承前）キリストの黄金律はこれだ。

> 自分がしてほしいことを、周りの人にしなさい。

孔子（こうし）の黄金律はこれだ。

> 自分がしてほしくないことは、人にしてはなりません。

どちらも同じことを言っている。

1000年2000年という長い期間、世界中で教えられているルールだ。

君たちも幼い頃から、誰もが、親から教わってきただろう。何度も、何十、何百回も。具体化するのは、今だろう。

> 君の周りから、まともな人間がひとりもいなくなる瞬間を待つ必要はない君を愛する人間が君をあきらめる日を待つ必要もない。

今この時から、本当の意味で、人に優しくなりなさい。

本当の意味で、とは自分の好みを超えて、という意味だ。

□きれいごとだけを述べるつもりはない。

私も、君たちも、ほとんどすべての人間は聖人君子ではない。

だから、「相手がどんな人間でも優しくしなさい」というつもりはない。

こちらがどれだけ優しくしようとしても、悪口や文句を言ってくる人間がいるかもしれない。その時は、関わらなければよい。こちらも嫌がらせを仕返したら、品位と運気を下げるだけだ。喧嘩するのは時間と労力の無駄だ。

もうひとつ、こちらに落ち度もないのに、悪意をもって攻撃してくる人間がいるかもしれない。その時、私は、戦う。二度と攻撃する気が起きないくらい、こてんぱんにやっつける。でも、これは私の信念だから、君たちに勧めることはしない。

大事なのは、自分の中に基準を持っておくことだ。

そのうえで、無用な争いを起こさないよう、明るく朗らかに生きていくことだ。敵がいない人生が、「無敵の人生」だ。

□本日、3年生女子に言われた。

「先生は毎日楽しく生きている。だからいつも笑顔なんですね」

そのとおり。毎日、楽しんで生きている。

ただし、つらいことも当然起きる。そのことを、顔や行動に出さぬように努めている。なぜなら、私のつらさを表に出したところで、周りに心配をかけこそすれ、そのつらさは消えないからだ。私のせいで周囲の大事な人達までもつらい気持ちにするのは嫌だ。だから、笑顔でいる。

□まだ14歳だから。これを言い訳に使ってはいけない。

「もう14歳」なのだ。室町、江戸ならもう元服、すなわち大人だ。

68号で書いた、結婚式を挙げた女子は、中学校時代から素敵な人間だった。

人間は、そんなに大きくは変わらない。「人が変わったようだ」と言われるほど変容する人間はほとんどいない。

中学校3年間の生き方。いまの生き方。それがより良くなるか、より悪くなるかのどちらかしかない。

死ぬまで続く性格、性質、そして生き方。それを今作っているのだ。

だから私は言うのだ。中学校は、人生の土台づくりだ、と。

●6月   平成Ｘ年6月16日発行第70号

注意の回数が持つ意味

●アーカイブコメント： 「君たちは『お客様』だからまだよいのです。学校を卒業すれば、お客様を迎える側にまわるのです」現在と未来をはっきりイメージさせる語りである。留意点を「注意の回数」として具体的に示した。教えられなければ永久に気づかないことを教えるのも仕事だ。

■友を大事にする。それは、友達が話している時はしっかりと耳を傾け、話を聞いてあげること。前に出て司会をしている友がいるならば、指示に従ってあげること。私達はまだ、それができない。司会や日直が指示しているにもかかわらず、全く関係のない話で、そこにいる友達同士だけでもり上がる。
　私は、そんなの友達とはいわないと思います。「友達」とは、互いに悪い部分を注意し合い、話している子の話には耳を傾け、しっかり聞いてあげるものでしょう。それなのに。日直の指示を聞かない。司会の指示をきかない。日直や司会側は、どんなに嫌な気持ちでしょうか。最悪です。それは子供だけでなく大人も一緒。みんな、必ず前に出て話す時、そんなことをされたら嫌になるに決まっています。けれどまだ、私達にはそれができていません。耳を傾けてもらえないことがどんなにつらいことか。クラスの全員が理解して、行動すれば、このクラスの帰りの会ももっとよくなるはず。
　最後に。日直の原田君、そして各教科の担当で連絡をしてくれていた人、今日は本当にごめんなさい。
　　　　　　　　　　　　　　　　　　　　　　　　　　　　　　　　　　　　　　　（裕美）
□嫌なことは嫌だと言う。これも大事です。
　いつまでも、なんでも、私に介入させているうちは本物にはなれません。
　君たち一人ひとりの意思を、もっと明確に打ち出すことです。
　勇気を振り絞って一歩を踏み出した人を、私はどこまでも応援します。

■帰りの会に先生が話をしました。ぼくは、あまり声をかけるのができないし、先生がいう前にぼくはすこし話をしていたので言われ、気づきました。ちゃんと気づいて自分でなおしたいです。国語の時、暗唱詩文集で何も言えずに終わってしまい、絶対に忘れないなと思いました。（陽翔）
□一度注意されたことは、直します。
　二度注意されたことは、心から反省して直します。
　三度注意されたことは、強烈なる自己否定とともに脳裡に刻み付けます。
　四度以上同じことで注意されたら、見捨てられることも覚悟します。
　いま、君たちは「お客様」だからまだよいのです。
　学校を卒業すれば、お客様を迎える側にまわるのです。
　その時に、学生時代と同じお客様意識でいる人は、すぐ切られます。あるいは、注意叱責を繰り返され、嫌になって自分から辞めます。
　そういう人ほど、うまくいかないことを自分以外のせいにするのです。
　うまくいかないとき、一番の原因は常に自分自身にあるのです。

■帰りの会の時、自分をしっかりと自分の目でみて自分はどうなのかを見てみる、という話がありました。その後、自分はどんな生活をしているのか。あたりまえの事をしっかりできているのか。みんなのために働けているのか、といろいろと考えました。もっと自分の行動に責任を持ちたいと思います。（由美子）
□自分の頭の上に、もう一つの目を置いてみましょう。
　その目で、上から、自分の言動を見るイメージです。
　その目から見た自分を、一日の終わりに日記に綴るのです。
　日記帳と本気で向き合うようになると、生き方が変わり始めます。
　日記帳イコール人生なのです。

□いまの君たちにぜひ読ませたい文章があります。
◆誰を見ているかで、変わる。
　運のある人を見ていると運のある人に、運のない人を見ていると運のない人になります。
　たとえば、新幹線に乗って「うるさい」と文句を言う人がいます。（つづく）

●6月　　　　　　　　　　　　　　　　　　　　　　　　　平成X年6月16日発行第71号

見ているものに人は似る

●アーカイブコメント：　質の高い学級集団をつくろう。これは抽象的である。見ているものに人は似る。だから、良い人、良いもの、良い環境を見よう。下を見たらきりがないからね。今の自分より実力が上の人を見て、真似して成長していくんだよ。これがメッセージである。

◆（承前）たしかに新幹線の中では、
①缶ビールを飲みながらずっとしゃべっている人
②ずっと仕事をしている人
をよく見かけます。
　私は新幹線の中でどんなに眠くても眠れないのです。
　新幹線の座席でずっと仕事をしている人がいると、ライバルでもなんでもないのに、「この人はこんなに仕事をしている。自分も寝ている場合ではない」と元気が湧いてくるからです。
　そうすると、缶ビールを飲んでしゃべっている人がうるさくても、その声はまったく気にならなくなり、「あそこで仕事している人に負けないようにしよう」という気持ちになります。

　飛行機の中でも、みんながライトを消して寝ているのに1人だけライトをつけて仕事をしている人がいます。
　そういう人を見ると、自分は現地ですぐに仕事だから寝ておかなくてはいけない時でも、「寝ないで頑張ろう」と思えます。たとえば、行きの飛行機で起きていたおかげで読めた本が、現地で会った人と共通の話題になったことがあります。
　これは、「運がある」ということではありません。
　自分が、頑張っている人、諦めないで続ける人を見ていたかどうかの差です。運のある人は、諦めないで続けている人に焦点が合っています。
　続けられない人は、常にまわりで諦めている人を探しています。
　「あの人が諦めたから、自分も諦めよう」と言います。
　自分が1番になることは、実はあまりありません。
　「誰か諦めてくれたら自分も諦められるんだけどな」と考えるのです。

　ある時、私は地方の研修所で1泊2日の研修の講師をしました。
　参加者には「研修に乗り気じゃない人は、ムリに参加してもストレスがたまるだけだから、このまま帰っていいよ。出席にしておくから」と言いました。乗り気でないまま研修を受けても成果は上がりません。
　それなら、その間は寝たり、帰って仕事をしたほうが時間がムダにならずにすみます。
　実際に、「じゃ、帰ります。タクシーを呼んでください」と言う人がいました。
　そうすると、「じゃ、僕も」と言う人が出てきました。
　2番目に申し出たのは、「帰りたいと思っていたけど、1番には言えない。誰かが帰ってくれたらそれに続くんだけど」と思っていた人です。
　その人は、誰か帰る人はいないかなと探していたのです。
　結局、3人がタクシーを呼んで駅に向かいましたが、1人が「やっぱりやります」と戻ってきました。
　戻ってきた人は、残っていた人を見たのです。
　自分が諦めて帰る人を見ているのか、続ける人を見ているのかで、世の中の見え方は違います。
　よく「みんな帰りたがっています」と言う人がいます。それは帰りたい人を見ているからです。
　「みんな続けたがっている」という言い方がないのと同じように、「みんな帰りたがっている」という言い方もありません。
　世の中にいる人は、
①諦めたがっている人
②続けたがっている人
の2通りです。
　自分がどちらを見るかで、運のある人と運のない人に分かれるのです。◆

　　　　　　　　　　　　　　　　　　　　　　　　　　　（『運のある人、ない人』中谷彰宏）

□努力するのが当然の環境にいる人は、努力を特別なことと思わなくなるのです。日頃一緒にいる集団、視線の先にある人間の質に、こちらが規定されるのです。だから、どんな集団に属し、どんな人間を仲間に持つかが大切なのです。

●6月
平成X年6月17日発行第72号

全力で不幸になろうとするのは、もうやめよう

●アーカイブコメント： 6月半ばにして、まだ男子は「指名なし発表」ができない。同調圧力に負けている。そうやって足を引っ張り合っていて、誰か幸せになるのかい。精一杯の努力で不幸になろうとしていないかい。過去の柵からそろそろ自由になろうよ。そんな語りである。

□16日6時間目、国語。

　通信の「運のある人、ない人」の一節を読み聞かせ、感想を求めた。

　発表で立つのはいつもの面々。全員女子。

　2か月が経過したが、まだ過去のしがらみと悪習慣から抜け出せない人が多い。特に男子は、全員が傍観者の域から抜け出していない。

　私はいくつかのエピソードを交えて自己表現の大切さを語った。

　小1から一緒の、この小集団で自己表現ができずして、どうしてこれから何度も出会うであろう、見知らぬ相手に話をしたり大集団で仕事をしたりができるだろうか。できやしない。

□君たちはいま、人生をつくっている。

> 下りのエスカレーターに乗るか、上りのエスカレーターに乗るか。

　2Aの大半が「やらない人」を手本にしている。

　「○○が立たないから俺も立たなくていいか」

　「□□が発表しないから、私もしなくていいか」

　「◇◇や△△がまだテスト勉強を始めていないから、私もまだいいや」

> 常に「下」を見本にしている。全力で、一直線に不幸へ向かっている。

　下を見るのは、安心するからである。

　上を見ると、自分の怠惰に否応なく気づかされ、胸が痛むのだ。

　だから、ひたすら下を見る。

　「あなたもそうだよね、だから私もそれでいい」と安心する。

　しかし、その安心は束の間である。その後に来るのは間違いなく不幸である。

　なぜなら、「人生に現状維持はない」からである。

　人間の実力は、上がるか下がるかのどちらかしかない。

　変化の努力無き人間は、日々低下しているのである。そのことに気づかず、気づこうともせず、1年2年と過ごし、そのまま流されて人生を閉じる。

　まるで、浸かっていた水が徐々に温まり、お湯になったのに気づかず、茹でられて死ぬ蛙である。

　日々誰を手本にするか。私達は一瞬一瞬、選択している。自分で決めている。

■心が強くなったり、社会で成功したりすることが、積極的に発言することでできるようになるので、発言したいです。あと一歩のところで、発表をしていないので、一歩ふみだしたいです。（貴司）

□ここにひとり、過去のしがらみから抜け出そうとする男子が現れた。

　変化は時に痛みを伴う。だから、私がいる。私がついている。

■国語の時間、チャイムが鳴っているのに私語や自分のことをしていました。が、嶋本かおりさんは周りに流されず授業のことをやっていました。

　私は今の自分を変えたいです。しかし、発表する時も、勇気が出ず座ったままです。明日こそはゼッタイ発表して、少しずつ変えていきたいです。（鈴音）

□あなたの変容を後押しするために、私はこの学校に来たのです。

　その「あなた」は、2Aの一人ひとりです。2Bも、3年も1年も、です。

　断ち切るべき過去を断ち切って、今よりも何段階も安心できて、楽しめて、学びがあって、気づきを得られて、成長できる。そんな人生をつくる。そのために私はここに来たのです。

81

●6月　　　　　　　　　　　　　　　　　　　　　　平成X年6月17日発行第73号

釣り合わざるは不仲のもと

●アーカイブコメント：　「先生と出会い、変わりました。先生はいつも笑顔。元気、明るい」
と女子生徒は書いた。私は精神を集中してそのような自分を保ち続けたのだ。なぜか。生徒の自
己抑制力を育てる最も効果的な方法が、抑制のある大人をそばに置くことだからである。

■私は「人間」らしくない。

　昨日、国語で教えてもらったことがある。「挑戦して成功する者」「挑戦して失敗する者」「何もしない
者」、この3つを。

　中学は、人生の土台づくりなのだから、「挑戦」してたくさん「失敗」し、「恥」をかく。「何もしない」
のが一番いけない。しかし、私は今日、「何もしない」ことをしてしまった。口や頭が何のためにあるの
か。「考える」ということをしても、「挑戦」しないのでは無意味だ。発言すれば、考えが広がり、共有でき
るかもしれない。だからこそ「自分の意見をもち、発言し、他人にきかせる」ということが大切なのだ、と
実感した。もう時間は戻らない。次回からは、自分を変えたい。いや、今からでも変えるのだ。「明日やろ
う……明日で……」って言っている（考えている）から、変われないのだろう。だから、「今日」が大切な
のだ。自分を変えられるのは、他人じゃない。自分自身だ。もう少し、「人間」らしさをもち、いきいきと
明るく笑顔で生きていきたい。

　「誰を見ているかで、変わる」という文章を聞いた。私はふだん、誰を見ているのだろう。いざ考えてみ
ると、不思議だ。なぜか、皆、笑顔の人達だからだ。今までは、黒い感情のうずまく人達ばかり見ていたと
思う。そして、「本当の優しさ」を忘れ、不幸な人生に。しかし！　先生と出会い、変わりました。先生は
いつも笑顔。元気、明るい。とにかくすごい人です。私も、感情を表に出さずに、笑顔でいたいです。する
と、不思議なことに、周囲の人も笑顔です。幸せをお互いに感じられ、不幸なことなど一つもありません。
前に言ったように、見知らぬ人、赤の他人でも、笑顔で気軽に話せます。

　だから私は、「死んでないけど、生きていない」という存在は嫌です。そうならぬように、これからの人
生、自分で今、変えていきたいです。（かおり）

□昨日、周囲に流されずにたったひとりで為すべきを為したかおりさん。

　この2か月で、人間的に大きく成長したひとりだ。

　成長を実現した要因のひとつは、間違いなく日記にある。

　教えられたことを信じ、努力を続けたらこうなるというモデルに、かおりさんもまた、なった。

　さて、「感情を表に出さない」とは、我慢しろという教えではない。

　相手のことを考えて言葉や行動を選びなさい、という教えだ。

　相手のことを考えれば、笑顔を保ち、愛のある言葉を口にするのがよい。

　そうやって生きていると、周りにもそういう人間が集まる。

　それが「類友の法則」だ。

　「釣り合わざるは不仲のもと」と言って、人間性のレベルの異なる人同士は、付き合わないようになって
いる。自分の付き合っている人間の人間性と、自分の人間性は、およそ同じなのだ。「仲間を見ればその人
がわかる」というのは、真実だ。

　自分が成長した分だけ、周りの人間も変わる。幸せな人の周りには、幸せな人しかいない。人の悪口を
言ったり、人の足を引っぱったりする人は、近寄れない。ここでもすべては自分が決めているのである。

■国語の時間、先生が話してくれたこと、いつも忘れず、心がけたいです。何にでも一生懸命ってすてきだ
と思います。だから、私はどんなことにも挑戦して、手をぬかずに、あきらめずに、がんばりたいです。

（唯）

□「どんなことにも精一杯」と言うと、「そんなにがんばっていたら息が詰まる」とかなんとか文句を言う
人がいる。息が詰まったら息抜きすれば済むことなんだよね。それなのに、極論を言うのは、喧嘩を売って
いるのと同じなんだ。

　唯さんのように物事を素直に受け止めたら、人間関係も勉強も仕事も、面白いように変わっていくよ。
「もてる力を出し尽くす」は成長の大前提だからね。

●6月   平成X年6月17日発行第74号

負けて泣いた後が、大事

●アーカイブコメント： <u>マイナスの自己規定ほど損なものはない。まずはそれを外すこと。次に、悔しい気持ちは挑戦の原動力になること。さらに、できないことを悲観するのでなく、できていることも認めること。少しずつ続けること。下のコメントは、日記への朱書きの一例である。</u>

■国語の時間と帰りの会のときに大切なことを教わりました。

　私は、そのときの感想発表のとき感想を言えませんでした。私は、小学校のときからずっと「あがり症」で、発言することをさけてきました。だけど、このままではいけない、だめなんだ、ということがわかっています。

　今日も、わかっていても立ち上がれなくて、発言ができませんでした。授業が終わったあとも、私はとても悔しかったです。

　どうしてみんなができるのに、私はできないんだろう、と。今のままでは将来失敗する。頑張っている人を目標にしないと、私はいつまでも低い位置のままだ。変わらなければいけない。変えなければいけない。そう思いました。

　今は、少しずつしかできないかもしれないけれど、今の自分を変えていきたいです。（略）（灯）

□全文でノート2ページ近く書いたのは初めてだね、灯さん。

　その思いを私なりにきちんと受け止めたから、私も精一杯コメントするよ。

　第一に、「自分は『あがり症』なんだ」というマイナスの自己規定を外しな。私だって、子どもの頃は人前で話すのが苦手だったんだよ。中学生の頃だって、中身のある話ができたことなんてほとんどなかったと思う。

　それでも、今は教師をやっている。1000名の参加者の前で授業もするし、講演もする。話すのが苦手だった私の話を聞きに、全国から教師や学生が集うてくれる。

　「あがり症」なんて、本当はないんだよ。簡単に言えば、「経験不足」なだけなんだ。挑戦して、学んで、また挑戦する。そうすれば必ず慣れるんだよ。私がそうだったように。私だけじゃない。「あがり症」だと思っていた人が話の達人になった例は、世界中に数えきれないほどあるんだよ。

　第二に、「とても悔しかった」という気持ち。この気持ちがある人は、伸びるんだよ。

一流のサッカーチームは、小学校1年生が、試合に負けて泣くんだよ。

　私の知人が指導している東京のサッカーチームは、小学校1年生の集団が、試合に負けると全員、悔し涙を流すんだ。

　だから、どんどん強くなる。悔しいと思うのは、本気だからだよね。

悔しいという強い感情が、次なる行動を生み出すんだよ。

　だから、その感情を大切にしな。そして、今日、立ってごらん。

　第三に、「みんなができるのに、私はできない」について書くよ。まず、「みんな」じゃないよね、発言しているのは。あなたは「挑戦している人」を見ているんだよ。それは素晴らしいことだ。次に、「あなたにできているけれど、多くの人にはできていないこと」も、あるんだよ。なんだと思う。

　それはね、「うなづき」だよ。昨日私が話している間、あなたは何度も何度もうなづいて聴いていたよね。私はちゃんと見ていたよ。

　あれが大事なんだよ。人の話に、話し手が嬉しくなるリアクションをすることが「魅力」なんだ。その魅力が、あなたにはあるんだよ。自分を認めな。

　最後に、「少しずつしかできない」だけどね、それでいいんだよ。人間、いきなり変われないよ。立ち幅跳びで3m跳べる人はいないんだよ。だけど、走り幅跳びなら、3mくらい余裕なんだよ。なぜだかわかるかい。「助走」をしているからだよな。人間の成長にも、「助走」があるんだよ。最初はゆっくり、1ミリずつの成長なんだ。それを続けていると、「加速の法則」が働いて、大きく跳べる日が来るんだよ。だから、少しずつでいいから、続けるんだぞ。

●6月　　　　　　　　　　　　　　　　　　　　　　　　　　　　　平成X年6月17日発行第75号

上りのエレベーターにするか、下りまっさかさまに落ちるか

●アーカイブコメント：　下には下がいる。一方、上にも上がいる。どちらに注目するかで人生は変わる。下を見れば安心するが、成長はない。上を見れば焦る。けれども憧れは成長の糧となる。私は生徒集団に成長思考をインストールしようとしている。明るく豊かな未来のためである。

■運のある人、運のない人。成功している人、成功していない人。あきらめない人、あきらめる人。頑張り屋な人、頑張り屋でない人。私達は、どんな人を見て生きていけば幸せになれるのでしょうか。

　それはもちろん、自分より上にいる人です。自分より上にいる人を見続けていれば、その人は成功する。長谷川先生の教えです。自分より下にいる人を見ていても自分が下にいくだけで、何もいい事なんか起こりはしません。幸せなんてつかめません。人生は、下に床なんてないし、天井もありません。ただただ、上に向かって歩んでいけば、決して落ちることはありません。下に向かって歩む人は、どんどん下におちていきます。闇のどん底に。

　私だったら、下に落ちる人生より、上に上り続ける人生を歩みたい。だから、人生の「下りのエスカレーター」にはのりません。下より上を見上げて歩み、ないであろう天井に届くくらいに成長したいです。

（裕美）

□上を見る。そうだね。自分よりも高い人格を有している人、今の自分よりも実力の高い人、良い人生を歩んでいる人。そういう人をお手本にして歩いたほうが、見本がないよりは成功するよね。下を見て、低きに合わせて生きているより、努力している人を見てやる気を出してがんばった方が、結果は出るよね。

　人生って、想像以上にシンプルなんだよね。良い種を蒔けば良い作物を収穫する。良いことをすれば良い人が集まる。人のために動けば相手もこちらのために汗をかいてくれる。これ以上にシンプルなものって、なかなかないよね。

■国語の授業で、運のいい人、わるい人の話を先生がしてくれました。今の私は運のいい人、がんばっている人を見つけることはできても見れてはいないので、見られるようになりたいです。例えば、今日のかおりさんを見られるようにしたいです。そのために、視野を広くもっていられるように努めようと思いました。

（陽菜）

□毎日ルールを守り、落ちている紙屑やティッシュの切れ端を拾い、日記を1ページ以上書き……。かおりさんは見本だよね。中2の長谷川より、よっぽど立派だ。見習うといいよね、みんな。

■国語の時間にたくさんのことを学ぶことができました。私は、発表が初めにできませんでした。残念でした。今、しっかりとした土台をつくり、将来幸せになりたいと思います。だから、今からみんなの前できちんと発表などをしたいと思いました。（美月）

□人生はひとつながりだからね。今できないことが高校になったらできる、とか、今欠点であることが大人になったらなくなるとか、そういうマジックは起きないんだよね。

　一方で、伸ばしたり直したりすることなら、今すぐにでもできる。しかも、若ければ若いほど、伸ばしやすいし、直しやすいんだよね。だから、中学生の君たちに、私は教えているんだよ。

■今日の掃除で、私の班は廊下掃除でした。廊下掃除は早く終わります。早く終わったら教室掃除を手伝うのですが、手伝わない人もいます。でも、今日は私の班の男子が教室掃除を手伝っていました。そのおかげもあって教室掃除が早く終わりました。これは、手伝ってくれた皆のおかげです。

　だから、私のクラスは、早い時間に帰りの会ができ、早く部活に行けます。これからも、一人一人がてきぱきと動いて、掃除が早く終わればいいなと思います！（凛）

□「異議なし」だね。一人ひとりが今よりも1センチがんばることで、学級は一段と良くなるんだ。自分たちの手で「上りのエレベーター」をつくるんだよ。

●6月　　　　　　　　　　　　　　　　　　　　　　平成X年6月22日発行第76号

大人の門のくぐり方

●アーカイブコメント：　中学校は原則として「3年間持ち上がり」である。しかし、私は常に1年勝負と決めている。1年で結果を出すという意味だ。その1年が3年間積み重なると、奇跡のような事実が生まれる。1年で別れると思うと、日々が輝く。死を思えという教えと重なる。

□毎日毎日様々な出来事が生じる。
　心も浮き沈みするものだ。
　それでも地球は回っている。
　何が起きても何に苦しんでも、時は刻々と進む。
　後ろ向きで歩いても物にぶつかり転ぶだけ。
　ただひたすらに、前を向いて歩んでいけばいい。
　歩んでいけば、いつか目的地に到着できるものだ。

■国語の授業で、今日、普段ほとんど発表していなかった人が発表してくれました。陽翔さん、友梨さんと続いて、唯さんまで。今日発表してくれた人は、また進歩するでしょう。私は常に、絶対に発表する、と心がけているので、発表できる時はほとんど発表しますが、クラスの皆は、同じ人の意見だけでなく、他の人の意見も聞いてみたいと思っているはずです。
　だから、今日は、いつもと違った人の意見が聞けて、すごく嬉しかったです。こうやって、一人また一人と発表してくれる人が増えると、私はとても嬉しいです。（裕美）

□発表すれば、発表した人の実力が上がる。無論、評価も上がる。
　でも、事は本人の向上に留まらない。
　発表は、教師と級友全体に対してするものだ。
　ということは、聴き手にも影響を与えていることになる。
　人は自分と同じ意見を聞いても、反対の意見を聞いても、別の視点からの意見を聞いても、頭が働く。思考が促される。
　発表することは、利他の行為でもあるのだ。だから、貴重なのだ。

■今日（19日）は、「笑顔の1日」で終われなかったと思いました。まだ、みんなのために行動できている人もいれば、まだ自分自身でみんなのことを考え行動できていない人が大勢いるなと、帰りの会で日直をしていて思いました。
　みんなとは、少し違った所からみんなをみると、いい所やわるいところ、かげで頑張っている人や、それに気づかずさわいでいる人、いろいろなことがわかります。気づかずさわいでいる人ほど、「早く終わりにしろよ」とか言うんです。自分が静かにしないから終わらないのに。もうちょっと、自分のやっている行動と言っていることをちゃんと理解してもらいたいです。（由美子）
□19日の帰りの会を注意で終えたこと。私もその後数時間不快を引きずった。
　注意叱責はされる方よりする方が苦労する。
　だから、する方も、何度か繰り返して相手に改善の意思が見られないと、注意叱責をしなくなる。あきらめ見捨てるということだ。
　教師でいるかぎり、私は見捨てることをしたくない。だから、同じ事でも何でも、当然様々な工夫を挟み込みつつ、繰り返し指導する。そのエネルギーがなくなった時が、私がこの職を辞す時だ。
　さて、由美子さんは「視点を変える」ことについて述べている。
　そのとおりである。その他大勢と同じ場所にいて、同じ目線で見ているだけでは、「そこに確かに存在するのに見えない」ことが山ほどある。
　前に立ってみれば良い。前に立つと、生徒「全体」が見える。生徒席に座っているだけでは絶対に見えないことが見え、気づけないことに気づける。
　由美子さんは「日直をしていて」そのことに気づいた。問題意識が高いからこそ、このような気づきを得られるのである。
　最後に、前にも教えたが、「自分を見つめるもう一つの目」を持とう。
　もう一つの目で自分を見られない人間はいくつになってもガキである。
　自分自身を客観的に見られるようになって初めて、大人の門をくぐれる。

●6月

平成X年6月23日発行第77号

学ぶことは変わること

●アーカイブコメント： 学んだら試す。試すことで変化する。学ぶ前の自分とどこか一点でも変わらなくては学ぶ意味がない。そう教えている。下段に「2000万円」とあるがこれは過少だ。実際はその2倍はかけている。学んだ分だけ成長してきた。教師の成長が生徒の成長を規定する。

□本を読んだり人の話を聞いたりした、その後で差がつくのです。
　「やってみよう」で終わる人が9割。
　「やってみた」が1割です。
　やってみると、うまくいくこともあればいかないこともあります。
　うまくいかなかったことも、次に成功するためのステップになります。
　「やってみよう」という人は、まだ何もやっていないので、本を読んだり人の話を聞いたりする前の状態とまったく変わりません。考え方も行動も変わらないから、現実も変わりません。

> ### 学ぶとは、変わることです。

　学ぶ前と後で自分の中の何かが変化していなければ、それは学んだことにはならないのです。
　ちなみに、ビジネスの世界も同じです。「やってみよう」や「やりたい」と言う人は、そのままいつまでもやらないから、稼げません。
　学んだことを「やってみた」人だけが、稼ぐ人へと成長できます。
　「やってみよう」「やりたい」「がんばります」「努力します」と言っているだけの人は、学ばない人と大差ないのです。
　口先だけで終わらないように、という話です。

□私の妹は2000年から某大手銀行で働いています。
　同期、先輩、後輩は進路変更や結婚等で次々辞めていきます。
　妹は、なんだかんだと言っても、辞めません。根性がすわっています。
　さて、その妹の話です。
　銀行にお金を借りに行く時に、貸してもらえる人ともらえない人とに分かれます。
　持って行った書類(いくら貸してほしいか、その人がどんな職業か等)に書いたことはほとんど見ません。
　プロの銀行員が見るのは、なんだと思いますか。

> ### ドアの開け方、閉め方、従業員への挨拶、態度、服の着方、表情その他。

　これらを見て決めるのです。
　時間に遅刻する人はその時点でアウトだそうです。
　では、企業がお金を借りたいと言った場合はどこを見るでしょうか。
　その会社のトイレを見ます。

> ### 「すみません、トイレをお借りします」と言って、チェックするのです。

　書類を使った説明がいかに上手でも、トイレが汚れている会社には貸しません。回収できないことを知っているからです。
　失敗する人は、普段がだらしないのです。やることが雑なのです。いいかげんだから、お金もたまらないのです。
　たかが掃除すらできない人が成功することはないのです。
　それは、精神論ではなく、社会の常識とも言える現実論なのです。

□私は大学時代から今日まで、おおよそ2000万円以上をかけて本を買い、セミナーに出、人（本の著者等）に会うために全国各地に足を運んできました。
　そうして身につけた知識や技術に、改めて優先順位をつけて、君達に教えています。君達は「指導される力」を更に磨くと、大いに伸びていくでしょう。

●6月

平成X年6月23日発行第78号

なぜ実力をつけるのか

●アーカイブコメント: 実力をつけた分だけ社会に価値を提供できるし、周りの人たちを幸せにできる。人の役に立つために実力をつける。本心ゆえ堂々と語っている。実力をつけるためには挑戦が必要だ。挑戦の先には成功か学びのどちらかしかない。すべてが私流の激励である。

□楽な方に流されるのは、誰にでもできるよね。

　その先に幸せが待っていればいいけれどね。現実はそうじゃない。

　手を抜いていて、良い結果など生まれない。

　いいかげんに生きていて、成長なんてできない。

　良い結果や成長を求めなければ、苦労はない。

　そういう人生を送るのも自由だよね（だからと言って周囲に迷惑をかけたりルールを破ったりするのは全く別の話だ）。

　でも、結果も成長もない人生が楽しいか。ほんとうに、幸せか。

　こう自問すると、自信を持ってイエスと言える人はいないんだよな。

　自分が思い描くような人生を歩めない。なぜなんだ。

　私もそういう、苦悩の道を通ってきた。人一倍苦しんだし、悩んできて、そのたびに学んで、いろんなことを克服してきた人間だ。

　だから、教壇に立っているのかもしれないと、今これを書きながら気づいた。

■（大学ノート1ページ分略）

　今日の「気愛」で、由美子さんの日記に「視点を変えてみんなを見た」と記されている。私も、日直の時に気をつけて、見てみようと思う。

　さて、私はよく昼休みに由香さんが顔晴って（頑張って）いるのを見る。配膳台を片付けているのだ。それも、キレイにピカピカに。ぞうきんでふいて。あたり前に見えるが、私には由香さんがすごくステキに見えた。

　だから、私も何かを手伝いたくなった。きっと由香さんは将来、立派なステキな輝いている人になるのだろう。（かおり）

□褒め合い、認め合いができることは、良い学級の条件のひとつだ。

　かおりさんは毎日、級友の良さを見つけようとしているよね。自分が手伝いやゴミ拾いで汗をかきながら。それをずっと続けているんだよね。

　あなたもまた、人生の成功者になるよ。「なぜ先生にわかるんですか？」わかるんだよ、私には。理由は神のみぞ知る、だね（笑）。

■国語の時間に立って発表することができました。いままでは、緊張して立てないと思っていたけど、全然緊張しませんでした。

　自分が、恥をかかないように恐れていただけだったんだと思います。これで一歩、前に進むことができました。これからはもっと頑張ります！！（灯）

□あなたの勇気ある一歩を待っていたよ。よく踏み出したね、おめでとう。

　「全然緊張しませんでした」そうなんだよね。やってみればたいしたことはないんだ。「失敗したらどうしよう？」と心配するのは、取り越し苦労なんだよ。失敗したら、次にもっと工夫すればいい。ただそれだけなんだよ。しかも、私の目の前の失敗なら、私がいくらでもリカバーしてやれる。失敗は、失敗じゃないんだよ。挑戦の先には成功か学びの、どちらかしかないんだよ。

■国語の時間は、はじめてたくさん発表しました。皆がどんどん発表してくれると、私も発表しやすくなって、たくさん発表できました。だから、横川ちゃんとかみたいに、一番最初から立って発表して、他の子も発表しやすい雰囲気をつくりたいと思います。（唯）

□唯さんの素晴らしさは、自分が成長して終わり、ではなくて、成長して周りの役に立とうとしているところだよね。

　ここが私の思想と同じなんだ。私も、学んで修業して力をつけるのは、ひとりでも多くの人の役に立つためだ。カッコつけすぎだけれど、本心だからしかたがない。

　自分の成功を自分だけのものにしていたら、寂しい人生なんだよね。

●6月　　　　　　　　　　　　　　　　　　　　　　　　平成X年6月24日発行第79号

本音で言おう

●アーカイブコメント：　それまでに身につけてきた教育思想と教育技術とが通用しない現場に出会った。これは天の采配であると理解した。目の前のこの生徒たちと出会うために私は教師を続けてきたのだ。心底そう思えたのである。この日初めて、男子が「指名なし発表」に立った。

□小さな変化に対する喜びを味わわせてくれる。
　2Aの君達は私にとって、そういう存在だ。

□ここ数年間、無意識にも自分の中で「中学生ならば当然このくらいはできる」という偶像を作り上げてしまっていた。目の前の生徒が、そのレベルに成長していたからだ。前任校で、「大変だ」と言われる状態から日々格闘して学級を作り、先生方と協力して学年を作り、学校を作った。
　挨拶から行事の質から、「一流」と評される学校になって、問題が生じる頻度が格段に減った。生徒個々が自分の足で立ち、結果として学力も上がった。妥協なき第一志望校に学年全員が合格するという事実も生まれた。その更に上へ、と働いていた。
　そんな日々の中で、私の中の中学生像が、高い位置に固定されてしまっていた。目の前にいるのは、本当は日本中を探してもなかなか見つからない中学生集団なのに、私はそれを基準にしてしまっていたのだ。

その偶像を突き崩し、私を初心に帰らせてくれたのが君達だ。

　時間を守らない、朝読書が始まらない、チャイムで静かにならない、呼びかけを誰もしない、机運びを誰も手伝わない、掃除を真剣にやる人間が一人もいない、落ちているゴミを誰も拾わない、授業で誰も発言しない、勝手な判断でルールを破る、大半が提出物の期限を守らない、おまけに歯磨きをする男子が一人もいない（笑）……。
　君達が突きつけてくる一つひとつの課題に、私は驚き、時に呆れ、時に怒りを覚え、だけれども、それらをひっくるめて教え育んでいくことが教師の仕事なのだと言い聞かせて働いてきた。

□4月8日の出逢いから51日目。
　昨日、腹の底から感動するドラマが生まれた。
　それは、私の仲間達の学級では、4月当初から当たり前にできていることだ。
　だが、私の目の前では実現しなかった。1週間経っても、2週間経っても、ひと月が経ちふた月が経過しても、実現しなかった。
　それとは何か。

男子の「指名なし発表」である。

　指名されずとも発表する女子は、ひとりまたひとりと増えていった。通信を読み返せば、その事実は随所に書かれている。
　しかし、通常ならばやんちゃな発言で女子を引っぱっていくであろう男子集団からは、発言が全く出なかった。無論、指名すれば答える。だが、それは「言わされている」状態だとも言える。私は「言いたいから言う」状態をつくりたいのだ。ならば、「指名なし発表」のチャレンジを続ける以外にない。
　策を考え、ひとつ試し、ふたつ試し。国語で語り、道徳で語り、行事後の反省会で語り、通信に書き、日記のコメントに書き……。
　具体的な工夫を、51日間続けた。
　結果、昨日、指名されずに、次々と、男子が自ら立って発表していったのだ。
　その姿を見ながら、私は心の底からの喜びを感じていた。
　この一歩は小さな一歩だ。だが、着実な、確固とした、価値ある一歩だ。
　君達の現実とがっぷり四つに組み、実践を作る。その腹は既に決まっている。
　あとは君達と創った学級目標を実現するために、全力疾走するのみだ。

88

●6月　　　　　　　　　　　　　　　　　　　　　　平成X年6月24日発行第80号

やればできるけれど、ほとんどの人がやらずに流される

●アーカイブコメント：　「この『最悪』の学年が成長して、『最高』の授業を創った」生徒の言葉である。「最悪」と言われ続けてきたのだろう。だから、言葉通りの状態になった。しかし、それはもう過去だ。成長の波が音を立てて訪れている。無論、順風満帆ではない。だから面白い。

■今日の国語の時間はとてもいい時間でした。またとても成長した授業だと思いました。いつも立たない男子がたくさん立ちました。こういう授業をたくさんしたいです。（悠真）
□あれが、あれこそが「授業」なのです。授業とは双方向です。教師だけが長々と説明している。それは授業ではない。講義です。

■この学年がはじまってから3ヶ月、発表する人がとても増えました。まず、4月だったら、今日の国語の授業のように立つ人は一人もいないでしょう。5月だったら、男子から発表なんて、あり得なかったでしょう。けれど、今日は、陽翔さんが初めに立ったのです。しかも、その後はほとんど絶え間なく問題をみんなが出題していき、今までにないような成長ぶりでした。今の私達の姿を、4月の私達から見れば、「すごいなあ」「私達の学年ではここまで伸びないだろう」と考えていたかもしれません。けれど、この「最悪」の学年が成長して、「最高」の授業を創ったのです。私達のような「最悪」の学年でも、がんばればできないことなんてないのです。だって、私達はもう、昔の私達ではないのだから。私達を「最悪」と言った人達に、今なら、胸を張って自慢できます。なんて嬉しいことなのでしょうか。まさに「YDK」ではありませんか？　私達は皆、「やればできる子」なのです。ただ、やらないからだめなだけで、努力すれば、ここまで成長するのです。
　私達にとっては大きな進歩ですが、それでも私は長谷川先生の描く「理想の中学生像」にはまだまだ程遠いと思います。クラスの中に、発表しない人が一人もいなくなれば、より「理想の中学生像」に近づけると思います。（裕美）
□1.　君達の可能性は限りなく広がっています。
　2.　「やればできる」はそのとおり。しかし、

多くの人間がやらずに終わるのです。

　どうすればやるか。指導者はそこを考え抜き、工夫するのです。
　3.　自由に発言できる。これはその人個人の力でもありますが、本当の所は、その集団の質の問題なのです。差別構造がある集団には自由な気風がない。
　　だから、一部の人間しか発言しないし、できないのです。私が指名なしを貫くのは、個人の実力錬成のためでもあり、集団形成のためでもあるのです。

■もし、男子が発表していなければ、なにも変わらず進歩せずにゼロだったのだろう。自分は発表できたのでうれしかった。けれど、発表していない人もいたので、みんなが発表できるようにしたいです。（陽翔）
□大切なことを教えます。
　他人を変えることはできません。変えられるのは自分だけです。
　相手を変えようとしても、変わりません。ストレスがたまるだけ。
　ならばどうするか。自分自身を変えつづけるしかありません。
　一人ひとりが自分を変えれば、たとえば、ほとんどの人が発表する集団になりますよね。「発表してすごい」でなく、「発表しないのっておかしいね」という空気が醸成（じょうせい）されます。
　その時になって初めて、発表を頑なに拒んでいた人も、一歩を踏み出そうとするのです。人間ですから、そうなるのです。
　私はこう考えて、自分自身を変容させてきました。1日1日。
　教え子と再会すると言われます。「先生が一番進化している」と。私にとって、それ以上の褒め言葉はないのです。

●6月 平成X年6月24日発行第81号

級友に刺激を受けて

●アーカイブコメント： 「やればできる」と百万遍繰り返すより、「やったらできた」経験を一度させる方が効果が高い。「できた」を保障するために千策万策講じるのが教師の仕事である。千も万も考え付くのは不可能だ。だから学ぶ。まずは先人の努力の結晶をインストールするのだ。

■今日の国語ではたくさんの人が発表できていました。私も１回しか発表できなかったけど、自分から発表することはとても良いことだと思いました。普段たくさん発表している人を見習って、授業を積極的に取り組んでいきたいです。（由香）
□自分から発表することは、何重もの意味で、良いことです。
　たとえば、関心意欲態度が高いことの証明になりますよね。
　また、発表するから正誤がわかり、指導者に直してもらって力がつきます。
　そして、周りにプラスの影響を与えることもできます。
　だから、発表するのです。わかっているのに発表をしない、考えがあるのに黙っている。それは、結局、自分勝手だからなのです。自分がすべてなのです。周りのために動こうとする気持ちが弱いのです。
　そこを突き崩すと、新たなステージに上がれます。

■国語でみんながたくさん発表できました。私も発表したけど失敗してしまいました。でも、また一つ学ぶことができてよかったです。次の授業の時も自分の意見を発表し、学びたいです。（美月）
□挑戦したら、失敗はないのです。それは失敗でなく、次に成功するための学びなのです。美月さんはそれをわかっています。だから伸びているのです。

■「やっと一歩踏み出せたね！」
　先生が言ってくれた言葉。私は、今日、やっと発言できた。日記によく「発言」について書いているが、成長できていなかったと思う。しかし、今日、私は勇気を出した。一歩、ほんの少しだが、上りのエスカレーターに乗るための扉が開いたんだ。灯さんのように、私もまた、「恥」をかくのがこわかったんだ。「何かを言われる」のが嫌で、逃げてた。「笑われる」ことがとても嫌だった。しかし、自分の口から思いを皆に言うことができた。こんなに小さなことでも、私はうれしかった。立てた。やっと、立てた！　でも、「立てた」だけで終わらせない。この一歩を、今日の進歩を、ムダにはしない。明日も「発言」するんだ。そうしていくうちに、自分自身が輝ける人生にしたい。
　「自分が主役のドラマ（人生）」と、一人さんの本に書かれていた。それなのに、自分以外が目立って、輝いてては無意味だ。一度きりの人生を、思いっきり楽しんだほうが私は良いと思う。周りがこれしてるから、周りから……って、周りを気にせず、流されずに生きる。自分の意見をしっかりと持ち、周りと共有するのが大切。だからこそ、「今」を生きて、「学ぶ」のはとても大事なことなのだ。私はもっと上を目指していき、人生を輝かせたい！（略）（かおり）
□４月から毎日毎日、目立たない所で利他の行動を積み重ねてきたかおりさん。そうだよ。自分のためにも顔晴ることに、遠慮なんていらないんだよ。
　大丈夫。あなたには長谷川がついている。

■国語の時間にいいことがありました。先生も帰りの会で言っていた、発言が増えたことです。私も、問題を言いました。でも、答えも言えたらなと思いました。発表している人に学びたいです。（さとみ）
□「我以外皆我師」という有名な言葉があります。心の素直な人にとっては、身の周りのすべてが学びなのです。
　2Aの級友にも、学ぶことはあるはずです。良い所を見て、刺激を受け、真似をしてみるといいですね。
　ちなみに、発表ができなかった人達の日記には、「次は絶対に発表します」（颯太くん）、「今日の反省をいかしてがんばりたいです」（咲良くん）などと書かれていました。彼らは発表者に刺激を受け、自分を変えようとしているのです。

●6月　　　　　　　　　　　　　　　　　　　　　　　平成Ｘ年6月24日発行第82号

品格には上下がある

●アーカイブコメント：　学級文庫には多い年で500冊ほど、少ない年で200冊ほどの本を置いていた。生徒が良く手に取るのが斎藤一人氏や中谷彰宏氏のように、物事の肝を簡潔に面白く書いている本だった。借りて帰る生徒が増えていくにつれ、通じる言葉も増えていくのだ。

■国語の授業で自分から発表できました。勇気を出して発表したときはとても緊張しました。でも、自分から発表できたことに驚きと嬉しさが残っています。これで少しだけど前に進むことができたと思います。これからは、クラスの人のためにも自分のためにも発表していけたらいいなと思いました。（凛）
□そうだよね。人のためと自分のため。成功者はこのバランスを上手に取っているんだ。周りの人の喜びのために汗をかけるって、最高だよ。

■国語の授業で発表できたので良かったです。もっと発表できるようにしたいです。（貴司）
□貴司君も、何日もの助走期間をとって、昨日ようやく一歩を踏み出した。
　誰にも何の遠慮も要らない。自分を鍛えることにもっとこだわるんだよ。

■「気愛」で国語の時間に一番最初に立って発表して、他の子も発表しやすい雰囲気をつくりたいと唯ちゃんが書いていました。私も同じです。唯ちゃんは私みたいにと書いてくれたけど、唯ちゃんだって発表をたくさんしていました。昨日と比べて今日は発表をした人が増えました！！　これはすごくうれしかったです。あと少しで中集団成立期に入れる気がします！！　（陽菜）
□あなたのがんばりも、唯さんのがんばりも、すばらしかったよね。
　何度も立ってチャレンジする晃太朗君の姿も、私の脳裏に刻み付けられたよ。

□何度か紹介している中谷彰宏さんの書籍から、今日も一部を紹介しましょう。
　中谷さんの本は短くて、読みやすくて、わかりやすいので私は学級文庫用によく買うのです。論をスマートに展開するために省略されている部分もありますから、君達にとっては時々難しいページがあるかもしれません。その時は遠慮なく尋ねるといいですよ。教科の勉強と同じくらい、本で学ぶのは大切です。

◆貧富に、上下はありません。品格には、上下があります。
　カッコいい人とカッコ悪い人の間には、上下関係があるのです。
　怒りは、常にカッコ悪い人からカッコいい人に向かいます。
　カッコいい人からカッコ悪い人に向かうことはありません。
　そもそも、カッコいい人は怒りません。
　怒っているのは、カッコ悪い側にいるということです。

　ある英語のコーチングをやっている人が、雑誌で紹介されました。
　すると、いきなり知らない人から電話がかかってきて、「あんたの言っていることは間違っている」と、ガンガン怒られました。
　まだ売れていない同業者です。
　やっと雑誌で紹介されて喜んでいたのに、知らない人から怒られるという事態が起こったのです。
　本人は、へこんでしまいました。
　ここでどうすればいいかです。
　怒りは、下から上にしか起こりません。上の人は、下から怒られても平気です。
　そこでへこんだら、怒っている人と同等クラスということです。

　自分が品格の下から上に上がろうとしている時に、その境目で必ず怒られるという事態が起こります。
　これは神様のテストです。
　ここでどう対応するかで、その人が上に上がれるかどうかが決まります。
　その人がどうするかを、神様は見ています。
　カッコいい対応ができたら、上へ上がれます。
　怒っていたり、へこんでいたら、まだ上がれません。
　怒る気持ちが湧くのは、相手と同等か、下にいるからです。（略）◆

●6月

平成X年6月25日発行第83号

「口動」を止めて、行動しよう

●アーカイブコメント： この日私は体育の授業を参観した。準備体操を終えて館内をランニングする。そこまでで20分程度かかるというのだ。私がいるから素早く動き、9分まで短縮された。いなくてもそうなるように組み立てるのが私の次の仕事となる。その第一弾がこの通信である。

□帰りの会の直後、班長を召集し、立ったままで会議を行いました。

　最初に、なぜ私が体育の授業を参観したのかを話しました。

　その理由を聞いて、誰も驚きませんでした。わかっていたのでしょう。

　あることがきっかけで、2Aの体育の授業についてM先生と話しました。

　「授業が崩れている」と言うのです。

　特定の生徒が崩すのかと問うと、「指示に従わずだらだらとしているのはほぼ全員です」と返ってきました。

　瞬間、「今度の授業、見せてください」と申し出ました。

　それで、昨日、体育館に出向いたのです。

□誰もがわかるように、評定の話をしましょう。

　5段階評定の5は「たいへんよい」です。4は「よい」です。

　ほとんどがだらだらとしている授業で、4や5がつく人はほぼゼロでしょう。

　では3はどうか。3は「ふつう」です。

　指示に従わなかったり、だらしなく動いたりするのは「ふつう」ですか。

　ちがいますね。間違いなく「ふつう」以下ですね。

　だとするならば、2Aのほとんどのメンバーが終業式でもらう通知票には、「1」か「2」がつきます。

　1がついたら、ほとんどの高校で入試に落ちます。

　1がつくとは、よっぽど悪い生徒なのだと、高校側は知っているからです。

　2がついた人のうち、「関心意欲態度」が「C」だったら、この生徒は能力的には低くなくとも無気力でだらしがないのだと思われ、大ダメージです。

　体育に限って言えば、2Aのほとんどの人がこのレベルだということです。

　「2年だからまだ大丈夫」いや、大丈夫ではありません。1・2年と3年の成績を均等に見る高校が増えています。

　「一教科くらい大丈夫」全然大丈夫ではありません。一人の人間のすることです。一部がだらしなければ、他の分野にも必ず影響が及びます。

　生活がきちんとしていて、丁寧で、為すべきことを精一杯やって、思いやりがある「犯罪者」はいないのです。

　この授業ならいいだろう、この先生ならいいだろう。その考えが、この先に大きな、真っ暗な落とし穴をつくるのです。

■体育の授業で、M先生が、誰かが体育の授業のことを日記に書いてくれて、長谷川先生が見に来てくれたと言っていました。今日の授業は今までにないくらいスムーズに進み、練習時間もたくさんとることができました。

　私も、体育の授業が全然できていないことはわかっていたし、何度も日記に書こうとしました。それでも、私が日記に書かなかったのは、自分も「きちんとできている」という状態でなかったことを自覚していたからです。

　普段なら、ランニングが終わるまで10分くらいかかります。器械体操の練習は15分もない状況です。けれど、誰も改善しようとしないから、それが「きちんとできている」という状態に、いつまでたってもならないのだと思います。全体のレベルが低いから、できているように「見えているだけ」で、他の人から見れば、評価はもっと下がるでしょう。こうなったら、全員でそれを上げる必要があります。この学年の課題を明らかにし、一つ一つ直せていけたらいいなと思います。(裕美)

□全員に共通することなので、あえて厳しく言いましょう。「思います」は駄目です。何百回思っても、行動しなければ何も変わりません。必要なのは、「がんばります」という言葉ではありません。何をどうするかという具体的行動の表明です。現実を変えるのはいつも、言葉でなく行動なのです。

●6月　　　　　　　　　　　　　　　　　　　　　　平成X年6月25日発行第84号

日記を書かせる意味、学級通信を書き続ける意味

●アーカイブコメント：　「君達は流されて、流されて、今の状態になったのではありませんか」
「今のままの生き方では、人生、地獄ですよ」強烈な問題提起である。負の連鎖を何があっても
断ち切る。過去最高の学級をつくりあげてみせる。強烈な思いを抱えつつ、静かに綴る。

□学級の問題に目を向け、事実と自分の考えとを綴る。
　日記をそのように活用すると、思考力も表現力も飛躍的に伸びます。
　同時に、学級の質も向上します。
　なぜか。簡単です。学級のことを本気で思う人が増えるからです。

■体育の授業で、しっかりと授業が受けられました。いつもはM先生がいても自分も含めて皆、しっかりと
先生の話も聞かず自分勝手な行動をしていました。でも、今日は長谷川先生が体育の授業を見に来たら、皆
しっかりと授業を受けていました。
　今度からは、長谷川先生がいなくてもしっかりと授業を受けられるようにしたいです。そのためには、自
分から皆に声をかけたり、注意したりしてクラス全体が変わっていけたらいいなと思います。（凛）
□私がいなくとも、目の前にいる先生の指示に従って真剣に授業を受ける。
　そのために何が必要か。
　自分は何をどうするか。
　考え抜いて、行動して、汗をかいてごらんなさい。
　行動した分だけ、現実が変わります。
　学級を思って行動する人間を、私は全力で守ります。

■体育の授業がすごく充実していたと思います。
　先生が見ていたから、みんなが静かだったっていうのもあるんですけど、みんながこんなにできるんだと
も思いました。きっと、みんなで意志を強くすればもっと自分たちが伸びるなと思いました。（灯）
□悪いとわかっているのに続けること。悪いと指摘されたのに直さないこと。
　それを「馬鹿」と言います。頭の良し悪しではないのです。心の在り方が「馬鹿」なのです。
　人間は失敗をします。失敗をするけれど、改善の努力ができるのです。それが人間の素晴らしさです。

■体育の時間先生にきていただき、スムーズにできてうれしかったです。でも、先生がくるということは、
いいことではないので、M先生だけでスムーズにできるようにしたいです。（陽翔）
□学校は、先生の指導を受けるために来る場所です。
　その場所を汚す行為は誤りです。傍観も誤りです。
　自分達の環境は、己の命を懸けて守るものです。
　たしかに、戦わずに流されるのは楽です。束の間の平和を味わえます。
　しかし、君達は流されて、流されて、今の状態になったのではありませんか。
　今のままの生き方では、人生、地獄ですよ。環境が変わろうと、周囲の人間が変わろうと、自分の生き方
はそう簡単に変わりませんよ。
　何度も言います。今この時が勝負なのです。

■みんなの日記を通信でみて、思っていることはみんなほとんど同じでうれしかった。この喜びをみんなで
「きょうゆう」できてうれしい。（茜）
□その場にいる人間がそれぞれに勝手な方向を向いて勝手に生きている。それがどんな時でも変わらない。
そんな集団は、動物の群れ以下です。動物の群れはリーダーによって統率されています。まとまりがあるの
です。
　2Aの集団形成は日々1ミリずつ進んでいます。その証拠の一つが、日記に書かれる内容です。その日に
起きた出来事をふりかえって自分の言葉で書く人が増えてきたのです。私が日記と学級通信に取り組む意味
は、ここにあります。

●6月

平成X年6月29日発行第85号

あの人はなぜいつも勝てるのか

●アーカイブコメント： 勝利という結果にいくらコミットしようと、その結果にふさわしい原因をつくり続ける努力を怠っては、勝つことはできない。「本番に強い」「結果オーライ」教師ですら簡単に口にするこれらの言葉を否定するところから、私の教育はスタートする。

□10月の新人戦は、もう始まっている。
　それは、合唱コンクールが4月8日に始まっているのと同じ理屈だ。
　この言葉の意味が分かる人は、今秋、勝つ可能性がある。

□「終わりよければすべて良し」は、成功者が使わない言葉のひとつだ
　成功者はプロセス（過程）を大切にする。
　「結果オーライ」と言う人は、勝負を時の運に任せる。人生すら自ら選ばず、人任せで終わる人が多くいる。それで良いなら自由だが、人に迷惑をかける権利は誰にも無い。
　我がまま勝手な自由は時に、大切な人や周囲で支えている人を傷つける。

□「本番に強いんです」という人間が、本当に強かった試しはない。
　勝負所でポカをして負けるのは、ほとんどの場合こういう軽い人間だ。
　「本番に強い」と自称する人間は、プロセスを重視しない。いいかげんに過ごしておいて、直前になって必死になる。世の中のほとんどのことは、直前にちょこっと努力してどうにかなる問題ではないから、結局失敗する（負ける）。

□学総体地区予選が幕を閉じた。女子バレー部と男子ソフトテニス部が県大会出場の切符を手にした。決勝戦を見ながら、強く思ったことがある。

> 勝つ人は、勝つにふさわしい種を蒔いてきた。
> 平凡な毎日の中で、非凡な努力を積み重ねてきた。
> ライバルが休んでいる時に、休まず練習した。
> ライバルが遊んでいる時も、遊ばず練習した。
> そういう人間が、勝利を手にする。

　言葉にしてしまえば当たり前のことだ。
　だが、真剣な努力をせずに「勝ちたい」などと口にする人がいかに多い事か。
　勝ちたいならば努力する。負けてもいいなら手を抜く。
　勝ちたいのに手を抜くという選択肢は、この世のどこにも無い。
　これはスポーツも、芸術も、学習も仕事も、すべてに共通する真理である。

□木曜日の道徳で扱ったテーマは「挨拶」だ。
　「挨拶」の質の低さは、本校の大きな課題の一つである。この現状を2Aから変えていくために、授業した。

□挨拶は、自分から先にして初めて挨拶と言う。相手からされてするのは挨拶ではない。「返事」である。
　挨拶はクイズ番組の早押しクイズである。二番手以降にランプはつかない。

□相手が返さないからと言って、傷つく必要はまったくない。
　返さないのが悪なのである。善が悪に合わせたら世の中は地獄になる。
　相手が返そうと返すまいと、明るく挨拶をし続ける人間が、成功する。

□挨拶は声を相手に届ける。相手が気づくような声を出すのが挨拶である。

□一流のスポーツ選手で挨拶をしない人間はいない。
　号令がかかった時だけ挨拶するのは三流だ。
　一流は自分から、相手に届く声で、相手の目を見て挨拶をする。真似をすることを勧める。

●7月　　　　　　　　　　　　　　　　　　　　　　　　　平成X年7月1日発行第86号

なぜあの学級は奇跡を生み出したのか

●アーカイブコメント：　6月末、実父の闘病生活が本格化した。大学病院への入院手続きのために休んだ。その翌日の通信である。向上的変容を重ねてきた学級が、担任不在の1日に少々崩れた。それをどう扱うかの一例として読んでほしい。リーダーへの問題提起から始めたのである。

□昨日30日、父の通院付き添いのため1日お休みをもらった。休んだのは4月以来2日目である。前回も同じ要件だった。

日記で学級生活の報告をしてくれる人が増えた。ありがたいことだ。

学級のことを書くのは、学級の向上を願ってのことだ。

2年A組に興味関心があり、自分のその一員であることを自覚している人間が、その日1日を終える時に生活を振り返り、事実と意見を記すのだ。

> 日記に学級の出来事を綴る人間を、私は信頼する。

共に学級をつくっていく同志に育つ可能性を感じる。

私ひとりがどれだけ時間と労力をかけて努力したところで、学級を自治的集団まで伸ばすことはできない。

仲間が必要だ。同じ志をもって目の前の現実と格闘する仲間が。

過去にも毎年、この同志が生まれ、何人も生まれ、共に全力疾走した。

> 共に考え、悩み、泣き、笑い、働き続け、感動を共有した。

彼らの人数が20名を超えた時、学校の立て直しも実現した。

今年も、時間はかかっているが、生まれそうな予感がする。

■毎度のことですが、先生がいないと落ち着かないです。

今日は、朝自習の時間にザワザワしてしまって、教頭先生に注意を受けました。「長谷川先生がいないと2Aはうるさくなるのか？」と。

もう少し、みんなで目を向けないといけないところがあるみたいです。（灯）

■今日はすべてが遅れていたと思いました。なんで先生がいる時といない時にあんなにくずれてしまうのか。先生がいないと、なんでしっかりできないのか。意識がたりないからですかね？　わたしは、一人一人の意識の問題だと思いました。（由美子）

□ふたりが書いてくれた問題の、根っこの部分はひとつだ。

なぜ長谷川がいないと生活が乱れ、崩れるか。

> それは、2年A組の組織が「鍋蓋（なべぶた）式」だからである。

鍋の蓋をイメージしよう。平らな部分と、手で持つでっぱりとでできているだろう。

でっぱりはリーダーである長谷川だ。あとは全員が平ら、フラットなのだ。

質の高い集団はリーダーやサブリーダーが複数おり、生産的なピラミッド構造になっている。トップが不在でも各々の場所にリーダーがいるから、組織は揺るがない。

たとえば、斎藤一人氏の「銀座日本漢方研究所」は、社長である一人氏がほとんど出社せず日本中を旅して回っていても、業績を伸ばし続けている。

□現在の2Aは、質の低い集団がそうであるように、リーダーがいないのだ。

学級委員が2名おり、班長が5名おり、班長の仕事を補佐する副班長も5名いる。足せば12名、学級の半数にもなる彼らが、「学級の向上」という一点で、機能していないのだ。頭も使っていないし、体を張ってもいない。安全地帯に居て、日和見主義である。だから、長谷川がいないと崩れるのである。

この現状をどうとらえるか。一人ひとりに問うてみたい。

95

●7月 　　　　　　　　　　　　　　　　　　　　　　　平成X年7月1日発行第87号

なぜあの人はテレビを持たないのか

●アーカイブコメント：　この女子生徒は徐々に頭角を現し、学級・学年の中できわめて重要な
ポジションを占めるまでに成長する。彼女の成長は最初、このような軽いタッチの日記から始ま
る。三学期には毎日ノート2、3ページの日記を綴るようになる。成長の軌跡を追うと面白い。

□夕食時、私は必ず娘と息子に尋ねる。
　「今日1日、一番おもしろかったことは何か」
　今までのところ、娘は体育の授業や国語の音読と答え、息子は外遊びのバリエーションを語ることが多
い。
　この問いは「定点観測」でもある。
　決まった地点から物事を観察するからこそ、変化がはっきりする。
　ふたりとも以前に比べれば語彙が増え、会話がおもしろくなってきた。
　私の家にいる時間が少ない分、なんでもない会話が重要になる。
　私が家にテレビを置かないのは、第一にこの会話が減るからだ。
　家族でいるのにテレビをつけるのは、「間が持たないから」である。
　間が空くのは、会話がないからである。
　会話そのものがエンターテイメントならば、テレビは要らない。
　昔から様々な書籍に書かれてある。

家庭内に会話が満ちている方が子どもの会話力は高まり、コミュニケーション能力も高くなる。

　どちらも人生を支える力だ。これらが鍛えられるというのだ。やらない手はない。
　ちなみに、テレビは読書の時間も奪い、思索の時間も奪う。
　「テレビがないことで不便はありませんか？」と問われることがある。
　答えは一言。まったくない。ニュースはネットを通してオンデマンドで配信される。番組の内容の数倍濃
い情報が、書籍には詰まっている。
　「だからテレビを捨てよう」という話ではない。
　こういう考えでテレビを持たない、あるいはあってもほとんど見ない人が、日本だけを見てもけっこうい
るという事実。
　彼らがテレビに費やす時間を使って生み出している価値の数々。
　そういうことにも目を向けると、物事の違う面が見えてくるかもね、という程度の話だ。

■まず今日の報告。2時間目、帰りの会がうるさかった。
　あと給食はきのうより早くいただきますができた！　この調子でがんばる！
　先生がこの前してくれたあいさつの話を聞いてからみんな、相手よりも早くあいさつをすることに気をつ
けている。だから、なんかじゃんけんみたいな感じになっている。相手より早く言えたら「よっしゃ勝った
〜」みたいな感じに。でも、しないよりは全然いい！！
　最近気づいた朝早く学校に来るといいこと。
1. すずしい。
2. 最低でもクラス全員にあいさつができる。
3. 先生と朝でしかできない他愛のない会話が楽しめる。
4. 勉強できる。
5. 草花がキレイに見える。
　こんなふうに書いてみると、本当に朝はいいことしかないと思った。朝って、サイコー！（茜）

□挨拶を自分からすることは成功の道の第一歩だ。続けると良い。
　朝は金、昼は銀、夜は銅。世の中で活躍している人のほとんどが、朝の時間を有効に活用している。ビジ
ネスの第一線で働く人々は、6時7時から「朝活」をしている。しばらく前からの流行だ。「朝飯前」が大
事なのだ。

●7月　　　　　　　　　　　　　　　　　　　　　　　　　平成X年7月2日発行第88号

数え切れない喜怒哀楽を共にすれば

●アーカイブコメント：　日記により生徒は私をより深く知り、私は生徒をより広く深く知る。日記指導がなければ、7月のこのレベルの成長すら実現できていないと断言できる。日記は一人ひとりとの緊密なコミュニケーションの場なのだ。だから書かせ、何があってもコメントを綴る。

□一学期を締めくくる期末考査の1日目。
　まずは、朝の日記の提出状況を書こう。提出者は昨日までと比べてがくんと減って、16名/25名だった。

碧人・陽菜・友梨・貴司・唯・凛・由香・裕美・美月・由美子・さとみ
灯・颯太・かおり・晃太朗・茜　（敬称略）

　もちろん、1、2行しか書かれていない日記もある。
　それでも、この16名は出した。継続を大事にした。その事実は残る。

□「テスト勉強が忙しかったから」　うん、わかる。
　「日記は勉強よりも優先順位が下だから」　それもわかる。
　日記を提出することは強制ではない。
　年に何度か設定する「共通テーマについて必ず全員が書く」（無論、学級にとって大事なことである）という課題以外は、強制はしない。
　だが、もったいないことだ。何がもったいないのか。

「日記を書いていたら点数が下がる」は成り立たないのだ。

　日記を書く間もないという人は、日頃勉強をしていないから直前になって焦っているのだ。計画をバカにして、行き当たりばったりで生きているとそうなる。焦って勉強するから、直後のテストでは解答欄を埋めることもできようが、ひと月経てば頭にはほとんど残っていない。よって、結果的に失敗する。
　テスト直前でもいつもどおりに日記を書く人は、日記が習慣化している。のみならず、日記を書く時間を確保できるくらい、勉強も習慣化しているのである。だから、最終的に成功する。
　日記の中身と提出状況を見れば、未来が限りなく高い確率で予想できる。

日記を書き続けた生徒は、例外なく成功している。学力も向上し、希望する進路も実現している。例外はない。

　これが私が15年間にわたって日記指導を実践して生まれた事実である。
　思い付きで批判するのは構わないが、事実の前に、どんな言葉も無力である。

□日記を書くことで、担任であり、人生の先達である私との交流もできる。
　時に真剣で、時に楽しく、時に励まし合う言葉のやりとりを通して、私は君という人間をより深く知る。そして、君は私を知る。
　この関わりの中から大きな価値が生まれることもある。相互の信頼しかり、危機管理しかり、個別の厚い支援しかり、である。
　何はともあれ、私は日記を書くことを勧める。これまでも、これからも。
　それが君の人生をより豊かにすることを、知っているからである。

□「2-Aは鍋蓋」論について、複数の人が考えを日記に綴ってきた。
　そのすべてが、「そのとおりだ」という賛意だった。
　そのうちの数名が、「私自身が動く」と決意を表明していた。
　打てば響くとはこのことだ。
　「暖簾に腕押し」状態が長く続いた2Aに、重要な変化が生じつつある。
　「何もない所から頼りなく始まって　数え切れない喜怒哀楽を共にすれば……」
　B'z「RUN」の一節。君達と「血よりも濃いもの」をつくりたいと思う。

●7月　　　　　　　　　　　　　　　　　　　　　　　　　　平成X年7月3日発行第89号

なぜ人はあのリーダーについていくのか

●アーカイブコメント：　女子生徒とのやりとりを意図的に示している。その女子生徒が悩みの中にあるのに気づいたのがきっかけだろう。後半はリーダー論である。「嫌われる勇気を持ったリーダー」とは換言すれば「自分の安泰以上に周囲の人間の幸せを大切にする人間」である。

□昨日、茜さんの日記に綴った。

　「悲しいことがあると、空を見る。

　空の向こうの宇宙に比べれば、自分という存在の、なんとちっぽけなことか。

　そのちっぽけな自分の中の、さらにちっぽけな悲しみ。

　想像すると、笑えてくる。笑えれば、また歩み出せる。」

　茜さんは返信を書いてくれた。

　「たしかに、本当ちっぽけななやみですね。かがやいている星よりもちっちゃい私。星って、かがやいていてキレイで堂々としてて、ステキですね。私も星みたいな人になりたいです。いや、なってみせます！きっと！」

　私は返した。

　「経験すること、そのすべてが自分を輝かせる磨き砂。その意識で生きると、すべてが学びになる。」

　日記では、たとえばこのような関わりができる。

　私の学級づくりの必需品のひとつである。

■今日、ゆいちゃんが牛乳パックを整理してくれていた！　すると、「いつもやってくれているから。ありがとね」と言ってくれた。うれしかったです！

　ひなちゃんがゴミ拾いをしていた！　だから私は「ありがとう」って言った。とてもうれしかった！　二人共ありがとう！！（かおり）

□かおりさんの日記の一部には、具体的な「発見」が綴られることがある。

　その発見とは多くの場合、級友の「良さ」である。

　たとえば上のように、だ。

　私はこのような報告が好きだ。読んでいて明るくなる。

　書いてくれることを、人としても教師としても、ありがたいと思う。

■「2-Aは鍋ぶた」

　長谷川先生の言う通り、私達はずっと、先生を頼り過ぎていたのかも知れません。確かに昨日は、教頭先生に朝読書の時がうるさくて注意されたし、全てがうまくいったとは言えません。けれど、私達のだれか一人でも、勇気を出して注意していれば、そんないらない注意はされなかったでしょう。もちろん、私も例外ではありません。というか、「私が」注意するべきだったのです。班長を務めているから、とかそんな意味じゃなくて、

> 　　私がその「勇気を出してくれる人」を待ってしまっているから、いけないのです。

　「勇気を出してくれる人」なんて、待っていても出てくるはずがないのです。「誰か」を待つのではなくて、まずは「自分」が動かなきゃ。周りになんて言われたって、その勇気を出さなくては、2-Aは何も変わりません。

　私は、2-Aを変えたいです。もっといいクラスにしたいです。鍋ぶたではなくて、ピラミッドにしたいです。だから、次回は私から動きます。（裕美）

□「嫌われる勇気を持ったリーダーに、人はついていく」

　私は昨日、数名の日記にこう記した。

　リーダーは時に孤独を味わう。周りとのあまりの意識の差に、愕然（がくぜん）とすることもある。正しいことをやっていても、いろいろと言われてつらい思いをすることもある。

　それがリーダーだ。リーダーはそうやって、汗と涙を流しながら、他の誰もが持たない思想と力とを身につけていく。私もそうだった。一朝一夕でこうなったのではない。努力の結晶なのだ。

●7月   平成X年7月3日発行第90号

なぜあの人は格好いいのか

●アーカイブコメント： 学級集団形成の初期には、原則として生徒同士の注意叱責をさせない。悪い仲がますます悪くなるからである。また、リーダーのなり手が生まれないからである。集団の質が高まるに従い、リーダーには統率を経験させ始める。リーダー育成指導の始まりである。

□さすがにテスト直前だ。かおりさんの日記も短くなる。短くなると言っても、大学ノート2ページだ。彼女の努力は3か月間、ひたすらに蓄積されてきた。

膨大な日記を書き、教室のゴミを拾い、食器片付けを手伝い、床を拭き……、その成果は、既にひとつ現れた。

国語の成績がぐんと伸びたのだ。発言するようになって、更に成長カーブに角度がついた。

驚くことではない。当然そうなる。世の中はシンプルだ。良き種を蒔き、毎日良き栄養を与えれば、良き作物を収穫できるのだ。彼女の進化はその証だ。

■7／1（水）
ありがとうゲーム、○
ゴムを拾って持ち主が見つかった時、友梨さん。ファイル整理時、由美子さん。
家族、いとこ、近所の人々。
私がありがとうを言った人⇒学校、いとこ、家族、近所の人々。
自分から挨拶をした人　　⇒46人くらい。もっと積極的に！！
（ここまでが日付と共に毎日綴られる、彼女が工夫したフォーマット）
「気愛」に記されていた、2Aの問題。今日の帰りの会でも先生が話していた。
学級委員2名、班長5名、副班長5名で12名。12名もの人数が変われば、全然違う。なのに、私も班長でありながら「安全地帯」に逃げているのだ。皆を注意しなければ、言わなければ。「口動」ではなく「行動」しなければ。
そう思っていても、動かなければダメだ。何も始まらずに、時間はどんどん過ぎてしまう。きれい事にきこえるかもしれないが、私は「班長」という責任と自覚をもち、注意できる人になる。
先生のように、集団をまとめることはとても私にはできません。しかし、班員5人を相手にするのなら、できます。そして、各班の班長、副班長が役割をはたせば、2Aは進歩するのではないでしょうか。そうしていくうち、「鍋蓋式」というのが壊れ、良い方の意味でピラミッドになっていく。質の低い集団をどんどん変えていき、上へといく。
「一人一人の意識だと思う」と由美子さんが記していたように、半分が変わっていけば、ガラッと意識が変わる。この問題は、2A全体の問題だ。2A全員がちゃんと向き合っていかなくてはならない。これは、笑いごとではすまされないのだ。
「"本気"も、"必死"も、"一生懸命（一所懸命）"も　格好悪くない！！」
（以下、前号に書いた唯さん、陽菜さんのこと、略）　　　　　　　　　（かおり）

□まるで、道徳の授業で扱った本田圭佑選手の日記帳のようではないか。
これだけ自覚的に生きていて、うまくいかないはずがない。

■今日帰りの会で、（総合的学習の授業中に）違うことをしている人に注意している人がいたと聞いて、すごいと思いました。自分はあまりそういうことに勇気が出せません。でも、ぼくもそういう人につづいて注意していきたいと思いました。これで、14人くらいになったと思います。（陽翔）
□注意は何のためにするか。
その人を傷つけるためではないよな。その人を思うから、注意するんだよな。
だから、注意は悪い事でもないし、遠慮する事でもない。
一番その人を傷つけるのが、「見て見ぬフリ」なんだよ。
愛の対義語は「無関心」だと言ったのは、あのマザー・テレサだけれど、ほんとうにそのとおりだ。見て見ぬフリは無関心そのものじゃないか。
注意や指導はまだ諦められていない証拠。受ける方は感謝しなくちゃな。

●7月 　　　　　　　　　　　　　　　　　　　　　　　　平成X年7月4日発行第91号

なぜあの人は体を張って働くのか

●アーカイブコメント： リーダー育成指導が続く。私の教育の基本は「やってみせ、やらせてみて、褒める」である。やってみせるから見て学べ。見物でなく、見学をせよ。そう語っている。「私と共に走る人間は、まだいない」と書いた。早く出てこい、共に走ろうというメッセージだ。

□昨日は期末考査後、二学年は超多忙だった。社会体験チャレンジ事業を受け入れてくださる各事業所に打ち合わせに行く必要があり、それでいて出発前に薬物乱用防止教室の受講や感想記入もしなければならなかったからだ。

　帰りの会の時間も限られていた。配付物も多かったゆえ、生徒の机上はプリント類で散乱。よって通信を配るのをやめた。更に混乱するからだ。

　混乱が生じればイレギュラーな言動が増え、注意叱責の必要が生じる。

　私は無用な注意叱責が嫌いだ。だから、混乱予防の工夫をする。

□さて、昨日の清掃から帰りの会終了までに、私は大きく3つの工夫をした。

　その工夫が見えた人がいるだろうか。

　部長とか委員長とか学級委員とかの役に、内申書の点数稼ぎでなく、就いただけで何もしない案山子（かかし）でなく、組織を向上させるために立候補するならば、私の集団を動かす技術を盗んだ方が良い（と思う）。

　いや、そういう向上心を持つ人にしか、人の上には立ってほしくない。

指揮官が駄目だと、組織が崩壊するからである。

　どんなに優秀な戦略も、戦術も、指揮官の意志の弱さを補うことはできない。

□配らなかった通信を、私は教卓に置いておいた。今日配るためである。

　かおりさんの日記を開くと、鉛筆の濃さの違う文章が付け加えられていた。

■今朝、「気愛」（89号）を読んだ。そこに「嫌われる勇気を持ったリーダーに人はついていく」と記されていた。最初は「ん？」と疑問に思った。が、考えているうちに、「なるほど！」に変わったのだ。

　とても「勇気」がある人。最初の一歩を踏み出す人が2Aから誰か……と思って他人事にしていた。しかし、これは他人事ではない。私も「勇気」の一歩を踏み出したい。いや、出すのだ。（かおり）

□驚いた。同時に、我が通信をこのように大事にしてくれることが嬉しかった。こういう生徒のためならば私もまた努力以上の努力をしようと思えた。

□嫌われないことを最優先していたら良い仕事など絶対にできない。

　生きていれば、守るべきものを守るために、体を張って戦うべき時がある。

　悪いことは悪いとずばり言わなければならない時がある。

　そこで逃げたらリーダーではない。

　自分と同等に、あるいはそれ以上に大切なものを持っている人間は強い。

　リーダーとは、そういう人間を言うのだ。

リーダーの仕事は、自分を守ることではない。

　組織を良くすることだ。ただその一点だ。

　それなのに、保身（自分の身だけを守ること）ばかり考えている人間が多い。ポスターを100枚作っても、学校は良くならない。

　スローガンを100個作っても、学級は良くならない。

　良くするには、目の前の人間に具体的な行動でアプローチしていく以外にない。ただそれしかない。

　目の前の課題から逃げていては駄目。逃げて逃げて、本校はこの状態に堕した。二学年もこの状態まで落ちたのだ。誰が立ち上がる。いつ立ち上がる。

　出逢いから3カ月。私と共に走る人間は、まだいない。

●7月　　　　　　　　　　　　　　　　　　　　　　　　　　平成X年7月4日発行第92号

中学1年女子の、魂のスピーチを聞け

●アーカイブコメント： このスピーチにどれだけ手を入れたか。5割程度？ 3割？ 実際は、1ミリたりとも手を入れていない。出会いの日、リーダーなんて死んでもやらないと言った13歳の女子生徒が、学んだことを精一杯の力でまとめ、数百名の観客に向かって述べたのである。

□2008年11月。私は1年生担任として合唱コンクールに臨んだ。

わが学級の合唱直前。4月から学級委員として献身的な活動をしているA子が、以下の文章を読み上げた。観客の心を鷲掴みにした、まさに魂のスピーチだった。紹介する。

◆私達一Aは、掃除や給食、朝読書など日常生活を大事にしている。一人ひとりがちゃんとコミュニケーションを取っていくことも心がけている。

日常生活をしっかりやっていれば、合唱など集団で一つのことを行う時も、まとまってできる。

また、ささやかなことを大切に生活していく中で、直接自分の利益にならないことでも自分のことのように力を尽くせる人が生まれてきた。

九月に行われた体育祭では、時間の許す限り、練習をしっかりやったつもりだった。しかし、1回1回で無駄なトラブルが起きた。それぞれのわがままにふりまわされた。

長縄で百回を超えられなかった時、私たちは泣いた。

一生懸命やらなかったという悔しさがあったからだった。

ほんとうの意味で、「同じ方向を目指す」ことができなかった。

私たちはまだ、本当の「仲間」ではなかった。行事は、その後の生活の質が高まってこそ意味があると、長谷川先生に学んだ。先生は四月から何十回何百回と、教えてくれた。

自分の事情より他の人のために動くことを優先する、利他の心。

練習は量ではなく、一回にどれだけ真剣に取り組んだかが大事であること。

傷つくのを恐れて安全地帯に身をおいて、言うべきことを言わずにいては、友情なんて芽生えないこと。

人間の価値は言葉ではなく、その人が何をしているか、つまり行動にあるということ。人は、行動している人をこそ信用するのだということ。そして、「相手に勝つより、自分に克て」ということ。

十一月。私たちの合唱に、敵はいない。

「どこどこに勝とう」という話を、先生はしたことがない。

「合唱は芸術だ。芸術は競い合いじゃない」と教えてくれた。

私たちの周りに敵はいない。応援してくれる、味方なら、たくさんいる。

それは、いまはまだ未熟であっても、日常生活を大切にし、一Aの看板に恥じない生き方を、それぞれがしてきたからだ。どんな敵にでも勝つことが、「無敵」なんじゃない。

「敵がいない」ことが、「無敵」なんだ。私たちはその道を歩みたい。

一Aの歌う「明日へ」は、二年生用の曲だ。変声期を迎える前、あるいはその最中の私達には、とても難しい曲だ。ではなぜチャレンジしたのか。それは、未来を考えて、土台を築くためである。

私たちは中三で、秩父郡市の代表となり、県大会に進みたいと真剣に考えている。

郡市の代表として恥じない生き方をするために、今から、自分を鍛えている。

本物の友情をつちかいたいと、願っている。

文化祭で賞をもらえればたしかにうれしい。でも、「賞状」は紙切れにすぎない。合唱よりも大切なことを考え、行動し続けてきた学級は、賞状よりも大切なものをすでに、手に入れているだろう。勝ち負けばかりを追い、大切なことを置き去りにしては、たとえ賞状をもらっても、その後に生きることはないだろう。

私たちは、前者でありたい。

合唱はゴールでなく、通過点の一つにすぎないからだ。一人ひとりがT中学校の看板を背負っている。

日々、その重みを自覚して、日常生活を大切に、生きていきたい。

「賞状の出ないところで一番になれ」

先生に学んだ、この言葉を胸に。◆

□この子は、小学校時代「悪」だった。「自分は本当に悪かった」と自身が何度も言っていた。しかし、7か月間でここまで成長するのだ。教育の力によって、である。

それから1年後。中学2年になった長谷川学級は、学校代表として郡市大会に進んだ。学校の看板を背負っていることを自覚し、精一杯歌い上げた。同じ時期、この女子は生徒会長選に立候補する。対抗馬の男子2人を破って当選、学校立て直しの先頭に立ち行動し始めた。この学年も今年、社会人1年目だ。

●7月　　　　　　　　　　　　　　　　　　　　　　　平成X年7月7日発行第93号

困難であればあるほど、私は挑戦する

●アーカイブコメント：　「私達は一度でも、団結し、あることを達成した喜びを味わったことがあっただろうか」「一度もなかった」この言葉はきわめて重い。その経験がなければ、集団形成など進みようがない。そんな彼らにこそ大きな成功体験が必要だ。私たちはそのために出会った。

□貴重な記録が寄せられた。強い思いが詰まった記録である。

■私は「気愛」を読んで、いろんなことを思った。まずはかおりさんの日記。毎日毎日、中身の詰まった長文を書いていて、しかもその内容も、だんだんと進化している。文章力もかなり上がっていることは、初めて日記がのった「気愛」と見比べれば一目瞭然。しかも、ありがとうを言ってくれた人、言った人、自分からあいさつをした人まで詳しく書かれていて、とても感動する。その中に書かれていた一文で、
「"本気"も"必死"も"一生懸命（一所懸命）"も格好悪くない！！」
とあるが、そんなの当たり前だ。本気でやっている人が、なぜ格好悪い。必死でやっている人が、なぜ格好悪い。一生懸命にがんばっている人が、なぜ格好悪い。むしろ、格好良いものなのではないか。
私達の学級ではそういう人がいないから、格好悪く見えているだけなのだ。

> 本気でやっている人、必死でやっている人、一生懸命にがんばっている人があたり前にいる学級なら、逆にやっていない人の方が格好悪く見えるはずだ。

人は周りに流されやすい。しかも、低ければ低いほど流れていく。楽な方へ。なぜなのだろうか。私はまだ、この答えはわからない。
そして、92号では、中学1年の魂のスピーチが紹介されていた。このスピーチを読んでまずはじめに思ったのは、「私達は一度でも、団結し、あることを達成した喜びを味わったことがあっただろうか」ということ。

> ない。

そんな達成感を味わったことなんて、私が覚えている限り、一度もなかった。運動会も長縄大会も仲よし体育祭も合唱コンクールも朗読も、三送会も六送会も。あげればきりがないほどの大会や送別会があるにもかかわらず、それに対して、一度も団結した達成感というものを味わったことがないのだ。
私達の学年は、必ず、協力しない人が出てくるのだ。いや、それは私達の学年だけではないだろう。だけど、私達の学年には、何を言われてもその人達を協力させようとする人がいない。逆に、陰にかくれてふざける奴がふえるのだ。気づいた時にはもう遅い。

> 男子全員と女子数名がやる気をなくし、ふざけ、協力しようとしなくなるまで悪化している。

土曜日に音楽で、2年の課題曲の練習をしたのだが、男子で歌を歌っている人は舜、陽翔、貴司、悠真の4名だけ。その中でも歌声が聞こえたのは陽翔1名のみ。ピアノのまわりに来ないで授業放棄をしている人が4名。練習を始めた初日でこのありさまだ。何年私達がほったらかしていたせいで、こんなことになっている。私達がもっと早くに気づいていれば、注意していれば、少なくとも、歌う人は4名より多くなっていたかもしれない。
今こんなことに気づいても、もう遅いのかもしれない。長谷川先生と出会っていろんなことに気づけたのだから、直せたのだから、私はもっと早く、長谷川先生に会いたかった。私達がこんなにひどくなる前に。今でもまだ遅くないなら、全員が団結し達成した時の感動を味わいたい。協力してくれない人も、この感動を一度でも味わってくれれば、もうこんなことは起こらなくなるかもしれない。私もこの感動を味わいたい。だから、今年こそはこの合唱を成功したい。（略）（裕美）

□「今でもまだ遅くないなら、全員が団結し達成した時の感動を味わいたい」
遅くはないと言いたい。そのために、私はここに来た。
昨年度の合唱コンクールの話を聞くにつけ、この集団で「全員」を達成することが如何に厳しいかを認めざるを得ない。それでも挑む。挑戦する。

●7月　　　　　　　　　　　　　　　　　　　平成Ｘ年７月７日発行第94号

「いい子ぶってんな」と言われたら「ありがとう！」と笑おう

●アーカイブコメント：　「私が守る」４月から何度伝えてきたことだろう。精一杯生きる生徒をあらゆる理不尽から守るのが教師たる私の仕事だ。生徒からの理不尽、保護者からの理不尽、教師からの理不尽。守ると言ったら守る。この１年の間にもそんな場面が幾度となくあった。

□週明け。提出者全員の日記にコメントを書き終えた。読み応えがある。

■「気愛」を見て思ったことは、合唱の時などにしっかりやらないでふざけるのはやめようということだ。合唱だけをしっかりやるんじゃなくて、なんでもしっかりやろうと思った。（碧人）
□あなたの行動を待っているよ。

■土曜参観日。前の参観日は、手を挙げて発表というのが少なかった。でも、今日「多くなった」と言われた。すなおにすごくうれしかった。しかも、勇気を出して一番初めに発表ができた。クラスのみんな、自分、すごく成長がみられました。自分たちのいい所がたくさんふえた。でも、これで満足してはダメ。これからが勝負。全力で頑張る！！
　「気愛」。読めば読むほど「あ〜」って思う。よく、人のためにゴミを拾う。牛乳パックを開く。プリントを配る。「あいつ、いい子ぶってんな」とか言う人いると思うんです。たくさん色々なことに気づいて手伝ってくれているだけなのになんで？　って思う。あと、勇気を出して挑戦している人のことも。
　人のために何かをする、手伝う。それが本当のリーダーだ。リーダーは表に出るリーダーだけじゃなくて、かげで支えるリーダーでもりっぱなりっぱなリーダー。こういう人たちがたくさん増えるように2Aがんばります。（由美子）
□利他で生きていて、傷つくことはないんだ。良いことをやっている人間が傷ついちゃあいけないんだ。私が守るよ。

■日常生活でコミュニケーションをとるということが私たちのクラスはできていないと思いました。直接自分の利益にならないことでも力を尽くせるのは、日常生活を大切にしている証拠なのだとわかりました。だから実践するように心がけていきます。
　本当の「仲間」とは一人ひとりが一生懸命で真剣だと思います。これから行事が行われる前に2Aの直さなければいけないことは、他人任せにしないことだと思います。他人任せにしていると文化祭でも自分は歌わなくてもいいや、という人が昨年も見られたので、直すべきだと思いました。そのためには、自分のことに責任を感じていくべきです。変わるためにクラスへの気配りをしていきます！！（由香）
□今朝ある保護者さんからいただいたお手紙にも書いてあった。
　仕事柄たくさんの社長さんとお話しするが、彼らが口にするのはコミュニケーション力の大切さとか、ルールを守ることの必要性とか、長谷川が2Aで言っていることそのものだ、と。あとで紹介するよ。

■まず、裕美さんの文章に「勇気を出してくれる人」を待ってしまっているからいけない、と書いてありました。私も、待っています。だから学力もあがらないし、国語でも発表できないのです。
　そして、かおりさんが毎日書いている、ありがとうを言った人、言われた人、挨拶をした人、それを書けることがすごいです。それに、「自分から挨拶をした人⇒46人くらい。もっと積極的に！！」、46人も自分から挨拶をしていたのに、前向きにもっと上を目指しているかおりさんは本当にすごいと思います。
　そして、92号の「魂のスピーチ」。私より１年下なのに、こんなに上手に文章を作れることがすごいです。そして、自分の気持ちを表せているし、本当に正しいことを言っています。こういう人が鍋ぶたのとってになるんだな、と思いました。
　私は、どんなにひどいことを言われても、戦える強い心がないです。たとえ、友達に嫌われても、一人になっても、戦える自信はどこにもありません。
　でも、友達に嫌われても、ひどいことを言われても、戦っている人にはたくさん仲間がつくと思います。ひとまかせにしないで、一歩一歩進んでいきたいです。（友梨）
□そもそも酷いことを言ってくる人間は友達じゃないよな。相手を思って言ったらキレられた、その程度の関係を友達とは言わないよ。正しきことを楽しくやっていれば、絶対に孤立しない。逆だ。信頼できる友、仲間ができる。

●7月　　　　　　　　　　　　　　　　　　　　　　平成X年7月7日発行第95号

「態度が変わる」のは一方だけの問題ではない。双方に原因がある

●アーカイブコメント：　タイトルの「態度が変わる」とは、学級の生徒たちが教師によって、教科によって態度が変わることを、教師から責められたという報告を受けてのものだと推察する。もちろん生徒にも非がある。それ以上の割合で、教師に非がある。これが私の基本スタンスだ。

■リーダー。そうですね。組織を良くしようと……良くすること。私はリーダーとか、そういうのあまりむいていないです。しかし、「注意」はできます。現に今日「注意」しました。ですが、もっともっときちんと「リーダー」というものを理解する必要が、私にはあります。私は未熟。だから、完熟するように走り続けていく。そうしていくうち、「長谷川先生」という大きなカベを越えたい。「気愛」に、「私と共に走る人はまだいない」と書かれていたから。まだまだだが、追いかけて、信じ、追いついて、追いついたなら、抜きたいのだ。だから私は日々進歩していく。顔晴る（頑張る）！！

　先生は何となく、「殺センセー」に似ています。

　確かに、長谷川先生が来ると静かです。他の先生だとワーワーギャーギャーと、おしゃべりする人、多いですもの。それは、「長谷川先生が怖い」ということではないと思います。人によってとらえ方は違いますが、でも「怖い」なら、皆がみんな真顔になってしまいませんか？（笑）真剣に、内心汗かいて……。私自身も冷や汗かくと思います。終わったとたんに「ふう～」か「はあ～」といかにも大変だったって感じになりそうですよ。

　しかし、長谷川先生は、そもそも「怖い」というところがあるかどうか解りません。しいて言えば、「怖い」より「スゴイ」です。先生は、「信頼されてこそ教師」と言っていましたよね。だから皆、全員とは言い切れないですが、「この先生なら信じられる」「この人ならついていける」そんな心の思いがあると思います。私も、もちろんあります。だって、「このクラス（2A）のまま、先生とずっと過ごして、3年生までこのままが良いのに」って友達と何回も話したことがあるのですから。

　結果的にはよく解らない方向へ行ってしまいましたが、とにかく、人により思いがあり、その思いが大人と中学生では違う。私や皆、それぞれの心の思いが、先生によって違うのでしょう。この差はとても大きいのだと今、気づきました。（かおり）

□私が怖いか否か。興味深いテーマです。3年生のある学級でも話題になりました。怖いか否かは受け取る側の問題ですからわかりかねますが、厳しくすべきことに厳しい人間だとは自覚しています。

■昨日は授業参観に、職業セミナー、早退してしまい、授業に出られず残念でした。きちんと体調を治したいです。今日も、ただ休む日でした。でも、友梨ちゃんや裕美ちゃんが大丈夫？　と心配して連絡してくれたことがすごくうれしかったです。

　次に、先生の質問（3日金曜日のコメント）ですが、私が思う学級の変わったところは、授業の取り組み方と小さなことに気づける人が増えてきたというところだと思います。授業の取り組み方は、まだ改善しなくてはならないところはたくさんあると思います。一番の目標は、小さい事だけど、先生によって態度を変えないことだと思います。誰かが先生に態度を変えた時、私達学級委員や班長、みんながどう注意するか、どう対応するかにかかってくると思います。だから、もっとしっかりしなくては、すっとぼけていてはいけないなと思いました。小さなことに気づく人というのは、はじめはかおりさんだけでした。でも、今は、「誰か何をやってくれた」や、「誰か何をしていたらお礼を言ってくれた」というのを見たり、聞いたりします。これも「変わった」と言いませんか。うれしいです。

　次に、これからどうなってほしいか、ですが、私は前に先生が話をして、合唱コンクールのようすを観せてくれたあのようなクラスになってほしいです。あのクラスは、たった数カ月で変わっていったそうですね。長谷川先生に学びそれをいかして。私達もたった数カ月とはいかないかもしれませんが、日々生活の質を高めているあのクラスのようになりたいと思います。（陽菜）

□横川さんの文章もまた変容しつつあります。

　2年A組の学級委員となり、3か月間を経て、考え方が進化しているからこその、文章の変化です。

□まだまだ紹介し、一緒に考えたい日記がありますが、本日は時間切れです。

　保護者の皆さん、お子さんたちの変容はいかがですか。

　ご感想や子どもたちへの激励をお待ちしています。本日も2通戴きました。

● 7月

平成X年7月9日発行第96号

「2A」には形がない

●アーカイブコメント： 気温35度を超える中でも、担任不在の半日を質高く過ごせるようになったことが窺える。学級が良くなるとは、その学級を構成する生徒が良くなることだ。生徒と別個に学級があるわけではない。生徒の成長を称え、更なる高みを目指させるための激励である。

□ まず最初に訂正とお詫びです。94号の下部、友梨さんの日記として紹介した文章は、正しくは唯さんのものでした。私のミスです。お詫びします。

□ 昨日は県大会の抽選会に出席しました。
　「前回先生がいなかった時より良く生活できました」
　「何も問題が起きずうれしかったです」
　そんな声が日記帳に綴られていました。嬉しいことです。

□ 今朝、私は短くふたつ話しました。
　ひとつは、同じことで注意を受けるのを止めなさいということです。
　もうひとつは、一人の例外もなく誰にでも良いところがあるということです。
　その良さを曇らせる悪行は止めようという話です。
　私達はまだまだ、きっと良くなります。
　私は38歳ですが、年々自分が向上していることを自覚しています。そうなるように日々を生きているからです。数カ月ぶりに会う人達に驚かれることも多くあります。1年ぶりに再会した仲間達からは「別人だ」と言われます。そのくらいのスピードで変容しています。
　38歳の私ですら、まだ成長できるのです。若き君達ならばなおさらです。
　自分自身にリミット（制限）を設けず、遠慮なく大いに努力して、大きく伸びてほしいものです。（ここまで9日記す）

□ 10日朝の会では、挨拶の声が3倍ほど大きくなり、揃ってきたことを褒めました。
　2Aの良さは朝、全員が揃うことです。これは4月からずっと続いていることです。他の部分は課題山積でしたが、1日1ミリの前進を重ね、教育相談で「2Aは変わった」「自分も変わった」「今の方が楽しい、心地よい」という声が全員（現在13名/25名終了）から上がるようになりました。
　「2A」に形はありません。「2A」は君達が集まっただけのものです。
　君達の集団につけた名前が「2A」なのです。
　「2Aが良くなる」という言葉は、比喩です。
　「2Aが良くなる」とは、「2Aを構成する生徒が良くなる」ということです。
　2Aが変わるのではありません。君達が変わって、2Aが変わるのです。
　君達が努力して成長しているから、2Aが向上しているのです。

□ 期末考査の個票が返されます。
　得点や順位に一喜一憂するだけで終えるのはもったいない。
　得点の裏側にあるものを直視することです。
　この世は因果の法則に支配されています。得点という結果には、それにふさわしい原因が必ずあったのです。
　良い得点の裏側には良い思考と行動があったでしょう。
　良くない得点の裏側には良くない思考と行動があったはずです。
　そこから目を背けてはいけません。
　胸が痛んでも、憂鬱になっても、前に進むためには原因をつかむしかない。
　原因をつかんで、解決策を決め、実行する。どんな問題もこれで解決できる。
　人生は一度きり。やらなきゃもったいない。やってやれないことはない。やらずにできるわけがない。
　君達の成長を支えるため私も努力します。中学生に「自己責任」と言い切りたくないからです。

●7月 　　　　　　　　　　　　　　　　　　　　　　　　平成X年7月10日発行第97号

またひとつ新たな事実が生まれた日

●アーカイブコメント： 　授業をきっかけに「YouTubeの代わりに読書をするようになった」
このような事実を一つでも多く生み出すために、私は授業に燃える。「1日のエネルギーを授業
でつかいきってしまうほど本気で授業をしてくれます」は最高の褒め言葉だ。思いは伝わるのだ。

■今日は七夕です。7月7日で「7」が2つもついている日なので良いことがありました。それは、国語の
テストの点数が上がったことです。中間テストより期末テストのほうが難しいのに点数が上がったことは、
私にとってすごいことなのです！

　期末テスト前に長谷川先生が言っていた、国語のテストの点数が上がることは本当だったのです。初めは
先生が言っていることは嘘だと思っていました。なぜなら私は、1年生のときの定期テストで点数が下がっ
ていったからです。

　しかし、今回のテストで点数が上がっていてびっくりしました。

　先生が今日の国語の授業で言っていた、「毎日日記を書くことで国語を勉強している」ことは本当なんだ
と思いました。

　これからも毎日、日記を書いていきたいなと思いました。日記を書くことで、その日の出来事や過去の自
分と今の自分を比べたりもできるので一石二鳥だなと思ったからです。(凛)

□またひとつ、事実が生まれましたね。我が事のように嬉しいです。

　私が教室で話すことに、嘘はありません。

　嘘も方便と言いますから、プライベートの場では嘘をつくことがあるかもしれませんが、仕事で、教室で
生徒と対峙する時に嘘をつくことはないと断言できます。

　私の話には、根拠があります。教職15年間で付き合ってきた生徒達の成長の事実が、話の背後に厳然と
存在しています。

　だから、信じてよいです。信じなくともよいですが、信じた方がためになると私は思っています。

　最後に、日記の威力については何度も書いてきたので繰り返しません。続けることで、人生が拓けます。

■国語のテストが返却されましたが、先生の解説はとてもわかりやすかったです。先生は1日のエネルギー
を授業でつかいきってしまうほど本気で授業をしてくれます。ですから、それに応えられるよう授業を受け
ていきたいです。(由香)

□こういう気持ちで授業を受けてくれると、更に実力が伸びます。受け身を止めた時、人は成長が加速する
のです。

　さて、由香さんの「1日のエネルギーを〜」の表現を読んで、面白いなと思いつつ、そのとおりだと納得
しました。授業は教師と生徒の真剣勝負です。脳全開の対決なのです。

　3月まで、自分に教えられることすべてを教えていく心づもりです。

　能動的に、チャレンジすると良きことが雪崩のごとく起きますよ。

□今年最後の国語授業を終えました。

　漢字スキル14の10問テストは、ほぼ全員が100点満点。平均点も97点くらいでした。

　終えた後は「読解スキル」の「金魚」(池部良)という作品を用いて、「分析のものさし7」を活用させる
授業を展開しました。

　「こうすれば長い文章も読めるのだとわかった」

　「時間を意識して解くことの大切さがわかった」

　「男子も女子も「指名なし」で発表して、成長を感じた」

　「読み方が分かると問題が解ける、のみならず、内容を深く理解できて面白い」

　「授業で習った読み方を毎日の読書で試したらすごく面白くて、YouTubeの代わりに読書をするように
なった」

　そんな感想が次々寄せられました。嬉しいものです。

●7月　　　　　　　　　　　　　　　　　　　　　　平成X年7月16日発行第98号

2A 不在の三日間

●アーカイブコメント：　授業でも学級経営でも部活指導でも、私が行うのは生き方の指導である。積極的生徒指導と言い換えてもよい。その土台の上に、教科の実力、達成感や感動、競技のスキルが載る。生き方の指導だからこそ、親の苦労や喜びを伝え、感謝の大切さを語るのである。

□社会体験チャレンジ事業で二学年がいない。朝から学校が静かだ。
　静かで良いという意味ではない。
　通知票を書く時間ができるのは有難いが、教室に行っても誰もいないことには違和感を禁じ得ない。
　日記帳を読めないのも面白くない。
　掃除もひとりでやっているが、発見もなく感動も薄い。
　いればいたで色々とあるが、やはり2Aがいないと始まらない。

□13日、私はまず森林管理事務所さんに、次にM幼稚園さんに、それからH屋さんに挨拶に出向いた。
　受け入れてくださったことへの御礼を述べ、概要を聞き、そこにいる生徒全員の様子を観察した。
　H屋さんでは、悠真君がオーダーを取ってくれるというから、お蕎麦を注文した。「蕎麦つゆが熱いのでお気を付けください」手つきこそ危うさもあるが、失礼は無い。中学生としては合格だ。

□14日はBと森林管理事務所に出向いた。
　Bは昼食休憩中、森林管理事務所は現場実習中だった。
　15日はFタウンを訪れた。メンバーは4人全員A組。かおりさんと友梨さんは休憩中、圭太君と陽翔君は入居者に対応中だった。良い顔を見ることができて嬉しかった。
　また、15日に活動のない消防署チーム（A組では和樹君のみ）とA、B双方の教室掃除で汗をかいた。階段もきれいにした。
　こういう時、私は目の前の仕事の「向こう側」にあるものを想像する。
　たとえば、明日の大掃除が楽になって助かっているA組メンバーの顔をイメージする。廊下にほこりがないことに気づき喜ぶ人のことを思い浮かべる。
　そうすると、意欲が数倍になる。楽しくなる。どうせやるなら楽しくやった方が心にも体にも良い。
　（ちなみに14、15日はN高テニス部との合同練習及び試合である）

□職場体験は貴重だ。
　大人の世界を垣間見ることができる。
　大人は、君達が体験した「仕事」の数倍の量の仕事を、数倍の質の高さで、毎日毎日1年中やっている。
　職場体験をすると、社会人の喜びと苦労の一端がわかる。
　親の喜びと苦労の一端もわかる。
　親への思いの形が変わる。言葉が変わり、態度が変わる。
　そういう良さも、職場体験にはある。

□私は国語を教えながら、授業を通して「生き方」を向上させたい。
　道徳でもまた、より良き「生き方」を共に追求したい。
　学級経営も同じ。君達の人生の土台作りを手伝い、己の人生を更に充実させたい。
　ひとりも落ちこぼさず、たったひとりの例外もなく、学校を出てからも役に立つことを教える。教えたつもりで終えるのでなく、できるところまで身につけさせたい。
　私という教師をもはや必要としない人間に育てる。
　私にできることは限られている。そのことは十分わかった上で、チャレンジを続けたいと今、思っている。

●7月　　　　　　　　　　　　　　　　　　　　　　　平成X年7月16日発行第99号

一番できている！

●アーカイブコメント：　数々の事業所から想像以上に良い評価をいただいた。非日常の場だからこそ気づいたことがあり、考えたこともあろう。彼らの生の声を共有すべく、日記の文章をずらり並べた。訪問した際、活き活きと仕事をする生徒の姿を見て私もまた考えを新たにした。

■今日、はじめて職業体験に行きました。最初は不安だったけど、店員さんがやさしく教えてくれて安心しました。

品出しをしたり、前出しをしたり、商品をつめたり、たくさん働きました。すごく重労働で、商品の場所もわからなくて、歩き回ったりして、午後は眠りそうになるぐらい疲れました。これを毎日やっていて、店員さんはすごいと思いました。

自転車で帰るのも、暑くて疲れました。明日も暑いと思うけど、たくさん働いてがんばりたいです。（唯）

■最終日でした。子どもに合った接し方とは簡単に言うと、子どもの個性を知ることだと思いました。個性を知ることで幼稚園や家族の中の大切な価値が生まれてくるのだと三日間を通して知ることができました。

それと、幼稚園の先生に「将来の道を開くために今の自分を大事にする」ことを教えていただきました。その通りだと思いました。今の自分ができることは一生懸命とりくみたいです。（由香）

■今日で社会体験チャレンジ、最終日でした。三日目だったのでやっと仕事に慣れてきたと思ったら今日で最後だったので悲しいです。最後の日にお弁当が牛カルビ弁当だったのはうれしかったけど、もっとBで働きたかったです。

でも今回、Bで働かせてもらって色々とわかったことがあります。

まず、Bの仕組みについて理解できました。それに、働く楽しさや仲間との協力の大切さはもちろん、失敗してもそれは成功へ向かって、自分の未来に向かって走っているんだと思いました。

社会体験チャレンジをやって損はなかったです。貴重な体験をさせてくれてありがとうございました。

（凛）

■社会体験チャレンジ2日目。前回はずっと皿洗いだったので、今日は接客をさせていただきました。接客は皿洗いより難しくて（当たり前だけど笑）、お客様の気を損なわないようにするのがとても大変でした。でも、何度も「がんばれ」「美味しいね」「ありがとう」と言われたことが、とても嬉しかったです。「美味しいね」と言われた時は、私が作ったわけでもないのに「ありがとうございます」と満面の笑みで返していました。

この2日間、たくさんのものを得ることができたと思うので、とてもよい経験になったなと思います。今日で終わりだけど、また機会があったらこのようなお仕事をしてみたいです。（裕美）

■とうとう最終日です。ずっと立ちっぱなしの仕事なので足が痛い時もあったけど、気合いでなんとかなりました。三日間を通して、お金をかせぐって大変なんだと感じました。いろんな人に感謝です！（茜）

■今日が、職場体験の最終日でした。

やっと慣れてきたところで、終わりになってしまったのでなんだか悲しかったです。

お店の方には、とてもよくしてもらいました。「今まで職場体験に来た子たちの中で一番できている」と今日はほめられました！！

とても充実した三日間でした。（灯）

□働きぶりを大いに評価してもらえたのですね。O中学校の看板を輝かせてくれてありがとう。

他の皆さんの働きぶりも、高評価でしたよ。おつかれさまでした。

●7月

平成X年7月17日発行第100号

与えられたら、与え返そう

●アーカイブコメント： 一学期最後の通信だ。様々な思いを抱えているゆえ、フォントを落として ぎっしりと綴った。「君たちと語らっていると、元気が回復する」このメッセージは是非伝 えたかった。そのうえで課題を提示した。豊かな人生の必要条件の一つ、GIVE の精神である。

□あっという間だったという人がいるでしょう。
　長かったと思っている人もいるでしょう。
　私は後者です。やっと夏休みにこぎつけた、という思いです。
　私にとって、夏休みは1年で最も仕事が多く、重圧がある期間。「早く来てほしい」とは思わないのです。
　それぞれにさまざまな思いがあろうと思います。一学期が、終わります。

□異動1年目、大きなことから小さなことまで過去のそれらと違う、そんな環境で4ヶ月弱を過ごしました。
　細かい事まで逐一確認しなければいけないので、自分のペースで仕事を進められない。その分疲れがたまった時期もありました。往復80キロの通勤も時に苦痛でありました。
　学級で、学年で、学校規模で、授業で、理想と現実のギャップの大きさに考え込む日もありました。
　そのたびに、すべてが修業、すべてが自分の磨き砂だと自己規定し、具体的な工夫を実践してきました。
　そして、2Aの教室に入り、2Aのメンバーと語らっていると、元気が回復するのでした。
　君達にとっては、この4ヶ月はどんな日々でしたか。
　ゆっくり話す間もありませんが、聞いてみたいことです。

□終業式。学年代表として陽菜さんが立派なスピーチを為し遂げました。
　良く考えられた内容で、何度も練習したことが伝わってきました。
　昨日の学年集会では、直樹君がスピーチしました。事前に準備をしなかったという話も聞きましたが、直樹君は確かに、思い出しながら話していたのです。思い出すということは、事前に考えていた証です。
　直樹君もまた、リーダーとして成長しているのです。

□職員室で事務をしていると、3年生がこの夏休み中の合唱の取組について相談しているのが聞こえてきました。懐かしい感覚でした。
　過去の私の学級もそうでした。「伴奏者だけに努力をさせるわけにはいかない。歌い手も努力する」と、生徒達が自ら夏休みの練習計画を立て、必要物を準備していました。必要物とは1人1枚のCDと、楽譜です。それらを用いて個々人が夏休み中に歌詞を覚え、歌えるようにして来る。その土台の上に、二学期の授業で合唱を創っていくのです。

□2Aは、自由曲を決める動きもまだ見えません。
　夏休み前に決めなければならないのだそうですが、誰も何も言い出しません。
　先を見通して行動することのできる人が、今はまだいないのです。
　学級の未来に無関心だということです。変容させたい点のひとつです。

□本来であれば音楽の授業で自由曲を決定します。
　今年は、依頼され、国語の授業をつぶして候補曲を聞かせ、感想用紙（兼投票用紙）を記入させました。
　結果は音楽係が集計するとのことでしたが、動きがないので私がやりました。
　誰一人、この動きに気づいている人はいません。

□さて、今後2Aはどうなっていくでしょうか。未来は神のみぞ知る、ですが、私の中にはイメージがあります。ここでは敢えて表明しません。
　君達が自分の頭で考え、願いを持てば、両者が共鳴して奇跡が生まれることもありましょう。与えられているだけでは駄目です。与えられたら、与え返す行動をしなければ、この世では成功できないのです。これをバランスの法則と言います。
　この夏。与えられてばかりの生き方から脱却しませんか。1＋1は3じゃないんだよと教えられたら素直に受け入れると人生が変わりますよ。大いに学び、大いに体力づくりをし、大いに遊び、深く考える夏休みを、互いに創りませんか。8月25日、私はまったく違う長谷川博之で君達の前に立ちます。

●8月　　　　　　　　　　　　　　　　　　　　　　　　　平成X年8月25日発行第101号

刻み付ける

●アーカイブコメント：　私にとっても激動の夏だったことを思い出す。前号で「まったく違う長谷川博之で君達の前に立つ」と宣言した。言ったからには必ず為し遂げる。大学病院の駐車待ちの時間にも本を読み、授業を構想した。そしてこの日、気愛を入れ、覚悟を胸に教壇に立った。

□涼気に包まれて二学期が始まろうとしています。
　何を為し、何を得、あるいは何を手放した夏休みでしたか。
　一人ひとりに尋ねてみたいです。

□まずは私自身のことを書きます。
　一言で、活動し尽した夏でした。

□まず、県大会に向けた練習と大会引率です。雨の1日でしたが選手は奮闘し、1回戦を勝利しました。4月に彼らと決めた目標「県大会出場」を達成し、6月に決めた「1回戦突破」も達成することができました。
　明確な目標と、達成のための努力をするならば、多くの目標は達成できるのです。

□次に出張（相手方からの依頼）で島根の隠岐、出雲をはじめ、品川区の中学校、県内私立中高一貫校に出向き、授業と話をしました。
　また、自らの研修として土日を中心に大阪、愛知、東京4日間、埼玉で2日間修業を積みました。

□お盆はきちんとしきたりに則って迎え、送りともに行い、妻の実家である福井に墓参り（義祖父が6月に亡くなったので新盆でした）にも行きました。
　本来であれば、22、23日は唯一の休みだったのですが、20日の朝に祖母が亡くなり、23日が通夜、24日が告別式でした。
　合間に父の入院先（埼玉医大）で手術の付き添いや見舞をしました。
　これでいわゆる夏休み（教師は休みではありません）が終わりました。

□休み中に怪我をしたり、病気に罹ってしまったりした人が、2Aにもいます。
　治療に専念し、1日も早く快復してほしいと願います。

□二学期は学力向上の正念場です。
　適した気候の中で、集中して学習ができます。
　体育祭、文化祭という大行事も続きます。
　これらの行事では、個人の公共心と自制心と利他心、集団を大切にする心と行動が大いに試されます。学級集団の力もまた、試されます。
　主役は君達です。
　君達が本気でやるならば、私は、精一杯手伝うつもりです。

□3月、どんな解散を迎えたいか。
　感動か。
　絶望か。
　惜しむ気持ちか。
　諦めか。
　一学期に引き続き、日々の私達の生き方が問われます。

□ここまで書いて、「2年生がノーヘルで登校している」という報告を受けました。
　余裕を持って通信を書きたかったのですが、残念です。

□言うべきを言い、為すべきを為し、挑むべきに挑み、戦うべき時は戦う。
　1日1日を、刻み付けるように生きていきましょう。

●8月　　　　　　　　　　　　　　　　　　　　平成X年8月26日発行第102号

それぞれに責任を果たす

●**アーカイブコメント：**　二学期初日に「社会性の向上」を掲げ、指導している。「できないことをできるようにすることが、卒業後の、自分の人生の土台になる」この信念に従い、長い二学期に一層の成長を実現しようという決意が滲み出ている。保護者を巻き込むのもそのためである。

□二学期初日の記録。
　朝の会。一学期にできるようになったことが、できなくなっている。
　これが長期休業の怖さだ。日本中どこの学校でも、程度の差こそあれ、生じる現象だ。
　スタート後何日で一学期の状態を取り戻せるか。担任はそこに心血を注ぐ。

□服装、頭髪等に、著しい変化は無し。余計な指導をしなくて済む。その分を、本来為すべき教育活動に費やせる。
　ただし、個々を見れば幾つかの指導事項はあった。織り込み済みである。

□始業式を挟んで、40分間の学活。
　学校でできるようになったことが、家で三十数日を過ごしただけでできなくなっているという事実をまず確認した。時間通りに動くこと然（しか）り、生活にけじめをつけること然り、日記の継続然り。
　学校というシステムを考え、形にした人は素晴らしいと私は話した。
　ただし、日本人の価値観の変容の多様さと社会システムの変化の速さに学校はついていくことができておらず、幾つもの部分で制度疲労を起こしていることは否めない。このことは学活では話さなかったが、付記しておく。

□家庭と学校。どちらが社会生活に近いか。無論、学校である。
　私は「学校を出たら社会だ」とは考えない。学校も社会である。家から一歩外に出たら、そこは社会だ。だから、社会のルールは学校にも適用される。社会の常識は学校の常識と重なる。
　よって、社会生活に適応する訓練は、学校にいた方ができる。学力をつけること以外に、社会性の育成という重要な働きが、学校にはある。
　現状では、できないことが幾つもある。できないことをできるようにすることが、卒業後の、自分の人生の土台になる。
　ルールを守って生活すること。人と関わること。気の合わない人間とも関係を築くこと。集団で一つの方向を目指して進むこと。

これらはすべて社会生活の基礎であり、仕事の基本である。

　社会性の向上。行事が続く二学期の、指導の重点とする。

□通知票、宿題、校長先生からの課題等の提出状況が悪い。
　昨日パーフェクトに提出した生徒は以下の名（敬称略）である。

貴司・さとみ・裕美・かおり・唯・陽翔・凛・由美子・颯太

　25名中9名。この数字をどう見るか。
　もちろん何かの間違いでひとつだけ忘れてしまったという人もいる。灯・茜・美月の3名である。一方で、中には自分が出したかどうかも確認せず、私から名前入りの新たなプリントを渡されて気づく、という人もいた。
　保護者の皆さん、この現状をどう考えますか。問題意識は共有できますか。
　できるとしたら、次にどんな行動をなさいますか。
　もちろん私も提出を呼びかけ続けます。それも仕事です。
　加えて各家庭でもぜひ、「提出を確認できるまで」声かけをお願いします。
　私も、小学1年の娘の宿題（中学生とほぼ同じ分量の宿題）を見てやり、提出を確認しています。親として。仕事をしながらだと、大変ですけれどもね。

111

●8月　　　　　　　　　　　　　　　　　　　　平成X年8月26日発行第103号

行動だけが現実を変える

●アーカイブコメント：　「指示したことはやらせ切る」集団統率の原則である。夏休み明けゆえ念入りに指導を入れている。発表させる時、私は「自信の無い人からどうぞ」と指示する。その意味も再度語っている。立とうとするから考える。傍観者でいるうちは成長もおぼつかないのだ。

□昨日の学活。

　提出物のチェックをひと通り終えた後、夏休みに印象に残った出来事、風景、人について、指名なしで発表するよう指示した。

　一学期の生活レベルを取り戻すために、少しずつ負荷をかけていく。

　最初の呼びかけで立った人、0名（ちなみに「自殺防止」のミニ授業では陽菜・裕美・かおりの3名が予想を発表した）。

　仕方がないから、私が喋った。101号に書いた内容をかいつまんで、所々肉付けして、である。

□その後、もう一度呼びかけてみた。なぜそうするか。

　指示したことを「やらない」という経験は、誤学習のもとだからである。

　こちらは思い付きでなく、意図を持って活動を指示している。

　それに対して「反応ゼロ」では、学級集団形成も信頼関係づくりもあったものではない。

　担任の呼びかけに生徒が応じない。そのような状況で、自由で平等で誰にとっても心地良い学級集団など、絶対につくれない。

　さて保護者の皆さん、誰が立ったと予想しますか。

□最初に立ったのは陽翔君である。

　この夏の私の感動の一つは、男子バスケット部が全員参加のもとでまともに活動するようになったという事実だった。そこで汗を流した陽翔君が、教室でも立った。このように、部活動を本気でがんばる生徒は、授業や学級生活でも同様にがんばる。どこかでがんばる（努力する）が、どこかで手を抜く（逃げる）というズルい生き方をしているうちは、結局偽物である。

　陽翔君の発表は、会津旅行の報告だった。笑いを誘う良い話だった。

　次に立ったのが、茜さんである。茜さんの話も笑いを誘った。

　ふたりとも上手だった。このような発表のあとではハードルが上がってしまい、余計に言いにくくなる。だから私は言う。「自信が無い人からどうぞ」と。

　「短時間では話をまとめられない」という人がいる。私は言う。「とりあえず立ちなさい」と。立ってから考えればよい。座っているうちは、頭は回らない。

　「上手に話せない」という人がいる。私は言う。「上手な話など、中学生である君達にはできるはずがない。訓練も人生経験も足りないのだから。下手な話を堂々とすれば良い」と。

　やらなければならない場所に自分を追い込む。

　だからこそ、当事者意識が刺激され、脳が活性化し、胸がドキドキし、真剣になる。その経験を一つでも多く積んだ人間が、本物の成長を実現していく。

■学校が始まりました。学活の授業では先生にどんな夏休みだったかを聞かれました。一学期だったらたぶん発表できたと思います。だけど今日は発表できませんでした。一学期の発表ができない自分に戻ってきていると思いました。僕ははやく発表ができるようにしたいです。僕の夏休みに印象に残っていることは合宿で山梨に行き、これからだという時に初日で手の骨を折ってしまったことです。

　（体育祭の）結団式もありました。僕は手をけがしているので競技に出られるかわからないけど、声かけができるので声かけをがんばりたいです。そして今年は優勝したいです。（晃太朗）

□発表ができなくなった自分について、4名が日記に反省を綴っていた。

　反省を反省で終えてはもったいない。君達が2Aの先頭集団となる。次のチャンスには、何も思い浮かばずとも立て。行動だけが、現実を変える。

112

●8月　　　　　　　　　　　　　　　　　　　　　　平成X年8月27日発行第104号

母校をどう見ているか

●アーカイブコメント：　人間は環境の動物である。所属する集団から大なり小なり影響を受ける。中学生は一般に視野が狭い。通う学校を「中学校そのもの」だと容易に勘違いする。だから本当は外を見せたい。質の高い生き方をしている中学生を見せたい。そんな思いを語りに込めた。

□校長先生から「夏休みの宿題」が出された。
　B6版の紙1枚。二つの設問に答える形だ。
　ようやく学級全員分を集めた。
　以下の三つの理由から、すべて打ち込むことにした。
　せっかく書いてもらったのだから、共有したい。これが第一。
　保護者にも、我が子の考えを知って欲しい。これが第二。
　そして、今後、「こんな学校にしたい」を具現化する道筋をつくりたい。これが第三。
　母校に対して誰がどんな感想を持ち、そして、願いを持っているか。
　授業でも扱うつもりだ。一度目を通しておいてほしい。

1.　O中学校の「よいところ、自慢できるところ」

①集団で集まるのが早い所（貴司）
②元気で明るいところ！（さとみ）
③あいさつができる（直樹）
④笑顔で元気が良い。課題に対して本気でとりくむ人が多い。（由香）
⑤あいさつが多い。笑顔がたくさん。（晃太朗）
⑥あいさつができる。（博）
⑦男女の仲が良い！　元気があふれ出ている！（鈴音）
⑧あいさつができる。（舜）
⑨特にない。（圭太）
⑩長谷川先生がいること。生徒がとても明るくて元気なところ。優しい先生や先輩がたくさんいるところ。
　（裕美）
⑪あいさつがみんなできるところ。（友梨）
⑫とくになし。（和樹）
⑬優しい心を持っている人がたくさんいる。明るく、元気で、笑顔。（かおり）
⑭元気なところ。明るいところ。（唯）
⑮元気のよいところ。（咲良）
⑯しずかな所。（悠真）
⑰仲がいい。（陽翔）
⑱男女で仲がいいと思う（他の学校よりも）。（灯）
⑲しっかりと挨拶ができるところ。（凛）
⑳集合がはやい。大きな声であいさつできる人が多い。（由美子）
㉑あいさつができる。一人一人が目標をたて、達成のために努力している。（茜）
㉒集合がはやいところ。元気がいいところ。（美月）
㉓男女の仲が良いところ。時間を意識できているところ。（陽菜）
㉔校舎が古くて歴史があるところ。（颯太）
㉕学校が古いところ。（碧人）

□もちろん、これを書いた君達は、他校を知らない。
　埼玉県だけを見ても、中学校は約450校ある。中には君達の想像を超えた質の生活をしている学校もあれば、荒れと無気力が目立つ学校もある。
　本当は、他校の現実を知った方が良い。
　自分の同世代の中学生の生き様をこの目で見た方が良い。
　できるならば、自分達より質の高い生き方をしている同級生を見るのが良い。
　生き方の変革を迫られるからだ。
　「今のままでは駄目だ」と心の底から思う。そこから、成長の努力が始まる。

113

● 8月　　　　　　　　　　　　　　　　　　　　　　　　　　平成X年8月27日発行第105号

生徒が望む学校

●**アーカイブコメント：**　望む学校を創るのは誰か。責任は当然、教師集団にある。だが、教師集団の努力だけで魅力的な学校を創ることはできない。同じ志の下に汗をかく生徒集団が必要だ。望む学校を書かせるのは簡単だが、共に働く同志を育てるのはきわめて難しい。だから挑む。

□希望を持つことは大切だ。
　希望を持つことで、人生は豊かに彩られる。
　自分自身の未来に希望を持つことはもちろん素晴らしい。
　母校の未来に希望を持つことも素敵なことだ。
　まずは、各々の希望を見てみよう。

2.　O中学校を「こんな学校にしたい」

①みんなが笑顔で生活できる学校。（貴司）
②全員であいさつができる学校。（さとみ）
③きそくただしい学校。（直樹）
④そうじをしっかりして、学校をきれいにしたい。4秒礼を全員ができるようにする。（由香）
⑤規則正しい学校。（晃太朗）
⑥きそくただしい学校。（博）
⑦上下関係をしっかりとできる。仲良く。（鈴音）
⑧明るくて、元気のある学校。（舜）
⑨特にない。（圭太）
⑩何でも本気で取り組めて、挑戦する心を忘れない。あいさつが元気よくできる。友達を気遣い、応援してくれる。（裕美）
⑪新しい校舎にしてほしい。（友梨）
⑫とくになし。（和樹）
⑬笑顔の花がたくさん咲いている学校。（かおり）
⑭部活を本気で取り組む学校。授業がわかりやすくて、楽しい学校。（唯）
⑮あいさつのできる学校にしたい。（咲良）
⑯きれいな学校。（悠真）
⑰うたのときに声をおおきくする。（陽翔）
⑱悪い事件などがおこらない学校。（灯）
⑲楽しく毎日過ごせる学校。（凛）
⑳みんなが笑顔で楽しい生活を送れる学校にしたい。学年関係なく仲良くできる学校にしたい。（由美子）
㉑がんばっている人が認められる学校にしたい。あたり前のことがあたり前にできる学校にしたい。（茜）
㉒あいさつがしっかりでき、「勉強」、「部活」に一生けんめいとりくむ学校。（美月）
㉓人を思いやり、クラスで学年で学校で一致団結できる学校にしたい。（陽菜）
㉔あいさつがしっかりできる学校にしたい。（颯太）
㉕悪いことが起きない学校。（碧人）

□大事なのは、希望を持った後だ。
　一連の希望を実現するのは誰か、という話だ。
　教師か？　もちろんだ。
　しかし、教師だけでは学校はつくれない。学校の質は高められない。
　同じ希望に向かって共に走る生徒が必要だ。それを同志という。
　目標でも夢でも何でもそうだが、「書いて終わり」はつまらない。もったいない。書いた本人すら忘れてしまうような目標や願いが、実現する見込みはゼロである。
　私は君達の希望を受け止めた。この1年私なりに努力する。
　では、君は何をする。まずは今日、何をする。

●8月　　　　　　　　　　　　　　　　　　　　　　平成X年8月28日発行第106号

最下位集団のままか、抜け出す努力を始めるか

●アーカイブコメント：　20分間の道徳の内容だとある。剛速球で勝負している。学期始めからスパートをかけているのだ。いじめや差別、荒れや無気力との闘いは「徐々に」進めるものではない。初っ端から一気呵成にやるのだ。正直者が馬鹿を見る風潮と訣別させる闘いだ。

□正直者が馬鹿を見る。

　正義を通そうとする者が傷つく。

　努力する者が笑われる。

　真面目にやる者が馬鹿にされる。

　二学年はそういう状況だ。おそらく過去数年間、ずっとこの状況が続いてきたのだろう。そういう証言は幾つもある。「学校に行きたくなかった」という告白も、複数名から届いている。

　誰かが、この惨状を変える努力を始めなければ、差別のピラミッドも、不安だらけの、うわべだけの友人関係も、何も変わらない。

　4月、私は現実と格闘することを決め、行動を始めた。

　8月末、今もまだ、共に走る者は無い。

　独りだ。

　独りでもやるが、条件がある。

　目の前の君達が、

「まずはまともな集団をつくること」

「次に、集団の質を高めていくこと」

「そして、本当の意味で安心し、心身ともに安全に生活できる集団に育てること」

を心から望むことである。

　君達が望まないのであれば、私だけが必死にやっても変化は薄い。よって、私も今の努力を止める。

　さあ、本音で語ろう。

　これが、昨日の道徳（冒頭から身体測定があったため、たったの20分間だった）の主題であった。

□道徳ノートを忘れた者が8名いたこと。

　これは、「素材」に過ぎない。

　要は、帰りの会の「係からの連絡」を「無視」しているのだ。「無視」が言いすぎなら、「スルー」しているのだ。

　友の声を簡単に無視する。それは友の存在を無視しているのと同じだ。

　その冷酷な生き方が問題だと、私は言っているのだ。

□日記を提出しない者が6名（うち全く出さない者は2名）いたこと。

　これも、「素材」に過ぎない。

　要は、「自分病」なのだ。

　自分の感情が常に最優先。自分以外に大事にすべきものを持たない。

　学級にいることのメリットを受け取るだけで、学級に対して役に立とうとする気持ちがまったくない。

　面倒なことはやらない。自分の利益にならないことはやらない。人が傷つこうが落胆しようが、そんなことは関係ない。

　その卑怯で自己中心の生き方が問題だと、私は言っているのだ。

□確認しておく。道徳ノートを持ってくることや日記を提出することを疎かにする者達だけが「問題」なのではない。

　冒頭に書いたような惨状を、自ら知恵を絞り、汗をかいて、時には涙を流して、改革していこうとする人間が一人もいないことが、実は最大の問題なのだ。

　私は独りでもやる。向上することを、君達が望めば、だ。

　さあ、どうなのだ。

●9月　　　　　　　　　　　　　　　　　　　　　　　　　　　平成X年9月2日発行第107号

長谷川がまず変わる

●アーカイブコメント： 　人が人を変えることはできない。だが、気づかせることはできる。相手に気づきを与え得る自分をつくるのが先決だ。理想は捨てない。妥協もしない。理想までの辿り着き方を変える。自分が変わる。私自身が新たな道を見出したことがわかる1枚である。

□学級通信をもう少し続けてみることにした。
　日記の取組も続けることにした。
　生徒の声に支えられてのことである。
　男子にも女子にも、「続けてほしい」と書いてくる人が何人もいた。
　求められているものならば、続ける。

□8月最後の土日も仕事だった。
　28日（金）の勤務終了後羽田空港に移動し、宿泊。
　29日（土）の朝の便で福岡入りし、最終のフライトまで働いた。
　搭乗までの間及び機内で久々のお酒を飲みながら、じっくり考えた。
　2年A組のこれまでとこれからを、である。

□成果を急ぎ過ぎないようにしよう。
　理想は捨てない。志を曲げるような妥協もしない。
　しかし、理想までの「たどり着き方」は変えよう。
　今までの長谷川がやってこなかったことをしよう。
　今までの長谷川が語ってこなかったことを語ろう。
　すなわち、私が一番先に変わろう。
　そして、まずは私が心から来たいと思う環境をつくろう。
　担任が我慢に我慢を重ねて来ているような学級が、良いものに育つはずはないから。
　そんなことを考えていて、気づくと機はすでに羽田への着陸態勢に入っていた。

□ある人が、私のO中での取組を「暖簾に腕押し」と言った。
　「そうかもしれませんね。でも、そうであってもやらないよりはいいんです」　私は返した。
　5か月が過ぎた今、生徒と私との関係性は、着実に変化している。

□友梨さんは27、28日の二日間にわたってノート数ページずつ本音を綴ってくれた。この日記が生まれただけでも、4月8日から毎日、日記を書かせコメントを書いて返す取組を続けて来て良かったと思えた。
　彼女の文章の内容を、ここには書かない。
　昨日の給食後、その文章を読みながら、涙を堪えるのが難しかった。

■昨日思ったことをまとめると、私は、先生が学級通信に書いた3つのことを心から望みます。そして先生。私達のために色々なことをしてくださりありがとうございます。私は頑張ります。（友梨）
□これが、2日間の日記を受けての、彼女の答えである。
　ここに生きる全員の本物の幸せのために、私も共に進むことを誓おう。

■今日も先生から大事な話がありました。僕は自分達で行動できるようにしたいです。そしてずっとこのクラスでいたいと思えるようなクラスにしたいです。でも今、僕は「このようなクラスにしたい」や「努力をしたい」と言っているだけで、まだ行動に移せていません。だから、少しずつでも行動に移したいです。まずは先生に同じ事を言われずに自分達で考え、行動できるクラスにできるように協力していきたいです。
　　　　　　　　　　　　　　　　　　　　　　　　　　　　　　　　　　　　（晃太朗）
□男子にも、自身の成長に対する願い、学級の成長に対する願いを綴る人が育ってきた。その変容を、私は誰よりも何よりも嬉しく思っている。

●9月　　　　　　　　　　　　　　　　　　　　　　　平成Ｘ年9月2日発行第108号

「ねば」 から 「たい」 へ

●アーカイブコメント：　「問いに答えなくてもいいの？」保護者が娘に問うてくれている。参画してくれている。このようなささやかな事実に支えられ、日々現実と格闘していた。「学校に行きたくなかった」「でも今年は違う」自己開示を始めた生徒と保護者から、続々と声が届き出した。

□教師生活16年。教師と生徒の関係が、師と弟子の関係に発展した時、いくつもの奇跡が生まれた。
　そういう関係を築き得る教師に、私自身が楽しみながら成長していきたい。
　「ねばならぬ」でなく、「そうありたい」のだ。

■「日記」はクラスで起きた出来事を書く。そして、真剣に本気で、本音を、だ。私は今、どうだろう。書いて、反省し……その後は？　自分で自分を下げてしまっている。反省を反省で終わらせてしまっている。
　戻らない、そう決めたのだから、下げてはいけない。反省から、大切にしていく。自分を成長させる。「自分を変えられるのは自分しかいない」から。
　「気愛」105号の最後の文に、「では、君は何をする。まずは今日、何をする」と問われている。それなのに、私は自分の意見を記していなかった。とても後悔している。なぜなら、母に言われていたからだ。「この問いに答えなくてもいいの？」と。その言葉をしっかり心で受け止めていれば、変わっていたかもしれない。とても悔しい。だけど、過ぎ去ってしまったことは直せない。戻せない。だから、今ここに記す。
　私にできることとは何だろう。深く考えずとも、できることなどたくさんある。ゴミ拾い、お手伝い、見て見ぬフリをしない、悪い事はちゃんと注意する……。あたり前だけども。あたり前のことをして、それよりも一歩上の事をしてみる。そうやって、小さい事からしていく。私はドーンと大きなことができる人間じゃないから。小さい物を集めて、集めて、大きくしていく。
　私にはたくさんのことができるはずだ。そして、今日は？　何をしようかと考えるよりも早く、これをやろう！　やってみよう！　としていく方が良いと思う。考えれば考えるほど、わからなくなってしまうから。今を変える。自分を変える。それが、今、私にとって一番大切なことだから。
　反省を反省で終わらせない。絶対に。努力し、協力し、団結できる集団がいい。そして、常にどんなときも笑顔でいたい。だから、「今」の「私」を変えていく。絶対にだ。（かおり）
□翌日の日記に、かおりさんはこう書いた。

■昨日の「気愛」について、今日書く。
　「正直者が馬鹿を見る」「正義を通そうとする者が傷つく」「努力する者が笑われる」「真面目にやる者が馬鹿にされる」これは事実。現状でも。
　「学校に行きたくない」私も思った。そういう時期もあった。
　では、まともにするために私は何をした？　何もしていない。
　何か行動した？　なにもできていない。何の努力も、私はしていない。そんな人が、「まともにしたい」「クラスの質を高めたい」等と言えるわけがない。先生が言っていた。「口動を行動に」。これを忘れずに行動していきたい。
　私も、向上することを望む。先生ほど器用でもなく努力もできていないが。私なりにできることをやっていきたい。
　「努力したものが全て成功するとはかぎらないが、成功したものは皆努力している」
　「夢は逃げない。逃げるのはいつも自分だ」（かおり）
□まずかおりさん。あなたは2Aで一番最初に、私と一緒にゴミを拾ってくれた。最初に井戸を掘ってくれた。今のあなたのままでも十分すばらしい。これが大前提だ。「変わらなければ」でなく、「変わりたい」。「must」より「want」。そこから始めよう。
　かおりさんのお母さん。「気愛」を親子の対話に活用してくださり、ありがとうございます。望むところです。

●9月　　　　　　　　　　　　　　　　　　　　　　　　　平成X年9月2日発行第109号

義務を果たすだけで終わってはもったいない

●アーカイブコメント：　目の前で繰り広げられる緊急事態をまずは鎮静化させ、次第に生活の質を高め、そして誰もが安心・安全に生活できる集団へと進化させていく。学級担任の重要な任務である。解散までに自治的集団まで向上させると決意し、必要な手を次々打ち始めている。

■「気愛」を読んで、私は、先生が書いた三つのことを心から望んでいます。そのためには、何かをしていない人には声かけをしたり、自分が何をすればよいかを常に考えることが大切だと思いました。だから、これからそれをやっていこうと思います。（陽菜）
□心から望んでくれてありがとうね。
　それなら助言できるよ。
　2Aをさらに明るく、楽しく、優しい場にする、そのためにやりたいことを次から次へとやっていけばいいんだよ。
　たとえば係活動ひとつとっても、今は停滞しているよね。
　義務として決まっていることをやるだけの生活から、一歩二歩抜け出すと、自分も、自分を取り巻く環境も、もっと楽しくなるんだよ。

■道徳の授業で私はなあなあにやるのではなく、何事も本気で全員で力を合わせてやり、気が合う人とつるむのではなく誰とでも仲良くしたいと思いました。
　なぜ今はこういうふうに書けているのに、授業中に発表できなかったのか。話がまとまらなかったというのは言いわけで、単純に立つ勇気がなかったからです。「気愛」の103号に「『短時間で話をまとめられない』という人がいる。私は言う。『とりあえず立ちなさい』と。立ってから考えればよい。座っているうちは、頭は回らない」と書いてありました。
　確かに座っているうちは、頭は回っていないなと思いました。だから今度は迷ったら立ってみようと思いました。（美月）
□立とうとするから、考えるんだよ。
　どうでもいいと思っていたら、思考は働かないよね。
　部活動で、勝とうが勝つまいが、上達しようがしまいがどっちでもいいと思っている人が、うまくなるはずないし、勝てるはずもないんだよね。
　発言は誰でもできるようになる。要は慣れなんだ。立つ時は勇気が必要だけれど、公の場の発言ができないまま人生を生きていく方が勇気が要るんだな。

■昨日の道徳の授業で私が思ったことは、2年生は変わらないといけないということです。
　今まで私たちの学年は、小学生のときから色々と問題を起こすことがありました。友達をいじめたり、提出物は出さなかったりしていました。そのため学校の先生にも迷惑をかけていました。
　しかし、中2になってから私たちの学年は少し変わり始めたと思います。
　友達をいじめたりするのも少なくなってきたし、提出物も出すようになってきました。だから、2年生を終えるまでにはもっとよりよい学年になっていると思います。
　今現在の私の学年は、他の学年と比べるといい集団とはいえないと思いますが、まずはまともな集団がつくれるように努力したいです。（凛）
□変わり始めたこと。私も複数実感しているよ。さらに楽しくなるよ。

■「気愛」を続けていただきありがとうございます。
　私はこのままではいけないと思っています。「気愛」106号の上から4行目まで読んだ時、確かにそうだと思ってしまいました。自分が努力するというと、まず日記を毎日出さないとダメだなと思います。それでクラスの仲を深めたいです。それで合唱をしたいです。みんなの協力が必要だから、まずは一人一人が意識していけたらいいです。（さとみ）
□やらされている感をなくし、やりたいからやっているという気持ちで取り組む。その方が何倍もの成果が出るものだよね。学習も運動も趣味も皆そうだね。

118

●9月　　　　　　　　　　　　　　　　　　　　　　　平成X年9月2日発行第110号

それでも、急がないんだけれどね

●アーカイブコメント： マイナス2万点から出立した学級集団を全国トップレベルの学級と比較し、それどころか、そのレベルまで進めると明言している。我ながら大風呂敷を広げたものだ。だが、私は有言実行型である。強烈な言葉で自分のエンジンに火を入れながら疾走する人間だ。

■私はきっと「自分病」なんです。

　金曜日の日記に、「私は怖い」と記しましたが、そんなのは可愛い自分に傷をつけたくないだけなんです。私が少しでも、それがどんなに小さいものであっても、勇気を振りしぼって一歩を踏み出さなければ、何も変わらないんです。私も、2Aも。

　私は幼稚園の頃、すごくマイペースで、準備運動はやらない。おゆうぎ会ではおゆうぎをやらない。音楽発表会では後ろを向いて歌うなど、問題児でした。今だからわかることだけれど、どんなに先生方を、親を困らせたことか。でも、私がそんなことをやっていたのは、マイペースだからという理由だけでなく、

ただかまってほしかっただけなのです。

　きっと、集団と同じことをできない人もそうなのでしょう。

　他人が何を考え、どんな理由でそんなことをやっているのかは、説明されない限りわかりません。それが、本当であるか嘘であるかも。

　けれど、何を考えているのか、想像することはできます。もしそれが外れていたとしても、別の理由を想像すればいい。そんな考えを持っている時、自分は何をされたら納得できるのか。それも考える必要があるけれど、何もしないよりましでしょう。

　私は「自分病」をやめる。そして、2Aを変える。（裕美）

□「自分病」という「病」は、夜回り先生こと水谷修さんの命名なんだ。

　いついかなる時も自分、自分。自分が一番、自分が優先。

　いや、当然自分は大事なんだよね。それは否定されることではない。

　そうではなくて、自分を過剰に意識するあまり、周囲と人間関係を築けなかったり、集団に適応できなかったり、それが問題なんだ。

　非行、投げやり、自殺願望。水谷さんは彼らに言う。

　「他人からありがとうと言われることをやってごらん」

　この助言は深い。人の役に立つことをすると、喜ばれる。人が喜ぶ顔を見ると、こちらの心は徐々に元気になる。心が元気になると、病んでいた時には考えようとしても考えられなかった様々な事柄について、考える余裕が生まれる。

　そして、そこから新たな人生が始まる。プラスサイクルが回り始める。

■「ねば〜ランド」から「たいランド」へ。「〜しなければならない」ではなく、「〜したい」に変わると、どれだけ変わるのか。

　それは、どしゃ降りの雨から、雲一つないキレイな晴天になる感じじゃないですか！？　今よりもっとよくなる。

　今日は、給食がとても早くできた。すごくよかった。（由美子）

□時を守り、場を清め、礼を正す。このみっつが満足にできるようになる。それだけでも、学級は全国トップ集団に入っていける。

　私はO中の1、3年と目の前の2年を比較しているのではない。

　それは、他と比較はしてはいけない、という一般的な教育観に従っているのではない。

　私は比較をする。必要な比較ならバンバンする。

　私がしているのは、君達と、私の知る全国トップレベルの学級集団との比較だ。

　君達の誰一人として信じなくても、私は信じる。

　君達はそのレベルまで進める、と。

　地位や名誉のためではない。ここにいる誰もが安心して、心身ともに安全で幸せに暮らせる環境を自分たちのこの手でつくるために、トップを目指す。

●9月　　　　　　　　　　　　　　　　　　　　　　　　　　平成X年9月3日発行第111号

この教室に、幸せのループを

●アーカイブコメント：　問題を起こす側であった生徒が自身の希望を口にし、文字にし始める。誰もが本当はより良く生きたいと願っているのだ。しかしそれをさせない何かが存在している。多くの場合、それは過去の柵だ。お前だけ抜け出すことを許さないという、負の集団力学だ。

□幸せのループの一例を示そう。

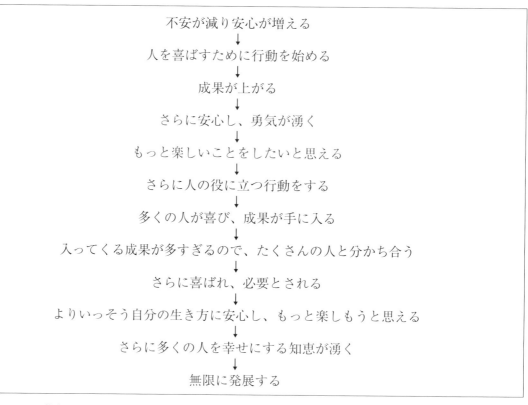

不安が減り安心が増える
↓
人を喜ばすために行動を始める
↓
成果が上がる
↓
さらに安心し、勇気が湧く
↓
もっと楽しいことをしたいと思える
↓
さらに人の役に立つ行動をする
↓
多くの人が喜び、成果が手に入る
↓
入ってくる成果が多すぎるので、たくさんの人と分かち合う
↓
さらに喜ばれ、必要とされる
↓
よりいっそう自分の生き方に安心し、もっと楽しもうと思える
↓
さらに多くの人を幸せにする知恵が湧く
↓
無限に発展する

縁あって2Aに集うた25名、その一人ひとりと私で、このようなループを生み出していきたい。
3月25日の解散までにどこまでたどり着けるか。
考えれば考えるほど、わくわくする。
あなたはどうだろう。

■自分も、誰にとっても安心で安全な環境にできたら、とてもいいと思いました。だから、自分も少しずつ自分にできることだけでもいいから、そういうことに取り組んでいきたいです。(直樹)
□またひとつ、大切な思いを受け止めた。
　直樹君も、いまの直樹君のままでも十分すばらしい。
　その上にさらに楽しさやうれしさや感動を乗せていくために、共に走ろう。

■「気愛」を読んで、私は、先生とクラスのみんなとトップの学級をつくりたい、なりたいと思いました。そのために、先生やみんなが早くクラスに行きたいなと思うような環境づくりをしていこうと思いました。先生が言っているように、「我慢に我慢を重ねて来ているような学級が、良いものに育つはずはない」と私も思ったからです。それは先生だけではなく、生徒もだと思います。
　だから私は、素敵な学級をつくりたいと思いました。(陽菜)
□尊い思いだよ。それを実現させるコツをふたつ教えるね。
　ひとつは、「思います」を使わずに、断定形で書くこと。
　もうひとつはいつまでに何をするか書き出してみること。
　これで現実が動き始めるよ。

●9月 　　　　　　　　　　　　　　　　　　平成X年9月3日発行第112号

楽しさを生み出すために苦しんじゃあいけないよね

●アーカイブコメント： 「先生は学級の成長をあせったのではないでしょうか」「これ以上の進歩がなかったら先生の考えや取組が否定されてしまうかもしれませんし」生徒の分析に唸らされる。一面の真理を突いているのだ。こういう文章が生まれるところにも日記指導の価値がある。

□秋晴れの空のように、からりと生きていきたい。

　成功したら「おかげさまで」、失敗したら「これでまた成功に近づけた」、トラブルが起きたら「さてここから何を学ぼうか」、そう考えてこの先も生きていきたい。

　煮詰まった時には「まあ、いいか」と口にして歩を進めたい。

　不安に駆られる時は、「きっとよくなる」とつぶやいて笑顔を取り戻したい。

　長谷川はもう38歳。それでも、日々こんなことを意識して生きている。

　そうやって生きていると、起きる出来事がどんどん変わる。

　人生は、おもしろい。人生は、すばらしい。

■先生が2Aの担任になったことは意味があることであり、2Aのメンバーが先生のクラスの生徒になったことはとても意味のあることです。

　もしかしたら先生は、「2Aが変わらずにこのまま1年を終えてしまったら」というあせりがあったかもしれません。だから前の先生は2Aの成長をあせったのではないでしょうか。少なからずそういう気持ちがあったと思います。これ以上の進歩がなかったら先生の考えや取組が否定されてしまうかもしれませんし。

　でも、先生と出会って私達はすごく変わりました。やっぱり意味のある出会いだったのです。

　仲良くなったり、初めて会った人やひどいことを言う人は全部自分にとって必要な人だと私は思います。今までずっとそうでした。本当に嫌いで嫌いだった人は転校していってしまったし、他中ですごく几帳面な子と仲良くなったり、自分にとって必要のない人はいなくなってしまうし、何かしら意味のある人は自分にとって良い影響を与えてくれ、何かしらアクションを起こします。それで自分がどう変わるかはその人しだいですけど。

　そして、私が今日の「気愛」を読んで思ったのは、「暖簾に腕押し」と言った人を見返してやりたいということです。どんな人が言ったのかは知らないけど超失礼です（｀＾´）。

　みんな、言葉ではなく、行動で人を信用したり尊敬すると思います。日記ばっかりつらつら書いていないですることはしようと思います。長谷川先生みたいに行動できる人になれるよう努力しようと思います。

　　　　　　　　　　　　　　　　　　　　　　　　　　　　　　　　　　　　　　（友梨）

□出会いには必ず意味がある。その意味は、共に過ごす間にわかることもあれば、別れて初めて気づくこともある。どちらも尊い。

　3月30日、昨年度まで校長を務めたA先生に呼ばれ、O中を訪れた。

　校長室でふたり、70分間話をした。

　話題は多岐に渡ったが、その中心は君達のことだった。

　「長谷川さん用のクラスを作った。よろしく頼むよ」

　A先生は言った。

　出会いの前日から、次々と課題が明らかになった。その課題をひとつでも多く解決し、成長の事実を生み出して、次の担任に受け継ぎたいと願った。

　その思いは今も同じだ。

　違うのは、昨日も書いたが、効果のあったアプローチはさらに実践しながらも、効果の薄かった方法や効果の見られなかった方法は積極的に変えていこうという気持ちが教師生活16年で最も強くなっていることだ。

　しかも、そのアプローチをさらに楽しく、明るく、わくわくしながらやっていこうとしている。

　来年4月、私がこの学年の担任を持てるとは限らない。担任自体をするかどうかもわからない。O中にいるかどうかも、わからない。

　私にとっては1年勝負だ。常にそう。その勝負を最高に楽しみたい。

●9月

平成X年9月3日発行第113号

否定でなく、肯定プラス願望から始めよう

●アーカイブコメント： 給食委員の仕事を評価された碧人君は、出会いの学活で前半30分間突っ伏し続けていた生徒である。人は変わるのだ。本人が気づけば、いくらでも変われるのだ。この時期までに周囲が認める変容を遂げた生徒は半数である。更なる高みに向かう挑戦の始まりだ。

□日記の取組を続けてきてよかったと、今日もまた思えた。君達のおかげだ。

■最近、給食の準備が早くなってきていると思います。

　その一つの理由は、碧人さんが授業が終わるとすぐに配膳台を準備してくれていたからです。同じ給食委員として、自分のことよりクラスのことを優先していこうと思いました。明日は、行動に移せるようにしたいです。（由香）

□由香さんの意見に賛成だ。

　碧人君の行動が速くなっている。配膳台の準備しかり、「ごちそうさま」3分前の配膳台整理しかり。

　そのうえ、当番（今週は3班。由美子・美月・灯・貴司・圭太各氏）が授業後素早くエプロンをつけ、配膳室に向かってくれる。これも大きい。

　時間通りに食べ始められると、仲間との会話を楽しみつつゆったり食事ができる。時間通りに食べ終わると、次の活動までにたっぷり余裕をもてる。誰にとっても幸せなことだ。

　こういう細やかな点も、4月から伸びている。嬉しいし、ありがたい。

■給食当番順調です。みんなで協力して早く準備できています。うれしいことですね（^-^）。あたりまえのことだけど、これがあたりまえに毎日できるといいです。できるようにします、ですね。一つ一つしっかりクリアして、安心で明るいクラスになるように頑張ります。（由美子）

□由美子さんをはじめとする3班の行動が速いから、皆快適に準備でき、給食の時間を楽しめている。ありがとう。

　歯を食いしばって先に進むのではなく、工夫して実行することを楽しみながら上へ上へとのぼっていこう。

■最近の「気愛」を見ると、2Aのメンバーが変わりつつあるということがわかります。一人一人が、自分のクラスについて考え、本音を日記につづり始めたのです。今日の「気愛」では、友梨さんが先生にお礼を言っていました。私も、今まで何度も先生に助けられ、何度も感謝してきました。

　晃太朗さんは、「自分達で考え、行動できるクラスにできるように協力していきたい」と書いており、男子にもそういう考えを持ってくれている人がいることが、とても嬉しく思います。今年の「日記」という長谷川先生のルールで、女子だけでなく、男子も数名、変わり始めたと思います。今まで私ができなかった、「男子の心を動かす」ことが、まだ数名ですが、実現したのです。

　由美子さんは「ねば～ランド」から「たいランド」へ変わることは、どしゃ降りから雲一つないキレイな晴天になることだとつづっていました。「雲一つない晴天」。想像するだけで心地良くなる景色です。2Aがそんなクラスになったら、笑顔も増えて、きっと明るいクラスになります！！

　かおりさんは「反省を反省で終わらせてしまって……」と書いていました。私もそうかもしれません。日記に書いたことで、実践できていないことは、まだまだたくさんあります。「自分を変えられるのは自分しかいない」このかおりさんの言葉どおり、私も反省を反省で終わらせないよう、自分を変えたいです。

　2Aを変える前に、まずは自分が変わる。（裕美）

□裕美さんの最後の一文。唯さんも今日、「自分を変える」と綴っていた。

　自分を変える。人格を高める。徳を積む。実力を鍛える。どれも大切だ。

　変えようとする今、知っておいてほしいことがある。あなたの人間としての存在は、今のままでも十分すばらしいということだ。人に危害を加えて喜ぶ人間でない限り、存在するだけでも価値があるのだ。今を否定して先に進むより、今もっているすばらしさをさらに輝かせようと努める方が何倍も楽しい。

●9月　　　　　　　　　　　　　　　　　　　　　　　平成X年9月4日発行第114号

ドラえもんになろう

●アーカイブコメント：　「そういう言葉を聞くと胸が痛むから言わないで」そう言えない生徒のために、私が言っているのだ。以後必要があれば、「先生が言っていたから」と前置きして感情を伝えればよい。私を盾にすれば、大義名分が立つ。これもまた、「守る」の一方策である。

□帰りの会で、「怒り、苦しみ、つらさ等の感情も、表に出そう」と話した。
　表に出さないと腹の中で腐って、ガスが充満して、いつか爆発してしまう。溜めて溜めて溜めこんで、いつか大爆発すると、暴力暴言の応酬になるなどの危険もある。
　だから、マイナスの感情を、小さなうちから表に出していこう。
　たとえば、「そういうことをされると腹が立つから止めてね」。
　たとえば、「そういう言葉を聞くと胸が痛むから言わないで」。
　たとえば、「苦しさを感じていて、耐えられなくなりそうだから、その行動は直してほしい」。
　相手にされて嫌なことは、我慢しなくていい。
　自分の感情を、スマートに伝えよう。
　小さいうちのほうがいい。我慢に我慢を重ねると、病気になったり、周囲の人間がさらに嫌なことをしてくるようになったり（このメカニズムはまた別の機会に書く）する。
　ジャイアンのように、いつも怒鳴っている必要はない。
　でも、自分が我慢すればいいのだと被害者になる必要も、同じくらいない。
　そこで、ドラえもんになろう。
　ドラえもんは自制心も高いけれど、言うべき時には言うべきことを言う。
　怒りの感情を表に出すこともする。
　あのドラえもんの生き方に学んだら、今よりもっと心が楽になる。
　そんな話をした。

□マイナスの感情を相手に伝えるということは、自己中心的になれという意味ではまったくない。
　逆である。我慢して溜めこんだ怒りを爆発させる時、人は超自己中になっている。私がしているのは、そうなる前に予防してしまおうという話だ。冷静に伝えられるうちに、自分の言葉で感情を伝えようね、という話だ。
　不平不満・愚痴・泣き言・悪口・文句・心配事。これらの地獄言葉を常に口にしようなどという話とは全然違うから、そこのところ、誤解のなきよう。

■（前略）帰りの会で「感情を表に出したほうが良い」という話を聞きました。そのたとえでドラえもんが出てきたり、とてもおもしろかったです。
　私は、感情を表に出して思いを伝えることが苦手だったけど、今日の話を聞いてやってみようと思いました。（由香）
□いま苦手なのは、過去に苦手だと思い込んでしまう経験を積んできたからだ。
　そこに、できるという経験の記憶を上書きしていこう。今日この日から。一つひとつ。人間には、それができるんだよ。過去は変えられるんだ。
　さて、こちらの言わんとすることを理解してもらうために、たとえ話はきわめて有効なんだ。私も至る所でたとえ話を挟むよう工夫しているよ。盗んでね。

■嫌なことをがまんしないで、はっきりと言おうと思いました。がまんしていたら自分自身にも良くないし、その人も直さなくなってしまうので、はっきりと言えるように、「ドラえもん」みたいになりたいです。（貴司）
□そうだ。はっきり言うんだ。最初が肝心。まだ問題が小さい時こそ、こちらも余裕を持って伝えられるはずだ。
　相手の目を見て、短く、はっきり言おう。
　「止めてくれ」「直してくれ」「協力してくれ」と。
　こちらの本気が伝われば、相手の心は動く。負の人生経験を積み過ぎてちょっとやそっとで動かない心にはどうするか。動くまで伝えるんだ。

●9月　　　　　　　　　　　　　　　　　　　　　　　　　　平成X年9月4日発行第115号

もっと自分を大切にしていいんだよ

●アーカイブコメント：　中1の1年間、一度も雑巾がけをしなかったことをこれ見よがしに自慢していた男子たちが、周囲の女子が感謝するほど行動し始めた。周囲に流されて手を抜いていた女子が、最も汚れている場所の掃除に着手し始めた。これが私のいう「生徒の事実」である。

■「我慢をするな。嫌なことは口に出して言えばいい」
　今日は長谷川先生にそう教わりました。確かに我慢をすると、ストレスが溜まりに溜まって、いつかは腐り、その状態で爆発してしまいます。爆発しない人は、きっと心が腐って、人を信頼できなくなり、闇のどん底へ落ちてしまうでしょう。私はそんな人にはなりたくない。
　それに、嫌だと伝えなければ、相手は自分が嫌な思いをしていることに気づくことができません。機械ではないのだから、「私の思っていることくらいわかってよ」と言っても、わかるはずがありません。だって、「私」は「貴方」ではないのだから。
　けれど、我慢しないこととわがままは違います。あれがやりたい、これが欲しいなど、自分勝手に人にわがままをおしつけてしまうのは、ただの勝手な欲求であり、我慢することとはまた別のことです。
　では我慢しないとは。私は、人にやめてほしいことをオブラートに包んで言葉にし、伝えることだと思います。思いを伝えれば、その人達の関係も、きっとよくなると思います。（裕美）

□無論、我慢しないこととわがままとは違う。
　私が言っているのは、嫌な思いをしているのに我慢するのはおかしいよ、そのままでは病気になってしまうよ、ということだ。わがままを言えという話とは根本的に違うのがわかるだろう。
　嫌なことを言われたりされたりしたら、嫌だよと伝える。それがコミュニケーションであり、自分を大切にするということであり、相手を思いやるということなんだ。

■「ジャイアンからドラえもんになろう！」おもしろい言葉だな〜って思う人がたくさんいると思います。でも、この言葉をよくかみしめると、すごくいい言葉だな〜って思いました。いやなことをためずに言う。伝える。でも、強く言いすぎるとケンカになるので相手のことをしっかり考えて。それで、みんなが毎日ハッピーでいられますように。（由美子）

□毎日ハッピーでいられたら、最幸（最高）だよな。その環境は、自分の手でつくるんだ。

■学級通信の「幸せのループ」、たしかにそうだと思います。私も、いい学級にするためにクラスのゴミを見つけたらひろったり（学校内でも）、小さなことからコツコツとはじめたら、きっとよくなります！！ちりも積もれば山となる、ですね！！
　あと、今日、トイレのそうじ用具入れの中をそうじしました。そしたら、ぞうきんが出てきて、それがすっごくカビだらけ。ヒャー！　今日そうじしたので、きれいになっているハズ！（茜）

□カビだらけの雑巾。見て見ぬふりをしてしまう人も、中には多いはず。
　その雑巾を手に取り、処分したあなた達はえらい。2Aの誇りだ。

■最近の「気愛」を読んでいると嬉しい気持ちになります！　それは、2Aがいいクラスへと近づいているからです。
　掃除のときに、私の班は教室を掃除しています。一学期は、男子があんまり掃除を手伝ってくれなかったけど、今では積極的に掃除を手伝ってくれていて嬉しいです。自分も積極的に行動したいです。（凛）

□1班の男子3名（博、悠真、咲良の三氏）の掃除の質は確実に高まっている。昨日も褒めた。見ていてすがすがしい。嬉しくなる。
　時と場と礼は人生の土台だ。君達はいま着実に、1ミリずつ進歩している。

●9月   平成X年9月8日発行第116号

あの集団はなぜ100回を超えるのか

●アーカイブコメント：　この学校の体育祭には「学級種目」が存在しなかった。すべて縦割り種目だった。学級が3つ4つの団に分かれ、ただの一度も共に行動しないのだ。それなりの事情があったのだと思うが、これは駄目だ。特別活動を通した学級集団形成という視点が欠落している。

■「え！」
　私は思わず小さな声で言ってしまいました。
　長谷川先生が国語の授業で「保育園をつくりたい」などと言っていましたが、私は無理だと思いました。なぜなら、先生は学校の先生なので今から保育園の先生など無理だと思ったからです。
　でも、それは私が思ったことであり、実際にやってみないとわからないことであります。
　もし無理だと思っても、実際に行動して、本当に無理なことなのか確かめたいと思います。（凛）
□土曜日、出張で浦和に行った。
　埼玉県保育園保健職連絡会という機関からの依頼で、講演をしたのだ。今年で5年目である。
　昨日の国語で、私の講演の第一声を予想させた。人前で話すのも、人に読まれる文章を書くのも、第一声、第一文が重要だ。いわゆる「つかみ」だ。
　これは授業もまったく同じで、私は16年間の授業で、この「つかみ」をいかにシンプルにして、全員の顔を上げさせて、全員ができることから始めるかを常に意識してきた。
　映画でも小説でもなんでもそうだが、最初が駄目で後から面白くなるという作品は皆無である。良い作品は、最初の一文から視聴者読者を引き付ける。
　これは「誰にでもできるようになる」技術である。
　だから、「まずは日常生活で意識してごらん。具体的には今日の日記から、試してごらん」と告げた。

■先生が今日、国語の時に話していたことは、文のはじめに気を引くような文を書こうと言っていましたが、どのようなことを書くのかわからなかったので、このようなことを書きました。（和樹）
□よく考えたね。頭を悩ませただけでも、1ミリ2ミリの力がついたんだ。

■「今日はつかれたな」そう思う日が多くなってきました。1日、4時間ほどの運動は私の年でもつかれます。しかし、それのおかげか、忍耐力がついてきた気がします。
　忍耐力がついてくると、集中して物事にとりかかることができます。それで、勉強にも集中して取りかかれることが多くなってきました。部活でも、良い所が出るようになってうれしいです。（鈴音）
□疲れた日は、夕食を少なめにして、ゆっくり風呂に浸かり、早く寝る。これで朝の目覚めはバッチリだ。若ければ回復力も高いからね。

■大変だ！
　体育祭の混合ジャンプのときに、ぼくのズボンがおちてきた。（颯太）
□たった2文に、笑わされてしまった。

■「足上げろ！」
　今日、体育祭の練習で長縄をしました。先輩がいつも「足を上げろ！！」とよく言います。でも、ひっかかってしまって、今日は最高5回しかとべませんでした。練習中でも25回ぐらいとべるようにしたいです。（唯）
□長縄は、その集団の質を表す競技だ。
　私の学級の最高記録は、28名で131回、41名で123回だ。もし君達の団と同じ50名ちょっとだとしても、100回は超えるだろう。
　なぜそうなるか。答えを書く前に、考えてみてほしい。

●9月　　　　　　　　　　　　　　　　　　　　　　　　　平成Ｘ年９月９日発行第117号

見た目にこだわろう

●アーカイブコメント：　「見た目を磨け」などとはっきり語る教師はあまりいないだろう。少なくとも私の周りにはいない。だが、中身は深く付き合わなければわかり合えない。そのうえ、磨くのに時間がかかる。ゆえに、まず見た目を整えるのだ。「きちんと」のレベルを上げるのだ。

□　『人は見た目が９割』という新書が話題となったのを皮切りに、ここ１、２年、見た目の大切さを主張する書籍が次々と出版されている。

　言うまでもなく、見た目にこだわり、きちんとした身なりをすることはとても大切だ。

　見た目とは、持って生まれた顔のつくりやプロポーションだけを指すのではない。

　その場に合った服装を、きっちり着こなせること。シャツの皺（しわ）や靴の汚れにまで気を配れること。立ち居振る舞いに品があること。

　大企業の一次審査、二次審査は何万人もの学生がエントリーする。

　彼らのほとんどは見た目で不合格となる。

　自分自身は「中身で落ちた」と思っているが、そうではない。中身を見られる前に、見た目で落ちている。

　見た目のレベルは、勉強によって上げることができる。誰でも、だ。

　見た目にこだわらない人は、大損している。のみならず、大きな得に気づかずに生きている。それではもったいない。

□　「見た目より中身だ」と言う人がいてよい。否定はしない。中身が大事なのは当然の事だ。

　ただし、「見た目より中身」と言っている人達は、中身を磨く努力を疎かにしていることが多い。

　そうすると、見た目も駄目、中身も駄目、となる。

　そういう人にチャンスは来ない。

　いくつものチャンスが、通り過ぎていく。

　中身を磨くのには時間がかかる。努力の継続も要る。

　誰もにとって、まずできるのは、見た目を磨くことだ。

　見た目にこだわることで、中身もまた変わっていく。私が言うまでもなく、古今東西数え切れない先達が証言しているとおりだ。

■自分と仲よしは、見た目が同じレベルです。

　まわりの友達から「オシャレ」と言われるレベルが、世の中全体の基準でオシャレかどうかはわかりません。

　ワンランク上の人から見ると、「見た目にこだわっている」とはとても言えないのです。

　見た目の怖さは、自分ではレベルの差がわからないことです。

　すべての人は、「自分はそれなりにきちんとしている」「こだわっている」と思っています。

　「きちんと」のレベルは、１人１人違います。

　それぞれ自分のレベルに合わせた「きちんと」なので、「きちんとしなさい」とアドバイスしても意味がないのです。

　コンビニの前に座っている男子高校生とオフィスで働くビジネスマンとは、「きちんと」のレベルが違います。

　同じビジネスマンでも、人によって「きちんと」のレベルは変わります。

　見た目にこだわることは、「きちんとすること」ではありません。

　自分の「きちんと」のレベルを上げることなのです。■

■いいコックになろうと思うなら、コック服をきれいに洗濯することです。

　コック服が汚れていると、いつまでも料理の味がよくなりません。

　汚れている服でも、だらしなくボタンをはずしていても平気な人は、センサーが鈍ります。

　そうすると、「こんなの雑でいいじゃん」と味も鈍り始めるのです。

　これは、あらゆる仕事に共通しています。

　汚れた服やだらしない格好をしている人は、センサーが鈍ります。

　センサーが鈍ると、いい仕事はできません。（つづく）■

●9月　　　　　　　　　　　　　　　　　　　　平成Ｘ年９月９日発行第118号

過ちは改めよう、そしてやり直そう

●アーカイブコメント：　傷害事件に関する学年集会の記録である。私の５つの話を読めば、真
剣勝負であることに気づくだろう。「いじめの構造を破壊する」とは何をどうすることなのか。
その構造を抉り出し、被害者を守ると宣言し、加害者の行為を追及し、再発防止を誓わせることだ。

■（承前）勉強ができる学校とできない学校とでは、子どもたちの服装が違います。
　勉強ができない学校の子は、わざと服装を乱しているのではありません。
　服装が乱れるから、勉強のモチベーションが上がらないのです。
　スポーツ選手も、同じです。
　スポーツができる選手は、靴のカカトを踏みません。
　靴のカカトを踏んでいる限りは、うまくならないのです。
　道具の手入れをしたり、ユニフォームをきちんと着ることが、いい成績につながるのです。■
　　　　　　　　　　　　　　　　　　　　（『見た目を磨く人は、うまくいく』中谷彰宏）

□続きを書こうとしたら、事件発生の通報があった。
　二学年のある男子が、別の男子をハサミで傷つけてしまったという。
　傷を手当てし、関係者（広い意味で十数名いるが、主な関係者４名）に話を聴いた。その後校長室で報告
をすり合わせ、事実を確認した。
　傷害という行為は、無論あってはならないことだ。
　だが、彼が傷害に及ぶには、それ相応の理由があった。
　問題の根本には、

> 黒雲のように二学年を覆う差別の構造
> 被害者になった時だけ泣きわめき、後は知らんぷりの、無関心的態度

　このふたつがある。一言で言えば、差別による心身への加害があるのに、周りが無関心であるという問題
だ。

□緊急の学年集会を終えた。場所は音楽室。カーペットの上に座っての会だ。
　まず、Ｙ先生が事実の報告と指導をした。
　次に私が立った。第一に全体を立たせ、Ｙ先生の話の感想をふたりと言い合ったら座るよう指示した。
個々の受け止め方を観察するためであり、長時間の緊張をいったん解くためである。
　にやにや笑いながら話をした人達が半数いたので、全員を座らせた後、「Ｙ先生の話は笑いながら感想を
言うような内容でしたか」と詰めた。
　第二に、具体的なエピソードを語り、差別の構造を浮き上がらせた。たとえば、一対多の構造である。傷
を負わせてしまったが本当は被害者である生徒は、クールダウンと事情聴取のため数時間教室から離れたに
もかかわらず、心配して様子を見に行く人がいなかった。色々と言い分はあるだろうが、事実である。
　第三に、事は今回の該当者にとどまらないことを告げた。問題の根本は、君達が人を信頼できないことで
ある。信頼できないから常に敵（標的）をつくり、その敵を攻撃することでこちら側の「つながり」を確認
しようとしている。不安で仕方ないから、誰かを傷つけ、負の鎖でつながり合うのだ。まさにいじめの構造
そのものである。
　第四に、命が亡くなる事件に発展せずとも、心の傷は消えない、思い出すたびに胸がうずき生きる気力が
萎えるような傷になるのだと話した。そういう傷を持っている人間が、この学年には一人や二人ではないだ
ろう、あなたも持っているのではないかと問うた。そういう「歴史」がなければ、学年集団が崩れることは
ない。
　最後に、教師はできることが限られており、相談しても解決されなかった経験や余計に酷くなった経験を
してきた人がいるかもしれないが、私達は被害者を全力で守り、加害者に真剣に指導し、解決を目指すこと
を誓った。
　男子で３名何度も何度も大きくうなづきつつ聴く人がいた。女子で３名、涙をためて聴く人がいた。その
他も、こちらを見る目の真剣さが印象的だった。
　全員と共に成長したい。そのために、是々非々で指導に当たる。

127

●9月　　　　　　　　　　　　　　　　　　　　　　平成X年9月10日発行第119号

目指すのは全体最適だ

●アーカイブコメント：　自分がいじめられた経験やいじめをしてしまった経験を告白する文章が並んだ。私を信じて綴ってくれたのだ。日常生活の関わりと、毎日の日記指導があればこそその事実である。学年、学校のいじめの構造を破壊する闘いに、学級の生徒と共に立ち向かうのだ。

□昨日の学年集会に対して、大きな反響が寄せられている。
　その第一が、日記である。

> 学年集会を通して考えたことを真剣に綴った日記がたくさんあった。

　今回は個人名がたくさん出てくる日記が多いので、また、私とその人だけの間で共有しておくべき内容もあったので、あえて全体の紹介はしない。
　いつの日か、この学級及び学年が本当に平等で、平和で、安心で、安全な場となれば、過去として話せる時がくるだろう。

□被害者に連帯するという意思表明がたくさんあった。私は安心した。
　行動には結びついていなくとも、心では感じているのだとわかったからだ。
　中身は見せていないが、連帯の表明が多くあったとY先生にも伝えた。
　Y先生もほっと安心した顔になった。勝負をかけていたのだろう。

□小学校時代の出来事や昨年の出来事を書いた人が複数いた。
　自分がいじめをしてしまった経験を書いてくれた人がいた。
　いじめられてつらい思いをした経験について書いてくれた人もいた。
　日頃は5、6行で終えている人が、3ページ4ページ書いていた。
　親にも言っていない、誰にも言えなかった、ひたすら我慢した、それなのに、私宛に書いてくれる人もいた。
　その事実一つひとつに、励まされる思いがした。
　同時に、書いてくれた人達は、私を信じてくれているのだと強く感じた。
　その信頼に応える仕事をしようと改めて思った。

□私は一部の人達のためだけに仕事をしようなどと思っていない。
　つらい思いをしてきた人達が幸せになり、つらい思いをさせてきた人達が不幸になる。そんなことは望まない。
　よって、つらい思いをさせてきた人達を一方的に糾弾し、排除するような仕業はしていない。
　やっているのはひとつ。是々非々の対応である。
　良いことは良いと認め、称賛する。そして、広める。
　悪いことは遠慮なく悪いと指摘し、改善を促す。広がりを阻止する。
　すぐにでも止めるべき行為には、強制力を働かせても止めさせる。
　私が目指すのは全員の成長であり、全体最適である。

□私はピラミッド構造を壊そうとしている。4月から毎日、だ。
　一般論で、ピラミッド構造の中では、上位の人間が利益を独占する。
　それを変えようとすれば、今まで利益を得ていた人間は面白くない。既得権益を守るために抵抗してくることがほとんどだ。改革者は時に、命まで狙われ、奪われることもある。歴史上、改革に挑み殉死した人間は数え切れぬほどいる。
　翻って教育現場である。何をしようとも、命まで取られることはない。
　「教師が何をやっても命まで取られることはない。何を恐れる？」国連人権大使を務めた故波多野里望氏（三度話したことがある）から言われた言葉だ。
　「守るものなんてないのに、なぜ飛ばない？」JAXA宇宙開発事業団のトップを務めた間宮肇氏（二度飲んだことがある）から言われた言葉だ。
　そう。教育現場に怖いものなどない。為すべきを為すだけだ。
　今朝、「それでも先生は笑顔なんですね」と言われた。ここにいる誰もが幸せに生きる環境を作るのに、私が不幸な顔をしていても始まらないからだ。

●9月　　　　　　　　　　　　　　　　　　　　　　平成Ｘ年9月11日発行第120号

まずは、気づこう

●アーカイブコメント：　説教でなく語りをしよう。全国各地のセミナーで訴えている。語りとは描写である。聴き手がその場面をはっきり思い描ける。そして、間接性の原理で主題に気づく。その一例がここに紹介する語りである。説教は押しつけとなり、相手の心にしみわたらないのだ。

□サッカーの元日本代表で、日本代表の監督、日本サッカー協会の会長等を歴任した長沼健氏が講演会で言った。

> 「サッカーが上手になるためには、大事なことがふたつあります。
> それは、『挨拶』と『整理整頓』です」

ある人がこう質問した。
　「挨拶や整理整頓ができる人でも、サッカーが上手になれない人がいるのではないか」
　長沼氏は即答した。「いません。絶対にいません。何千人という選手を育ててきましたが、サッカーが上手になる人は、必ず挨拶と整理整頓がきちんとできる人なのです。それがなぜなのかはわかりません」
　この話を聞いて、「同じですね。私達の世界もそうです」と言った人がいる。
　読売巨人軍を9年連続優勝へと導いた川上哲治氏だ。野球も同じなのだ。
　そのことは、今夏の甲子園で優勝した学校の主将、彼のあのスピーチからも明らかだ。
　ちなみに、仕事ができる人も、挨拶と整理整頓のプロである。
　挨拶と整理整頓のプロになるのが先で、その後でしか仕事のプロにはなれない。例外はない。人生はやっぱり面白い。

□あるファミリーレストランチェーンが、「ピンポン」を止めた。客が店員を呼ぶ際の「ピンポン」だ。
　周りは反対し、「オーダーなどの対応が遅れることでクレームが続発するだろう。そして、売り上げは絶対に下がるだろう」と口を揃えて言った。
　しかし、社長は断行した。
　結果どうなったか。売り上げは倍増した。リピーター（繰り返し来店する客）が倍増したからだ。

□なぜリピーターが増えたのか。
　それは、ピンポンを無くしたことで、

> 店員の気づく力が上がったからだ。

　本来、ピンポンなどなくても、店員は客のニーズに気づくのが仕事だ。たとえば注文したい、コーヒーのお代わりがほしい、フォークを落としてしまったから交換してほしい等のニーズに、いち早く気づき、すぐさま対応するのが店員の仕事だ。
　ピンポンは、その気づきを省略し、客に仕事をさせる行為だ。
　だから、一流レストランには120％置かれていない。一流ホテルにも皆無である。私は仕事でも、修業としてのプライベートでも、そういう所を使うことが多いが、一流が一流たるゆえんは、店側のすべての人間がプロの仕事師であることだ。人格も高い。その場にいて、本当に心地良い。
　「ピンポン」を無くす決断をした社長は、従業員（店員を含む）の「気づく力」を高めることで、客へのサービスの質を向上させようとしたのだ。
　そして、そのチャレンジは大成功した。従業員が、客のニーズに敏感であろうと努め、即座に対応しようと意識して働くようになったのである。

□昨日の帰りの会で、私は「気づこう」という話をした。
　気づこうとすると、実力が上がる。人格も磨かれる。求められるようになる。

●9月 　　　　　　　　　　　　　　　　　　　　　　　　　平成Ｘ年9月14日発行第121号

賞状の出ない所で一番になれ

●アーカイブコメント： タイトルの言葉は重要だ。毎年必ず生徒に語る。これも間接性の原理である。主題は、「日常生活の質を高めよ」である。「勝負にこだわり、結果にこだわらず」は、以前担任した生徒と共に創ったスローガンである。何のための行事かを考え抜いて創ったのだ。

□ 20分かけて書いた「気愛」が、PCの再起動で消えてしまった。
　もう一度書き直す。

□ 今朝とても嬉しいことがふたつ続いた。
　ひとつは、車を降りた瞬間、A組のある男子から初めて、向こうから先に挨拶されたことだ。
　もうひとつは、朝読書の開始時刻が数十秒間遅れたものの、全員が机の上に本を準備していたことだ。
　こういうことが心底嬉しい。次のチャレンジの活力となる。

□ 体育祭を終えた。
　私の場合、常に「勝負にこだわり、結果にこだわらず」を貫いてきた。よって、終えた後では、勝ち負けはどうでもよい。
　体育祭は学校行事である。その価値は、翌日以降の生徒個々の生き方の質が向上し、学校生活全般の質が向上するか否かで測られる。
　生活に変容が見られないならば、その行事の価値はない。授業を何十時間もつぶしてまで行う価値はどこにもない。
　たとえ優勝したとしても、たとえば片付けをさぼったり、その後の授業でだらけていたりすれば、その賞状はただの紙切れに過ぎない（これは部活動もまったく同じだ。勝ったら勝ったなりの責任を、学校生活全般で負うのである）。
　賞状やトロフィーは、単なる偶像である。
　大事なのは、その裏側に、確かな成長の事実が厳として存在することである。
　それが、一般的な祭と、学校行事としての「体育祭」「文化祭」との最大の違いである。
　私は22歳、教壇に立った頃からそう主張していた。生徒にも、同僚にも、保護者にもである。今年も、A組で話し、青団の集まりでも話した。

> ### 賞状の出ない所で一番になれ。

　数号前に私は、「なぜあの集団は長縄で100回を超えるのか」と問題提起した。たとえば長谷川の学級が毎年、学級全員長縄（28名から41名まで年によって異なる）で100回を超える、その理由の一つは、ここにある。

□ 青団解団式の最後に団長が言った。
　「片付けでも一番になれと長谷川先生に言ってもらった。これからやる片付けを真剣にやりましょう」
　これもまた嬉しいことだった。
　私が今回の体育祭で最も感動したのは、競技ではない。片付けの、生徒達の姿だ。無論、私も生徒の数倍は動いた。これも若い頃から変わらない。

□ 土曜日夜病院から戻った後、そして日曜早朝、私は体育祭の一連の取組について問題点を分析し、改善点を列挙する作業をした。1時間かかった。
　そのレポートを、全国の心ある仲間達に報告した。大きな反響があった。
　今回の取組で改めて認識したことがある。
　生徒の問題はもちろん多種多様、多量にある。
　だが、大人の側の問題はそれ以上に多くある。大から小まで課題が山積している。それは4月から幾度となく目にし、体験してきたことでもある。
　生徒を変えようとする前に、まずは我々大人が変わらなければならぬ。
　そこから始めない限り、本校の教育活動の質の向上は実現不可能だろう。

●9月

平成Ｘ年9月15日発行第122号

本当は困っていない。だから改善の行動が生まれない

●アーカイブコメント： ひたすらに行動を訴えている。多くの生徒が正しいことを正しい、間違っていることを間違っていると、言葉にはできるようになってきた。しかし、それを行動につなげることができていないのだ。彼らがどう変容していくか。その視点で読み進めていただきたい。

□本日は2006年夏に親子の盃を交わした師匠（日本教育界で最も多くの書籍を書き、最大の教育研究団体を組織している人）と、同時に我が母親の生誕の日である。

　帰宅したら母を祝うつもりだ。

　ちなみに、自分の誕生日は、祝ってもらうだけの日ではない。

　産み育ててくれた両親に感謝する日である。

　自分だけの力で生きているような気になっている人がいるが、赤ん坊は鼻水すら自力ではかめない。両親が嗟ってくれていたのだ。

　君は他人の鼻水を嗟れるか。嗟れまい。

　それを躊躇（ちゅうちょ）なくできるのが親だ。鼻水は氷山の一角だ。親がしてくれたことは枚挙（まいきょ）に暇（いとま）がない。

　その親があって、今の自分がある。君は、どんな形で感謝を表している？

□さて、体育祭明けの昨日は、指導の連続で終わった。

　時間を守ること、声を掛け合うこと、当番が仕事の責任を果たすこと、リーダーがリーダーとしての責任を果たすこと。

　おかしいことをおかしいと気づけるか。

　おかしいことをおかしいと言えるか。

　おかしいことを改善する行動ができるか。

　それをしつづけているのは、この2Aで、長谷川ただ一人である。

　学級委員、班長、掃除長、教科係、委員会。

　それぞれの場で、それぞれがリーダーの責任を負っている。

　リーダーの責任とは、集団の質の向上のために工夫することである。

> 「自分のことはちゃんとやっています。間違っていますか」

　その人がリーダーだとしたら、間違っている。自分を律するのは当然のことで、その上で集団の成長に寄与するのがリーダーだからである。

　私がしているのは、「組織づくり」だ。

　鍋蓋構造ではなく、生徒が自主自立的に運営する組織をつくりたいのだ。

　長谷川がいなければ何もできないような群れでは、駄目なのだ。

□本当に困っているならば、その困り感を解消するための行動を始めるはずだ。

　君達の中からその行動が生まれない、生まれずに中2まで来てしまった理由はひとつ。君達が本当の意味で困っていないからだ。

　この問題山積の現状が、時間や規則になあなあでいいかげんにやれる状況が、本当は心地良いのだ。大きな問題を起こす人達の陰に隠れていれば目立たずに楽ができる。ずるいけれど周りもやっているからいいんだ。そんな意識だろう。

　きちんとすることは負荷がかかることだ。生活リズムを整えること、運動すること、食に気を付けること、おしゃれをすること。どれも、きちんとしていくためには意識と努力が必要だ。

　きちんとしなくていい環境に身を置いていれば、その意識を持たずに済み、努力もしなくて済む。

　そのぬるま湯に浸りきっているのが君達だ。私の目にはそう映る。

　君達はそれで良しとしてきたのだろう。けれど、16年間の自主研修と昨年度の大学院生活で300を超える学校を調査し、良い学校、良い学級を見たり作ってきたりした私からすれば、この状況は危機なのである。1年半後には、「シャッフル」が待っているのだ。4年半後には、更なる「シャッフル」がある。それに耐えられる人格と実力を身につけてほしい。それが私の本心だ。

●9月   平成X年9月15日発行第123号

壁になる

●アーカイブコメント: 教師が指導をあきらめたら生徒は何を学ぶか。従わなければ思い通り
になると誤学習するのである。それで教師は楽かもしれない。しかし生徒は、卒業後に幾度とな
く痛い目を見ることになる。教師が楽をして生徒が苦労する。そんな風潮があるが、断固拒否だ。

□君達は変わろうとしている。4月以降時を経るたびにその気持ちが強まっていることを、私は感じてい
る。だから私もがんばれるのだ。

■「校則を守る」「時間を守る」できなくてはならないこと。服をしまったり、朝読書の開始時間を守った
り。課題がたくさんです。でも、班長としての声がけ、行動が私は全然できていません。先生が言うのでは
なく、班長、学級委員がもっと行動に表さなければいけないです。行動します。(由美子)

■ぼくははずかしいと思った。今日、先生が帰りの会で話してくれた。自分達は「おかしい」ということに
慣れてしまって注意もする人がいない。そうなると直そうとする人がいなくなる。このまま高校にいって他
校の生徒が普通のことをしているのに、自分達ができないと恥ずかしいと思った。同じ年なのに。
　だから、小さいことでもいいから最低限のことは直そうと思った。(陽翔)

■おかしい。帰りの会で先生が言っていたことに私も共感しました。この学校ではおかしいことがたくさん
起こっているのに、それをおかしいと思えない。私は、おかしいことをしっかりおかしいと思えるように意
識していきたいです。(美月)

■「賞状の出ない所で一番になれ」
　先生が今日の帰りの会で言った言葉です。
　明日ペパーミントをキレイにしたり、先生がやっていたこと、全てやりたいと思います。(茜)

■久しぶりの50分授業で長く感じました。給食の時間、班員がいなかったら呼びに行ったりすることを自
分から気づいて声をかけていくことをいつもあたりまえに行なっていきたいです。掃除は班で役割を決めて
から取り組もうと思います。(由香)

■帰りの会で先生から大切な話がありました。先生が大切な話をする前碧人君が前に出て帰りの会を始めよ
うとしているのに静かにならなかったので、自分が気づいたら周りに声をかけたいです。先生の話に僕は納
得しました。これも一つの課題として直す努力をしていきたいです。先生がこのクラスからいなくなってし
まうと変わりかけているクラスがまた戻ってしまうので先生にはいてほしいです。おかしいと思うことは先
生にたよりきるのではなく、自分でも気づき注意していきたいです。そのために判断力をもっとみがきたい
です。先生そのためには何をしたらよいのか教えてください。(晃太朗)

□シャツ出しの注意を、私は毎日30回以上している。全校生徒相手に、である。通算1000回まであと少
し、という気分だ。2Aにおける机整頓の指示も、もう100回は言っているだろう。怒らずに、である。
　生徒からは「注意をしない先生もいる」と言われた。私は注意し直させる。
　なぜなら、ルールを守る意識と行動力を育むことが、教師の仕事だからだ。
　何度か指導しても直さないからもう指導しないとあきらめて放置したら、生徒は何を学ぶか。「何度も反
抗すれば大人は折れる」「ごねれば要求が通る」と学ぶのである。典型的な誤学習だ。百害あって一利な
し、である。
　根気勝負だ。根気ならば私は負けない。この時期に大人が壁になってやらずして、なぜ子供が健全に成長
しようか。押しも押されぬ壁になるのが、子どもの教育に関わる大人の義務なのである。

●9月

平成X年9月16日発行第124号

相手へのリスペクトなんだ

●アーカイブコメント： だらしない服装や乱暴な言動に対して、「その場にいる人間が努力して創り出している雰囲気を壊し、大事にしている文化を汚している」と指導する。表情や言葉、身だしなみは相手へのリスペクトだと語る。様々な経験を意図的に積んだ結果生まれた語りである。

□変わりたければ、変えたければ、今まで避けてきた「抵抗を感じること」に取り組んでいくしかない。
　言葉で現実は変わらない。行動のみが、目の前の現実を動かす。

□昨日の国語の授業、残り5分間で「えこひいき」の話をした。
　「えこ」と「ひいき」、どちらが悪い意味を持つ言葉かとまず問うた。
　これは、「えこ」である。「不公平」という意味だ。
　「ひいき」に悪い意味はない。「自分の気に入った人を応援し、力を添えて助けること」という意味だ。
　ひいきは悪いことではない。社会では、ひいきのオンパレードだ。
　たとえば、寿司屋。ひいきされている人は同じ値段でも中トロの一番おいしい部分を出してもらえる。板前さんは、その部分をその日来る客のうちの誰に提供するかを考えて仕事をしているのだ。
　たとえば、レストラン。予約をしたつもりで行ってしまい、店内が混んでいる時、「○○様、ご予約は確かに承っております。こちらへどうぞ」と良い席に案内してもらえる。
　たとえばホテル。ひいきされている人はスタンダードの部屋の料金で、スーペリアやデラックスにアップグレードしてもらえる。私もサービスで1泊30万円のジュニアスイートに泊まったことがある。スタンダードの料金で、だ。
　洋服を買う時もそうだ。ひいきされていると、そのシーズンの一番人気の商品を取り置きしておいてもらえる。
　これが「ひいき」だ。悪いことでも何でもない。
　これを悪いことと捉えるのは、努力の足りない人だ。
　ひいきされている人は、日々努力をしている。自分の魅力を上げ、相手をリスペクトする努力だ。
　たとえば、表情だ。ホテルの廊下で出逢った清掃係の方々に笑顔で挨拶ができるか。フロントが忙しく対応している、その前を通る時、相手が気づこうが気づかなかろうが、会釈できるか。
　たとえば、言葉だ。「美味しかったです。また来ます」を言えるか。「金を払っているのだからサービスを受けて当たり前だ」という傲慢な態度を取ってはいないか。
　たとえば、身だしなみだ。身だしなみはその店へのリスペクトそのものである。ジャージできちんとしたレストランに行くのは、そのレストランはジャージにふさわしい店だと格付けしている行為に他ならない。そういう客を、店側が歓迎するはずがない。
　ひいきされる人は、人間としての魅力があるのだ。その魅力を磨く努力を重ねているから、様々な「ギフト」をもらえるのである。

□着こなしを崩し、靴のカカトをつぶし、ボタンをだらしなく開ける人がいる。鞄を床に叩きつけるように置いたり、散らかして平気な顔をしている人もいる。
　それは、相手を冒涜（ぼうとく）する行為である。
　「誰にも迷惑をかけていないじゃないか」いや、かけている。
　その場にいる人間が努力して創り出している雰囲気を壊し、大事にしている文化を汚しているのだ。
　表情も言葉も身だしなみも、自分を支え、助け、共に生きる人達へのリスペクトなのだ。こう思えば、大事なことに気づけるだろう。
　ちなみに、私が年がら年中スーツで過ごすのは、生徒へのリスペクトだ。
　35℃の猛暑日にかりゆし（沖縄の正装）を着るのも、リスペクトなのだ。
　教科書の勉強も大事だが、こういう社会勉強もまた大事だ。

●9月 　　　　　　　　　　　　　　　　　　　　　　平成X年9月16日発行第125号

人間は誰かのためにがんばれる

●アーカイブコメント：　生徒が生徒集団に対して自主的に改善を呼びかけた。震える足で一歩踏み出したのだ。結果、「ほとんどの人は机を整理していってくれ」た。こういうささやかな事実を取り上げ、認め、褒め、全体に広げていく。学級通信の一番の価値はここにあると信じる。

□帰りの会で、茜さんが立った。
　「帰りの会の後、かおりさん達が机を整頓してくれています。それをやらなくて済むように、自分達で整頓をしましょう」
　2Aで、自主的な呼びかけが生まれた記念すべき瞬間だった。
　心の底から嬉しかった。

■帰りの会で机を整理してほしいと言いました。そしたら、ほとんどの人は机を整理していってくれました。
　教室の乱れやロッカーの乱れ、机の中の乱れは、心の乱れだと思います。
　前の学級通信にもあったとおり、身のまわりがちゃんとできる人が一流のスポーツ選手です。人としても一流です。
　私は2年生のうちにあたり前のことをあたり前にできる人になり、3年生の学校生活を心地良い生活にしたいです。（茜）
□3年生を待つのはもったいない。今この時から心地良い生活をつくろうよ。
　「放課後の教室は、その学級の人格と実力の表れです」
　先週木曜日の放課後、私は黒板にこう書いた。覚えているかな。
　身だしなみや身の回りの整理整頓は、自分の人格を磨くためのみならず、自分が所属する集団の文化を大切にする行為でもあるんだ。
　ちなみに、業績を上げている会社は、会議室だろうと工場内だろうと、どこに行っても美しいんだよ。

■長谷川先生のひとつひとつの行動がすごいと思いました。おかしいと思ったらすぐに行動に移すし、生徒がいいことをしたらほめてくれます。
　今日、帰りの会で先生は15歳のときの夏休みについて話していました。受験勉強に使うはずの夏休みを、秋にやる劇の台本を覚えるのに使ってしまうなんてすごいなと思いました。
　私は、今まで学校行事の中で、誰かのために自分から積極的に行動したことがありませんでした。しかし、今からでも文化祭で歌う歌の歌詞を覚えたりしたいです。（凛）
□私は凡人中の凡人だ。すごい人間ではない。
　ただ、今日1日を精一杯生きようとしている。昨日より今日を、今日より明日をより良くする努力は惜しまない。
　15歳のあの夏。学校の荒れをどうにかしようと本気になったある先生の思いに応え、11月に学年で取り組む演劇の主役に立候補した。
　7、8月の40日間を、私は台本のすべてを覚えることに費やした。30ページ以上ある台本の、すべての役柄のセリフと動きを覚えた。
　記憶している限り、私が誰かの思いを実現するために文字通り一所懸命になった、初めての経験だった。この経験は私という人間の柱の一本になっている。

■帰りの会でコスモスを歌いました。そして、先生から伴奏者はがんばっている、歌い手は何をするのかという話がありました。
　僕は今、歌詞の2番目が分からないので覚え、男子パートを完璧にできるようにしたいです。僕はそれをがんばりたいです。
　帰りの会の前に声が少しかけられたのでよかったです。（晃太朗）
□昨日「周りに声をかける」と書き、すぐ行動に移してくれたんだね。感謝。

□「私は伴奏をやっているので、誰か一人でも詩練習に参加していないと、今までの練習が無駄になったようでとても悲しい」裕美さんの日記の言葉だ。
　こういう思いをさせたくないよ。させないように、私達が汗をかこうよ。

134

●9月   平成X年9月17日発行第126号

ペーパー学力より数十倍大切なチカラ

●アーカイブコメント： 小学校時代、そして中1時代の彼らを知る参観者が、授業後、「別人のように成長している」と評した。私のひいき目でなく、外の人から見ても成長の事実が明らかにわかる。そのくらい向上的に変容しているのだ。生徒の文章から、意識と行動の高まりが伝わる。

□市教委から3名、教育事務所から4名の指導主事が来校、1日滞在し学校の様子や先生方の授業を見て指導する「支援担当訪問」。
　昨日あったのは、このイベントだった。

□私は国語の授業を公開した。普段通りに漢字スキルから入り、暗唱をし、教科書教材のまとめとして「日本語のリズム」をテーマに授業した。
　私もいつもどおり、君達の態度も取組もいつもどおり。
　特別なことは何もなかった。
　参観者の中にふたり、小学校時代から君達の授業や生活ぶりを見ているという人がいた。
　あとで話を聞くと、「大きく成長していた」「別人のようだった」と、ふたりは言った。具体的な内容は省くが、とにかく君達の成長を褒めていた。
　外部の人間から見ても、君達は確かに成長しているのだ。
　私は、我が事のように嬉しかった。

■今日、思ったことがあった。
　日記に書くことってなんなのだろうか。
　日記にばかり、長々といい子ぶったような文章をつらねていた私ってなんなのだろう。
　日記にいいことを書いたって、行動に移せなきゃ意味がない。
　そんなことは、わかっている。わかっているのにどうしてできないのか。
　やっぱり、意識が低いからなのだろうな。というのが一番だと思う。
　変わりたい。口で言ったり、文章で書くことなんて何の苦でもない。私は、行動に移せるように、最初はできなくても、頑張ろうと思える努力をしたい。
　そして、胸をはって変わりたい。（灯）
□変わりたいと本気で思えたら、変化はもう始まっている。
　私にはその手伝いができる。1000人の中学生の成長を支えてきた事実があるから。

■125号の「気愛」に書いてあった晃太朗さんの日記を見て思い出しました。最近、晃太朗さんがすごく変わったんです。後ろの黒板に次の日の連絡が書いていないと、○○係だれ？　とか聞いたりして、すごいんですよ。今日も言っていました。
　晃太朗さんはすごく変わりました。このまま続けてもらいたいです！　（さとみ）
□晃太朗君の成長、他の生徒からも話を聞いている。M先生からも、体育の授業で「早く整列しよう」などと声をかけてくれていると聞いた。
　男子で最初に私の同志となってくれた晃太朗君。最初に、共に井戸を掘ってくれた人間を、私は一生忘れない。

■かおりさんの行動で、茜さんの呼びかけがありました。すごいことだと思いました。かおりさんが頑張っていてくれたこと。それを茜さんが初めて自主的に発表してくれたこと。二人はすごいです。
　私も、自分ができたら、「周りの仲間に伝える」。これを意識して行っていきます。（由美子）
□かおりさん、凛さん、そして茜さんの行動はすばらしかった。
　そして、由美子さんの、周囲に対する最近の働きかけもすばらしい。
　自分の属する集団を、自分の努力で良くしていく。
　そのチャレンジを始めた人間が、一人またひとりと増えつつある。
　これこそ利他の行動、人間力だ。学力よりも数十倍大切な力だ。

●9月   平成X年9月17日発行第127号

ファーストペンギン

●**アーカイブコメント：** 私が掃除を始めても誰も動かなかった4月。それから5か月が経ち、自ら気づき行動する生徒が育ってきている。長い時間をかけてその程度の成長かと思う人もいよう。それが数年間を荒れと無気力、そして差別の中で過ごした集団の特徴だ。根気の勝負なのだ。

□5時間目の後、簡単清掃を5分行い、帰りの会をして下校という流れだった。

簡単清掃。たった5分間に、その人の人間性がはっきりと表れる。

事実はどんな美辞麗句よりも説得力がある。

■簡単清掃のとき、最初はほとんどの人が帰る支度やおしゃべりをしていて、長谷川先生しか掃除をやっていませんでした。私はそのことに気づくのが遅くて、掃除をしていませんでした。でも、やりだすと、晃太朗くんをはじめ、美月やさとみやたくさんの人が手伝ってくれて、すごくうれしかったです。

こうやって、誰かが気づいて、真似して、どんどん増えていけば、

よい感じになると思います。だから、私も、どんどん気づいて、できるようにしたいです。（唯）
□「ファーストペンギン」になろう。
　ペンギンは、大地の氷の端っこで足踏みしている。後ろがどんどん詰まる。
　その時、意を決したペンギンが海に飛び込む。
　すると、二番目以降も次々と冷たい海に飛び込んでいく。
　一番最初に飛び込むペンギンがヒーローだ。
　一番目に飛び込むペンギン。これをファーストペンギンと言う。
　人間界でもこの言葉は使われる。尊敬を込めた褒め言葉として。

■「気愛」124号、125号を読み、私は自分に問いかけた。今、私達のやるべき事は何だ。美月さん、裕美さんは伴奏者。皆のために毎日、大切な貴重な時間をつかって、必死に練習している。本番までに全てを覚え、1回、たった1回のために一所懸命に練習している人がいる。
　それなのに、私達が知らん顔していていいのか。
　「歌う人は、いくらでもサボれる。伴奏者はサボれない」
　今、サボっている人が多数いるだろう。
　日記に記したり、口動することは誰でもできる。でも、本当にそれで良いのか。問うてみる。歌が下手だからだけの理由でサボっていないか。たとえ下手だって、必死に歌えば心に届く。だから、歌う。
　今、私達にできること、それは、歌の練習をすること。努力することだ。
　私も1日2回以上は歌うという目標をつくった。そして、音楽の時間に学んだことを忘れないようにする。強弱等も全てが完璧にできなくてもサボらない。それが今、私達ができる、伴奏者の二人への答えだろう。
　私は今日も歌う。クセになるように、歌詞を覚える。今この瞬間を大切に使う。（かおり）
□私の教え子達は、帰宅後に毎日数十回CDを聴き、合わせて歌っていた。
　その努力が、郡市大会の代表の座を射止め、県大会に出場することを可能とした。私は過去に3度、学級の生徒と共に県大会の舞台を経験している。

■昼休みに女子だけで歌を歌いました。
　アルトを私はやるので、ソプラノにつられないようお風呂で歌っています！！　アルトは少しムズかしいのでたくさん練習したいです。
　伴奏の人に負けないくらい練習します！！　（茜）
□伴奏者の努力に応える。これはまさしく、人を大切にすることそのものだ。
　合唱は合唱のためにするのではない。個の向上と集団の向上こそが目的だ。

●9月 平成X年9月18日発行第128号

叱ってもらっているのだ

●アーカイブコメント: 学年である事件が起きた。校長室で生徒指導主任と管理職が指導した。生徒は互いに顔を見合わせ、にやにや笑うばかりだった。出張帰りにその報告を受けた。翌日の通信がこれである。自分の体験の語りから入っている。説教から入った途端、生徒の心は閉じる。

□目をかけられているからこそ叱られる。
　これは社会の常識である。

□いつも行くレストランで、シェフが見習いを叱った。
　女性シェフがフォローに入った。

> 「よかったね、やっと仲間入りしたんだよ。
> でもね、今直さずに同じことでまたミスをしたら、
> もう二度と叱ってもらえなくなるよ」

　このやりとりは忘れられない。
　これが社会なのだ、と目を開かされた体験だからだ。
　こういうことを知るのに、若すぎるとか早すぎるとかはない。

□叱ってもらえるうちが華である。
　しかし、いつまでも叱ってもらえるわけではない。
　叱る側は、叱られる側の数倍エネルギーを消耗する。できることなら、叱らずに済ませたい。
　それでも叱るのは、叱られる側の成長を願うからである。

> 叱られたら、叱ってもらっていることに感謝する。

　これが肝である。感謝できる人は、叱られた内容を吸収できる。
　そして、上達の階段を上がっていける。
　感謝は言葉でも表すが、それだけではない。

> 二度と繰り返さないように気を引き締め、行動を変える。

　これが、叱ってくれる人への感謝の最大の表現である。
　このことを知らない人は意外なほど多い。
　親から、周囲から、教えてもらってこなかったのである。

□私の周りには、叱ってもらえない人がいる。
　叱られた時にふてくされたり、右耳から左耳へ受け流したりと、その場をやり過ごしてきた人々である。
　そういう人を、それでも叱り続ける人間は、おそらく親と学校の教師くらいしかいない。
　学校を出たら、アウトである。
　叱られて感謝しなければ、次からはもう叱ってもらえない。

> 叱ってもらえないと、気づきもなければ、成長もない。

　ドラゴンクエストで言えば、最終ダンジョンの無限ループにはまってずっと同じ場所をぐるぐるさまよっている状態だ。
　叱られることは、標識を立ててもらうことである。
　標識に従って進めば、ダンジョンから出られる。
　叱られてムカついている人間には、誰も標識を立ててくれなくなるのだ。
　これは怖い。見捨てられるほど、怖いものはない。
　さて、自分の身を振り返ってみようか。

●9月　　　　　　　　　　　　　　　　　　　　　　　　　　平成X年9月18日発行第129号

本を読もう

●アーカイブコメント：　　より良く生きるためには様々な生き方のモデルを知る必要がある。どんな生き方が自分の感性に合うのかはわからない。だからたくさんのモデルに触れることが大切なのだ。そのために最も役立つのが読書である。読書の重要性は教師の姿で示すのが良い。

□道徳で「硫黄島の戦い」を扱った。

　日本人全員に知らせたくて作った授業である。

　教科書に載る出来事は、歴史のほんの一部に過ぎない。

　しかも、掲載されているすべてが事実とは限らない。

　テレビで放送されていることも、すべてが事実とは限らない。

　君達は自分の手足を動かして情報を集め、自分の目で見て、自分の頭で判断して、自身の歴史観をつくっていくとよい。

　そのひとつとして、まずは本を読むことだ。

　私もそうしてきた。これからもそうしていく。

■「気愛」の「ファーストペンギン」と道徳の時間の硫黄島で戦った軍人さんたちのことを書きます。

　「ファーストペンギン」は、ペンギンの群れの中で先頭に立つ存在でかっこいいなと思います。一匹の行動で、みんなが動くなんてすごいと思いました。「ファーストペンギン」はきっと行動力もあって、みんなからの信頼があつい。やっぱりそう考えるとすごいです。

　今日、道徳でやったアメリカが初めて日本を占領した土地。「硫黄島」を守るための指揮官、栗林さんも「ファーストペンギン」のような存在だったのではないかと私は思います。

　やはり、信頼を得るような魅力的な人になると、みんなもついていこう、この人の力になろうと思えるのだなと思いました。

　私も、いつしかそんな人になりたいです。(灯)

■道徳の授業で、戦争の時の日本について知りました。昔の日本の軍人さんは、自分の命をかけても国民の命を守ることを優先していてすごいなと思いました。私だったら自分の命を優先するかもしれません。なぜなら、自分は死にたくないから、他人の命より自分の命を優先すると思ったからです。

　しかし、この授業を受けて考えが変わりました。自分も誰かのために行動したいと思うようになりました。自分から誰かのために行動してみたいと思います。(凛)

■道徳の時間にやった硫黄島の内容、すごく心が痛かったです。日本を守って死んでいった人が、日本に帰りたいのに滑走路の下に眠っているなんて、すごくかわいそうです。1日でも早く日本に帰れる日がきてほしいです。(颯太)

■戦争のことを授業で学びました。本土のために命を落とした人がたくさんいて、その人たちのおかげでたくさんの人が救われたんだということを知りました。(直樹)

■道徳のノートを忘れてしまったが、道徳の時間に学ぶことが多かった。やっぱり先生はすごいなあと改めて実感した。

　今日、10時くらいにテレビを見た。そしたら、「とくし丸」という徳島の移動スーパーを扱っていた。このとくし丸は、限界集落やふだん買い物がむずかしい人の家まで行っていた。すごいと思った。(和樹)

□道徳の授業の感想をたくさんの人が綴ってくれていた。

　和樹君の「とくし丸」の記述を読んで、私は尾瀬沼で数十キロの荷物をかついで家々を回る人達の仕事を思った。

　「とくし丸」、興味が湧いた。調べ、授業にしてみたい。

●9月

平成X年9月25日発行第130号

思いつくまま語ろう

●アーカイブコメント： 20代から週24、25時間の授業を担当するのが当たり前であった。有事の環境で時数が多いと、時に苦しむこともある。しかし、多くの授業を経験するからこそ力がつくのが道理だ。「自分がやっているからこそ、語る資格がある」この姿勢を大切にしたいものだ。

□五連休を終えた。
　中学校の場合、生徒も教師も、連休どころではない。
　なにせ、新人戦直前である。休みにできるはずもない。
　どの部も1日、2日の休みで活動していたようだ。
　どの学校もそうだろうが、子どもも大人もよくやっている。

□私の持ち授業数は本校で最も多い。2、3年の国語と2Aの道徳学活、のみならずけやき学級の授業も担当しているからだ。
　よって、1日1時間の事務時間（授業の無い時間）がきわめて貴重である。
　その時間に、日記にコメントを綴り、通信を書く。
　もっと時間があればと思うことが正直何度もある。
　だが、限られた時間に精一杯やろうと努めるからこそ、書く物の質も上がり、腕も磨かれる。そう信じる。
　思うようにコメントや通信執筆ができない日もあるが、常に2Aの一人ひとりを考えている。
　学級生活も残りちょうど6ヵ月。最後まで切磋琢磨したいと願う。

□連休二日目、大宮ソニックのホールで「第4回親守詩埼玉大会」を主催した。
　私は実行委員長であり、1年間の準備を統括した。
　当日は開会挨拶をし、3歳から80歳まで700名を相手に国語の授業をし、片山さつき参議院議員や髙橋史朗明星大学教授、志賀周子埼玉県教育委員を招いたシンポジウムで司会を務めた。
　上田清県知事は、「今回も見事な仕事だった」とがっちり握手して帰っていった。
　片山さつき氏はシンポジウム後自ら名刺を持って挨拶に来てくれ、今後一緒に仕事をしたいと言ってくれた。
　来賓として招いた国会議員、県議会議員、経済同友会の方々も口々に親守詩作品の素晴らしさと、大会の質の高さを称賛してくれた。
　なにより、今年もまた素晴らしい受賞作品が並んだことと、200名を超える小中学生が授業に熱中し何度も挙手して発言したこと。これらが嬉しかった。

□私はラグビーワールドカップ推進委員も務めている。
　親守詩埼玉大会を終えたこれからは埼玉県、熊谷市との連携を活性化し、学校現場にラグビーの文化を入れていく活動を中心に進めることになる。
　このような仕事も、学校の仕事の他にやっている。平日夜と休日を使って、である。
　自分がやっているからこそ、ボランティアの大切さを語る資格や、利他の活動の重要性を教える資格があると思っている。
　自分が汗をかかずに大所高所から物を言っても、子どもたちは聴く耳を持たない。それは傲慢と言うものだ。

□部活動は3日。1日は親守詩埼玉大会。
　部活後と残り1日は、父親の看病にあてた。
　隙間時間を使い体験を広げるため、トム・クルーズやレオナルド・ディカプリオらとも関わる超プロに採寸とスーツ・シャツの仕立てをお世話になった。
　超プロの仕事は速くて丁寧だ。矛盾を矛盾のまま終わらせず昇華させている。
　そのことを身をもって知る貴重な機会となった。
　自分もまたそのような超プロの域までたどり着きたいと思った。
　得たい結果にふさわしい原因を、今日もまた積み上げよう。

●9月　　　　　　　　　　　　　　　　　　　　　　　平成X年9月25日発行第131号

師匠をもとう

●アーカイブコメント： 社会で通用しないことは学校でも通用しないのだ。「教育的配慮」という金科玉条のもとに「特例」をつくり、教えるべきことを教えないとどうなるか。遠くない未来に、生徒が大いなる不利益を被ることになる。自立と自律の実現のために、妥協は害悪となり得る。

□先週末の通信で「叱ってもらっている」と書いた。
　　反響が大きかった。二人分、紹介する。

■怒られる。これは、自分のことがキライだから、その人は自分に怒っているのだ、ではなく、自分に期待してくれている。だから叱ってくれる。
　　「叱られていることに感謝をしなくては、次からは叱ってもらえない」
　　たしかに、その通りだと思った。叱っている人は、叱られている人よりも何十倍もエネルギーを使う。すごく大変でつらいものだ。だから、何十倍のエネルギーを使ってもらっていることに感謝し、「叱ってくれてありがとう」ときちんと伝える。
　　いつまでも叱ってくれるというのはあまりないかもしれない。けど、「ありがとう」と心からきちんと言えば、叱ってくれると思う。だから、「叱ってくれてありがとう」「教えてくれてありがとう」と心からきちんと言おう。そう思いました。（由美子）
□「叱られた、クソッ」と態度に出したら、「はい、さようなら」がプロの世界だ。
　　「叱ってくれてありがとうございます」と声と表情と態度で表現する人には、もっと教えよう、もっと面倒を見ようと思うのが人情だ。
　　もちろん、限度を超えて怒鳴ったりぶん殴ったりするのは例外だ。それは愛情ではない。怒っている本人の気持ちをスカッとさせるためだけの行為だ。
　　そういう例外はあるが、多くの場合は、叱ってもらえているうちが華だ。
　　「お前はもうどうでもよい」と無視されるほどつらいことはないのである。

■「叱ってもらって人は成長する」ことがよくわかりました。人はいくつになっても未熟だと思います。そんな時に叱ってくれる人がいるありがたさを忘れないようにしていきたいです。
　　通信にもあったように自分も二度と繰り返すようなことはしないようにします。（由香）
□私は38だが、師匠からは今も叱ってもらっている。
　　たとえば、私は毎月100冊近い本を買って読んでいるが、「長谷川は読書が足りない！」と叱られる。
　　一所懸命努力したことに、評価の言葉ひとつかけられないことの方が多い。
　　それは、師匠なりの愛情なのだと思っている。
　　長谷川という人間を、現状で止まらせるのでなく、さらに上のステージへ引き上げようとしてくれているのだ。
　　要所でかけられる一言から、そう思える。
　　40になろうと50になろうと未熟だ。叱ってくれる存在がいるのは心底ありがたいことなのだ。
　　叱ってもらえる限り、成長できるからである。

■午後から長谷川先生がいませんでした。5時間目の道徳の授業とか、帰りの会がちょっとうるさかったと思います。一学期でも先生がいないことがあった時は帰りの会などがすごくうるさかったけど、今日は一学期よりはうるさくなかったです。でも、そろそろ先生がいなくてもちゃんと授業が受けられ、早く帰りの会を終わらせられるようにしたいです。
　　そのためには、ひとりひとりがふざけないで、ふざけている人がいたらお互いに注意し合えるクラスになれるようにしたいです。（凛）
□「ふたつのジリツ」を知っているか。自立と自律である。このふたつの価値を、2Aで実現したい。中学2年なりの自立と自律を、だ。

●9月　　　　　　　　　　　　　　　　　　　　　　　　平成X年9月29日発行第132号

後期学級委員を決める

●アーカイブコメント：　「こちらの配慮で前列を指定する」これが席替えのポイントだ。丸々
くじ引きなどという、偶然性に依拠した愚策は採らない。さて、学級委員決めである。前期は3
時間かけても立候補が出ず、「ある形のくじ引きで当たりを引いた人」とした。さて、どうなる。

□25日（金）6時間目学活。
　席替え及び生活班編成を行った。1週間前の学活で席替えの方法を討議させ、「くじ引き」と決まった。
　前列を希望する人と、こちらの配慮で前列を指定する人。彼らの席を予め決めておいて、その他の席をトランプの数字で決めた。

□班編成の前に、学級委員の立候補を募った。
　班長とかぶらないようにするためだ。
　募ってすぐに、由美子さんが挙手した。
　他の女子は出なかった。
　男子は、挙手がなかった。
　4月9日と同じだ。あの日は、3時間待っても立候補が出なかった。そして私は、教師生活16年目にして初めて、くじ引きで学級委員を決めた。屈辱的な出来事だった。

□それでも「推薦」は採用しない。
　やりたくない者が口裏合わせで推薦され、誰もやらない仕事を「やらされて」いる実態を、過去に何度も目にしてきた。
　その光景は、私の良心にとって耐えられないものだった。
　人間性の高まっていない集団が、未熟な民主主義で「推薦」「選挙」をすると、それは単なる人気投票に堕すか、押し付けという強要行為になるかのどちらかで終わる。
　それは、公教育の場にはまったくふさわしくはない。
　だから私は、立候補にこだわってきた。

□立候補が出なければ、あの日と同じく、くじ引きで学級のリーダーを決めることになる。
　半年間、様々な場面で、様々なことを教え続け、語りを重ね、共に行動してきて、それでもまだ男子の変容はわずかだ。
　自分以外の者のために知恵と勇気を絞ろうという人間が育ってこない。
　学年の問題の根本的な原因のひとつはこれであり、これを解消しないかぎり学年集団も学級集団も次のステージには進めない。
　この状態で合唱をやったとしても、無駄である。100回歌おうが1000回練習しようが、集団形成は進まない。
　学級の合唱は、うまくなることが目的なのではない。
　合唱は、単なる手段のひとつに過ぎない。
　果たすべき目的は別にある。
　半年間を共に生きてきた2Aの中にはもう、これだけ言えば理解できる人間が育っているだろう。

□じゃんけんで負けた人間がキャプテンをやっているチームが、他のチームに勝てるか。
　くじ引きで決めた人間が部長をやっているチームが、ライバルに勝てるか。
　勝てるわけがなかろう。馬鹿にするなと言われて終わりだ。
　学級委員をじゃんけんやくじ引きで決めるとは、そういうことなのだ。
　もっと言おう。
　部活動で勝つことなど、それほど難しくはない。なぜなら、その競技をやりたくて集まった人間達が、勝ち負けという誰の目にも明らかな目標に向かってやるのだから。（続く）

●9月

平成X年9月29日発行第133号

その時挙がった一本の手

●アーカイブコメント： 出会う前、中1時代に苦しい思いをし、「リーダーは絶対にやりません」と宣言した男子の手がすっと挙がった。どれほどの覚悟が必要だったか。彼の心情を思うと、目頭が熱くなった。私は「リーダーとしては働く君を絶対に守る」と宣言した。何が何でも守る。

□（承前）だが、学級は違う。生徒が選んだわけではない。諸条件を調整した結果として、生徒の意見・意思を参照せずに組まれたのが、学級集団だ。

その集団でひとつの方向を目指すことは、部活動で勝つことの数十倍難しい。

そもそも、ひとつのことをしようにも、勝手なことをする人間が次々と出る。部活やクラブにはないことだ。

そのうえ目標がはっきりしない。スポーツなら勝つことだと決まる。議論の余地はない。しかも、短期間の練習で勝つこともできる。すなわち、目標がはっきりしており、結果も出やすいのだ。

一方で学級は目標の設定がしにくい。勝ち負けがないからだ。また、結果が目に見えるまでに膨大な時間と労力がかかる。スポーツの比ではない。

部長と学級委員とが、どちらも同程度に本気でやったとするならば、かかる負荷は1対10、1対20、集団によっては1対100くらいの比率となる。

だから一般に、部活動をがんばる教師でも、学級形成はうまくいかない。学級をそこそこで流しておいて、御（ぎょ）しやすく結果も出やすい部活動に集中するのだ。

これは教師の問題に止まらない。生徒もまた同様だ。

□4月から言っている。

私は、この2Aで生きる誰にとっても安心で、安全な学級集団を創りたい。

身分の上下という差別がなく、いじめという名の犯罪がなく、うわべの人間関係でない、実質的でタフな絆に結ばれた集団。

それが土台にあればこそ、個々の個性が発揮され、能力も大きく伸びていく。

だから、創りたい。

これは理想か？　理想だと言う人は、ただ体験してこなかっただけだ。自分の狭い経験の中だけで判断している。

私は上記の状態を実現した学級を、たくさん知っている。日本教育史上に燦然と輝く実践群がその証拠である。自分でも、いくつかの学級でその状態を実現している。

だから、机上の空論だとはまったく思わない。

そこにいる一人ひとりが幸せに生活できる。時に問題が起きても自分達の工夫と努力で乗り越え、また一段と成長できる。

そういう学級を創るために、4月から今日までやってきた。

それを創ることで私が得をするか。何の得もない。

ただただ教師としての使命感に従ってやっているだけである。

□これが最後だと立候補を募った時、一本の手が挙がるのが目に飛び込んできた。陽翔君だった。

4月のあの日、「もうリーダーは絶対にやりません」と言った陽翔君が、半年後の今、挙手をした。彼がもう絶対にやらないと決めたのは、昨年度学級委員を務めて、良いことがひとつもなかったからだ。「嫌なことなら山ほどありました」と、出会って間もない私に彼は言った。

よほどのことがあったのだろう。二学年の集団としての姿を見れば、何があったのかは想像に難くない。

話したいことが次から次へと浮かんできたが、時間がない。話を止めた。

後期学級委員は由美子さんと陽翔君に決まった。私は絶対に守ると宣言した。

□帰りの会の合唱練習でまたトラブルが生じた。

その時点で、私は覚悟を決めた。私が「良い人」でいようとして見過ごせば、誰がこの悲惨な現実と格闘するか。誰もしない。ならば私がやる。

●9月　　　　　　　　　　　　　　　　　　　　平成X年9月29日発行第134号

それでは正義が死に申す

●アーカイブコメント：　中1で学級委員他リーダー職の立候補が出ない。そういう学年を何度も担当してきた。持ち上げて中2の4月。例外なく状況は変わった。少ない学級で男女合わせて10名、多い学級で21名が学級委員に立候補するようになった。何が彼らを変えたのか。

□本日陸上新人戦で5名がいない。
　班編成後の初日で、重要な日であるが。学校の看板を背負って全力で競技するために出かけているのだからしかたがない。
　明日仕切り直しだ。

□4月8日、私は所信表明で三つのことを話した。
　三つ目が、「長谷川が叱ること」である。
　私が叱ることは三つある。
　ひとつは、自分を傷つける言動である。
　ひとつは、他人を傷つける言動である。
　ひとつは、同じことで3回注意しても直そうとしない、反省なき態度である。

私は、他人の不幸の上に自分の幸せを築こうとする行為が大嫌いである。

　あるターゲットを数名でいじめて楽しんでいることなど、その典型である。
　皆で為すべきことを、自分の感情を最優先して妨害し、士気を下げる行為もまた、許されざることである。
　他の誰が許そうが、私は許さない。
　正義が死んだら、個の成長も集団の成長も止まる。誰も幸せにならない。

■スッ……。
　静寂の訪れた2Aの教室の中で、一人の手があがった。陽翔さんだった。男子の学級委員がなかなか決まらない中あげられたこの手に、私はとても感動した。このクラスに、一人でもこのクラスのために貢献しようと思っている人がいてくれたことが、とても嬉しかったのだ。
　一学期、陽翔さんは学級委員を絶対にやりたくないと言っていたにもかかわらず、やると言ってくれたのだ。私は陽翔さんのその勇姿に拍手を贈りたい。（裕美）
□異議なし。同時に、2Aに初めて訪れた、男子の決意のドラマをこうして日記に書き残したあなたにも、私は拍手を贈る。
　あの瞬間の価値がわかる人間がいてくれたことに、私はほっとしている。

□立候補の出なかった生徒会本部役員選挙。2学年の5枠がぎりぎりで埋まった。2Aからは貴司君と裕美さんが立候補した。その決意と行動にも拍手を贈りたい。

□3年生のある生徒が言った。
　「O中では、生徒にも先生方にも、学校に来たくないと思いながら来ている人が何人もいますよね」
　「そうかな。そう思うような出来事があったのかい」
　「はい。そういうことが気になるんです」
　「それが事実ならば、そういう現実は改革したいよね。一緒に動こうね」
　その生徒がどんな思いで私に話してくれたのか。
　想像する以外にないが、楽観できる状況でないのは確かだ。
　4月から半年間、1日11時間前後をここで過ごして、私自身にも様々な、ほんとうに様々な課題が見えている。
　そのうちのいくつかについては、現在進行形で変革に努めている。
　生徒には何がどれだけ見ているか。保護者にはどうか。
　来月の学級懇談会で、じっくり話してみたいと思うのだが。

●9月

平成X年9月30日発行第135号

信じ合うということ

●アーカイブコメント： 生徒との関係性において最も大切にすべきが、「約束を守ること」、すなわち、「裏切らないこと」であると私は信じる。あらゆる場面で約束を守り続けることが、信頼を生む。生徒は良く見ている。私たちの想像以上に厳しく透徹した目で教師を観察しているのだ。

□昨日29日（火）6時間目の国語は、陸上で6名が不在だった。

ゆえに古文の指導を進めることをせず（いない人がだいぶ損をするから）、少々考えた末、金曜日帰りの会の出来事について考える場を持つこととした。

漢字スキルと暗唱詩文集をいつも通りにこなしたあとの、時間にして35分間ほど。「気愛」を基にした長谷川の話を聞いて「自分の考えを持つ」ことをねらう時間とした。

私は、今の自分にできる精一杯の話を、力を抜いて緩急をつけて行なった。

何度も何度もうなづきつつ聴く人が、4月とは比較にならないほど増えた。

これが、絆である。教える側と教えられる側。両者を「信頼」がつないでいれば、教育の成果はあがる。その関係が、少しずつ、できつつある。

そのために私が決めていることはたったひとつ。約束を守ることだ。裏切らないということである。

□ハリーポッターに出てくるような小学校が、イギリスにはいくつもある。

世界中の資産家が子どもを入学させるべく、試験に臨む。

この試験が面白い。「プールを渡る」という試験があるのだ。

プールには水が張られ、その上にシートがかぶせてある。小学校入学前の子どもの体重ならば靴が濡れることはあってもプールに沈むことはない。

こちら側に子どもたち、あちら側に教師がいる。

教師は、「大丈夫です。渡ってきなさい」と言う。

これで渡った子どもだけが合格する。

彼らはなぜ合格するか。教師の言う言葉を信じたからこそ渡った。その、教師の言葉を信じるということが教育の原点であると、イギリスの名門小学校は考えるのである。

ただし、渡った子どもでも、「靴が濡れた」などと文句を言う子は不合格となる。勇気を出して渡ることができた喜びに浸らず、靴が濡れたくらいでぶうぶう文句を言う。そういうひねくれた心の持ち主は我が校には必要ない、という判断である。

名門が名門である所以（ゆえん）は、確固とした価値観と評価基準を大事にしていることなのである。価値観と評価基準が、周りが何と言おうと揺るがないことなのである。

□日本にも、名門小学校がある。

たとえば某私立小学校の入学試験は、「保護者同伴」が原則である。

かなりの数の志願者があるから、試験は何段階かに分かれて実施される。

その最初の試験は、面接である。この面接は、保護者対教師で行われる。

保護者の服装や髪形、アクセサリー類の品（高級品か否かは関係がないという）、そして言葉遣いによって、二次試験に進めるかどうかが決まる。

なぜ保護者（親）で合否が決まるか。

子どもは親の鑑だからである。

たとえば、子どもが敬語をきちんと使いこなせるか否かは、ひとえに親の言語環境で決まる。親がきちんと敬語を使いこなしていると、子どもの語彙（ボキャブラリー）は飛躍的に増える。親子の会話が豊かであればあるほど、子どものコミュニケーション能力は育つ。

親を見ればわかる、のだと言う。私も親だから、このような情報を知ると自分の身を振り返らざるを得ない。

これは君達の保護者にだけ書いているのではない。

10年後20年後には、君達のほとんども親になっている。

私はそこまでを見通して、教える内容を厳選しているのである。

●9月　　　　　　　　　　　　　　　　　　　　　　　　　　　平成X年9月30日発行第136号

共に汗をかこう

●アーカイブコメント：　問題が起きることが「問題」なのではない。問題が起きても気づかないことが「問題」であり、看過することが「大問題」なのだ。学級で起きる問題は、その時々で知恵を出し合い、解決していかねばならない。その積み重ねで学級集団は進化していくのである。

□ 25名が集うて、この2Aが成立している。
　25名はそれぞれ、個性が異なる。
　個性の異なる25名、その一人ひとりが、自分の得意な部分で学級に貢献する。自分の価値を提供する。
　良い集団ではそれが自然とできている。
　ただし、最初からそうなるわけではない。
　日々自分達の課題を発見し、共に考え、汗をかき解決していく。
　その積み重ねで、良い集団に育っていくのだ。

　大事なのは、教師に任せっきりにしないことだ。

　小学校時代から、最初は小さな問題であったものを、次から次へと放置してきたから、ここまで大きくなってしまったのだ。
　世の中は面白いもので、問題が起きた時にそれに気づかなかったり、気づいても解決しなかったりすると、次はもう少し大きな問題が起きるようにできている。
　その人、その集団が、気づいて本気で解決するまで、問題は雪だるま式に大きくなり続けるのだ。
　だから私は言う。「他人事ではない。あなたの問題なのだから、あなたが解決しなければ進まないんだよ」と。
　私自身が働くのが嫌で、楽をしたくて言っているわけではまったくない。
　私の器はそれほど小さくはない。
　目標に向かって共に走った方がより大きな成果と価値が生まれる。だから呼びかけ続けているのである。「共に汗をかこう」と。

□ 金曜日に編成した新生活班だ。討議によって「オールマイティ」が「特殊任務」に合併され、新たに「給食長」が創設された。必要なものは自分達で生み出していく。学級が自治的集団に育っていくために、とても大切な行動だ。

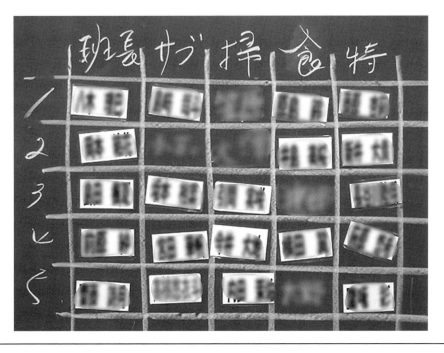

145

●10月   平成X年10月1日発行第137号

20XX年後期、O中学校2年A組組織

●アーカイブコメント： ポイントはサブリーダーの仕事を具体的に教えていることだ。これをしないと副班長や副部長が「お飾り」となる。報告・連絡・相談も具体的に教える必要がある。相談が先であり、決裁を受けて実行する。間に連絡を密に取り、結果を報告しなさいと指導する。

□2年A組の後期半年間を担う組織について、以下に決定事項を記す。

■後期専門委員会（敬称略、以下同）
　学級委員　古川陽翔・増本由美子
　図書委員　小野晃太朗・佐藤友梨
　保健委員　鈴木和樹・嶋本かおり
　安全委員　築地咲良・柿本鈴音
　体育委員　原田悠真・横川陽菜
　放送委員　矢部颯太・高田唯
　ボランティア委員　大川博・藤田灯
　給食委員　若月碧人・宮部美月
　美化委員　加藤舜・荒巻さとみ
　文化祭実行委員　宮崎茜
　※なお、相田貴司・佐々木裕美の2名は生徒会本部役員選挙に立候補しており、信任投票によって役員に就任する可能性が高い（長谷川がふたりを半年間見てきての見立てである）ので、専門委員会への立候補は控えさせた。

■一人一当番
　窓開閉　古川陽翔　　電気　藤田灯
　チョーク　伊藤直樹
　集配　宮部美月・高田唯　　掲示　矢部颯太・若月碧人
　学級文庫　築地咲良
　担任給食・ゴミ袋　鈴木和樹　　秘書＆ソート　嶋本かおり
　黒板A　柿本鈴音　　黒板B　増本由美子　　黒板C　浦田由香
　植物　大川博
　国語　加藤舜　　数学　佐々木裕美
　社会　前田凛　　理科　相田貴司
　英語　佐藤友梨・宮崎茜
　美術　荒巻さとみ　　音楽　亀本圭太
　技家　小野晃太朗　　体育　原田悠真・横川陽菜
■リーダー会議：学級委員プラス各班長。原則毎週1回10分程度実施する。
■サブリーダー（副部長、副委員長、副班長他）の仕事は以下である。

フォロワーに対して、
①　リーダーが示した大きな理想を細分化し、具体的に伝えること
②　一人ひとりとコミュニケーションを取り、何が問題なのか、誰が困っているのか等現状を把握すること

その上で、

リーダーに対して報告・連絡・相談（ホウレンソウ）をすること。

　これを教えないと、副委員長や副班長、副部長は単なる「仕事の無い役職」に堕（だ）す。点数稼ぎの偽物を生み出すことになってしまう。
　それは教育ではない。
　サブはリーダーのために手足となって働く。最も多忙な役職である。
　私はこのことを世界中で書かれているリーダー論の書籍から学んだ。
　実践を通して、それが真実であることは実証済みである。

● 10月

平成 X 年 10 月 1 日発行第 138 号

夢を描き、ロマンを追う

●アーカイブコメント： 10月には解散日を意識させる。100日のカウントダウンを始める。私が一貫して行っているのは、担任である長谷川を必要としない生徒、学級の育成に他ならない。そのための特効薬が、「賞状の出ないところで一番になれ」なのだ。そして、システム作りだ。

□帰りの会の始まりを待つ間に、2A に残された日数を数えてみた。
　本日から 109 日後が解散日だった。

■2A 解散まで 109 日。この短い間で何をするか。先生と共に汗と涙を流し、走る者が何人増えるのか。たくさんの問題を半分以上減らせるのか。悩みに悩みが積もるようだ。どれだけ人を変えたくても、自分は自分でしかないから変えることができない。だからこそ、一人一人意識をしっかりと変化させていく必要がある。個々の問題でも、クラス（学級）のことでも、学年も。
　長いようで短い 109 日をどう過ごす。ムダにせずに。答えというものは見つかりもしないだろう。やるべきこと、やってみたいこと。それぞれがあると思う。それを言葉にしたりして、伝えていくのが大切なのではないか。私はそう思った。（かおり）
□解散までのカウントダウンが始まる。
　お互いに、「気づくのが遅すぎた」ということがないように心したい。
　失って初めて気づくものが、この世には多過ぎるから。

■「気愛」に書いてあったことについて書きます。
　教師に任せっきりにしない。このことが、私たち 2A が解散する前にできるだろうかと考えてみたりします。
　でも、今のままでは無理だと思いました。ずっと無理ということではなくて、今のままではという話です。
　今の状態から変われるように、2A 全員の力を合わせて頑張れたらいいです。（灯）
□任せる所があってもいいんだ。この世は義理と人情、助け合いだから。
　しかし、任せっ「きり」では駄目だ。
　それでは教師がいないと何もできない群れで終わってしまうからだ。
　私という人間がいなくとも質の高い学校生活が送れるように、そのために、私は個々人の課題と正対している。

■文化祭のスローガンや係・委員会決めをしました。委員会には入っていませんが、クラスのためにどんどん汗をかいていきたいです。
　そして、今日は何と 9 分で教室掃除が終わりました。明日も続けていきます。（由香）
□すべての掃除場所の中で最も仕事が多く手間がかかるのが教室掃除だ。
　今、その教室掃除が最も速く仕事を終えている。しかも丁寧だ。
　このような事実に、私は 2A の成長を見る。
　口先の綺麗事ではない。事実のみに依拠してきて、今があるんだ。

■後期委員会や係を決めました。気持ちを切り替えて前期の反省などを活かし、いいクラス、学校にしていきます。2A が一番に立ち、進んで活動できるようにみんなで協力していきます。（由美子）
□その状態を実現するために、学級委員に立候補してくれたのが由美子さんだ。
　私と共に走ろうとしてくれている一人だ。
　まずは、賞状の出ない所で一番になろう。相手への思いやりをベースに、一つひとつの活動の質を高めていこう。たとえば、配膳員さんの仕事をスムーズにするために食器類を整え、早く運搬する、というように。
　そして、賞状なき一番をたくさん重ねて、私も含めた 26 名の一人ひとりが、この 2A に所属していることを誇りに思える、そんな集団をつくろう。
　夢を描き、ロマンを追おう。

● 10月

平成X年10月15日発行第139号

共に過ごす限り、何度でも伝えよう

●**アーカイブコメント:** 流行性角結膜炎と診断され、出勤停止を命じられた。1週間教室を空けたわけだが、授業態度や生活態度について良い報告が幾つも綴られていた。「コートの中に生活があり、コートの外に勝負がある」先達が生んだこの言葉もまた生徒指導の核心を突いている。

□2週間ぶりの発行です。
　先週は感染症の療養で休みをもらいました。授業参観、学級懇談の予定が変更になったことに関し、お詫びします。
　火曜水曜と多種多様な出来事が起き、通信執筆の時間が取れませんでした。
　本日は椅子に腰かける時間があります。よって、再開します。

□休んでいる間の日記には、私がいないとやはりだらけてしまうという内容もあれば、それでも時間を守ることや授業の態度について、4月よりは確実に成長しているという内容もありました。

□「メメント・モリ」というラテン語があります。
　「自分がいつか死ぬことを忘れるな、常に死を思え」という意味です。
　20歳になる直前、熊谷市で開かれた自身の成人式で、私は代表として「成人の誓い」を述べました。
　その時に、この言葉を内容の中核に置きました。
　死を思うから、今日という日を精一杯生きようと思える。
　死を思うから、大切な人を大切にしようと心から思える。
　死を思うから、周りの人の幸せのため、この世界の幸せのために1ミリでも貢献したいと思える。
　この思いは、あの頃からずっと、変わりません。

□「失って初めて気づく」という、よく使われる言葉があります。
　そのものがいかに大切であったのかは、そのものが無くなって初めて実感できるという意味です。
　若いうちはこれが分かりません。
　特に子どもは人生経験に乏しく、想像力も弱いです。無理もない話です。

□昨日、日常生活が命なのだという話をしました。
　もう何度目でしょうか。
　物を知らぬ人間は、コートの中だけで勝負しようとし、コートの外、すなわち日常生活を疎（おろそ）かにします。さぼります。手を抜きます。
　だから、勝負に負けます。
　自分が悪くて負けているのに、他人や環境のせいにします。
　それを続けるかぎり、負け続けます。

□学んでいる人は知っています。
　真実は、「コートの中に生活があり、コートの外に勝負がある」です。
　生活態度のすべてが、コートの中、すなわち試合の場で出ます。
　挨拶、返事、丁寧さ、正確さ、精神的な強さ、仲間との結びつき、すべてが表れます。
　すなわち、勝負の行方は、コートの外すなわち日常生活をどう生きるかで決まっているのです。
　都道府県大会で優勝するレベルの個人やチームで、このことを知らない人はひとりもいません。

□これは、スポーツに限った話ではありません。学習も、習い事も、合唱も演劇も、すべてが同じなのです。
　これも、知っている人は知っています。私は知っているので、こうして皆さんに伝えています。日常生活をどう生きるかが、人生の質を規定するのです。

● 10月

平成 X 年 10 月 15 日発行第 140 号

利己で生きているだけで良いか

●アーカイブコメント: 学校全体の問題を生徒の前に明示している。学級で許さないことは他に対しても許さない。生徒に言うことは大人にも言う。このぶれない姿勢が信頼を醸成していく。1 年間という限られた時間で最大の教育成果をあげるには、立ち止まっている暇などないのだ。

□中間考査前日の昨日、完全下校は 16 時 15 分でした。

帰りの会で合唱練習を 2 曲し終えたのが 16 時 10 分。

時間を守らせるために、私は話を一言で終えて生徒を教室から出しました。

その時点で、2A 以外のどの学級も、合唱を続けていました。

昇降口で下校指導をしようとしましたが、2A メンバーが出たら終わりです。

職員室に行ったのが 16 時 13 分。この時点でまだ、合唱が聞こえています。

教務の S 先生に断って、私は放送を入れました。

「本日の完全下校は 16 時 15 分です。全校、時間を守りなさい」

□昨朝、校長先生から「学習に落ち着いて取り組ませるように」という話がありました。中間考査前日です。時間通りに落ち着いて下校させ、学習を促すのが我々の仕事です。

しかし、そうなっていない。

合唱練習というその場の都合が優先され、教育内容の中でもきわめて優先順位が高い、「時間を守る」という価値が疎かにされている。

> これは、その時々で事情があればルールを破っても良いという教育をしているのと同じです。

この教育を改めないかぎり、本校は良い学校にはなり得ません。

学校のルールより合唱練習を優先しているようでは、未来はないのです。もちろん、人の心を打つ合唱など生まれようがありません。

いつか書きましたが、私は昨年度大学院で 300 を超える小中学校の「成功事例」を研究しました。

そのほぼすべての学校で実践されていたのが、「時を守る」徹底した指導だったのです。

場当たり的な、ご都合主義を排除しているのです。

そうやって覚悟を決めて取り組むからこそ、大変な状況にあった学校も再生されていたのです。

□全校に対して「時間を守れ」と放送を入れる。

本来、これは私がすることではありません。

しかし、他に言う人がいないので、言いました。

やらなければならないことで、他に誰もする者がいないならば、自分がやれ。

これが亡き祖父の教えです。

無論、何もしない方が波風は立ちません。

自分のためだけを思えば、黙っているのが良い。

しかし、それで学校が崩れていくのは嫌です。

学校は、小さなところから綻び、大きく崩れるのです。

半年間をここで過ごした私は、その危機感をいたるところで感じています。

だから、どう思われようと、何を言われようと、行動するのです。

これがたとえば、私が教室で言う、「利己と利他のバランス」の一例です。

□学級解散まで 100 日となりました。カウントダウンのスタートです。

私は、「来年がある」とか、「卒業まで時間がある」などとは全く思っていません。2A と過ごすのはたった 1 年。もう二度とこのメンバーで生活することはない。だから、1 年間限定の勝負だと決めています。

私達の日々は、学級の形がなくなる解散の瞬間に向かっています。それは人生と同じことなのです。

● 10月   平成X年10月16日発行第141号

歌う心は健康な心

●アーカイブコメント： 私は部活指導にも力を入れる。ここで語っているのは学級の合唱練習に付き添えない理由である。趣意説明だ。「合唱よりも大切なものにまず気づかなければ、合唱をつくるのは難しい」中3生徒に語ったこの言葉が、いみじくも行事指導の肝を表している。

□新人戦の結果、学総体に続き、男子テニス部は県大会に出場します。

　郡市を代表するということは、重いです。

　県大会を目指して一所懸命努力してきた中学生の思いも背負って出て行くのです。

　いい加減なプレーはできませんし、一方的な試合展開で大敗するわけにはいきません。「秩父の代表はこの程度か」と思わせてはならないのです。

　だから、男子テニス部は朝、昼、午後練を続けます。

　休日には、私もNPOの活動や埼玉県、熊谷市等行政との連携事業等が入ります。部活動をやりたくてもできない日があります。

　だから、何よりも平日の練習を大切にします。

　本日朝から合唱練習が始まりました。県大会出場部以外は合唱練習を優先する、という規定になっています。

　男子テニス部には昨日、上記の話をし、朝昼は部の練習を優先し、放課後30分の合唱練習は各学級で行うこととしました。

　職員にもそう伝えました。

　2Aでも、私は以上のことを話しました。

　テニスコートで指導をしながら、君達の合唱練習の様子を見ています。

□朝練習は7時40分開始です。誰が集まり、誰が来なかったのか。まだ聞いていません。

　合唱隊形になると、窓際が男子です。

　2名が、窓に寄りかかっているのが目に入りました。カーテン越しに、です。そんな態度で歌えるはずがありません。歌っていないのです。

　昼練習は13時10分から35分までです。2Aでは15分から、と決めました。

　本日は貴重な、音楽室練習でした。

　私はテニスコートから歌を聴こうとしました。

　音楽室を見ると、また男子が2名、窓際の手すりに寄りかかっていました。

　歌もなかなか始まりません。

　駅伝チームの男女と安全委員、ボランティア委員は別の仕事で呼び出されています。

　残っている人達で、その状態なのです。

　歌声は届いてきませんでした。

□3年生の授業を終えると、ある男子が声をかけてきました。

　「先生、先生のクラスの合唱はどうですか？」

　「まだスタートラインにも立っていない感じだね」

　「去年はほんとうにひどかったんですよ。ステージに突っ立っているだけだったんです」

　「そうみたいだね。いろいろな角度から耳に入っているよ」

　「今年はどうなりますかね？」

　「神のみぞ知る、だろうね。合唱よりも大切なものにまず気づかなければ、合唱をつくるのは難しいだろうね」

　2Aの合唱は、合唱になっていません。

　女子にも練習意欲と歌声に温度差があります。それは自然です。

　男子は、全滅状態です。保護者の前でも歌わないくらい、大人の力が届いていません。なぜ歌わないのか。原因追及は様々にできるでしょうが、あまり意味を感じません。現実として歌っていないことが問題なのです。

　「歌う心は健康な心」と言います。その意味で、心の健康が損なわれているのです。

●10月　　　　　　　　　　　　　　　　　　　　　平成X年10月16日発行第142号

「私」の前に「公」がひざまずくのか

●アーカイブコメント：　合唱練習開始時、男子は一人も声を出さなかった。歌いたい生徒はいただろう。だが、過去の柵に絡み取られ、身動きがとれなかったのだ。中１のコンクール当日、本番の舞台でも歌わずにおしゃべりをしていた集団だ。保護者が泣きながら映像を見せてくれた。

□CDデッキを準備する、延長コードをつなげる、アンプとつなぐ。

これらを用意するのは女子だけです。

由美子さんを筆頭に、美月さんや鈴音さんらが働いています。

その間、男子は何もしません。

美月さんは伴奏者です。ピアノの練習を毎日毎晩しています。

その間、歌い手は何をしているのでしょうか。

私は本人と保護者に尋ねてみたいのです。

私が考える「普通の中学生」ならば、伴奏者の美月さんに歌練習の準備をさせるのは恥ずかしいと考えます。

自分達のことは自分達でやります。

美月さんと裕美さんの伴奏者としての努力に応えるために、自分は歌をマスターし、上達に努めます。

それが、人間だと私は思います。義理と人情とはそういうものだと思うのです。

□男子の声は、最初、ゼロでした。

合唱祭2週間前の今、つぶやくような声が聞こえています。

それは、4名の男子が声を出しているからです。まだ歌っていると言える状態ではありませんが、声を出し始めたのです。

2A男子は12名です。8名は、歌を歌っていません。

反抗して歌わない、という様子ではありません。

歌いたくないから歌わないのです。

「自分が歌いたくないから」

これが、合唱に取り組まない、協力しないことの理由になってしまう。

古き良き日本であれば、絶対になかったことです。

偽りの個人主義が蔓延し、等価交換の思い込みに染まり、「私」の前に「公」が蔑（ないがし）ろにされた結果、社会は堕落し、社会の縮図たる学校現場も崩れつつあります。

15年前も、「歌わない」と言う生徒はいました。各クラスに2、3人くらいでしょうか。いわゆる「不良」と呼ばれる子どもたちです。

しかし、仲間の本気の取組を見て、彼らは変わっていきました。仲間の努力を意気に感じる心を持っていたのです。

最後は一所懸命、体を揺らして歌いました。その姿は、見る者の胸を打ちました。

□ひるがえって、2学年はどうでしょうか。

歌わないメンバー以外は、どこまで本気でしょうか。

歌わないメンバーが歌わないまま昨年のコンクールは終わったそうですが、本人は反省をしたのでしょうか。教師は、保護者はその後どんな反省をし、どんな働きかけをしたのでしょうか。

今年の姿を見ていても、そこが見えてこないのです。

こういう現実を、私は初めて見ました。

□合唱のための合唱であってはならない。日常生活の上に合唱が載る。

給食の準備・片付けや掃除の取組等、賞状の出ないところでこそ一番を目指そう。

4月から様々な形で伝え続けて7カ月。

生活態度は着実に、向上的に変容しています。

合唱は、まだ、まだ、まだです。さて、どうする。

● 10月   平成X年10月19日発行第143号

真剣な問題提起

●アーカイブコメント： 朝家を出す「教育」を保護者に求めている。それをしなければまた、何人もの保護者が涙を流しながら述べた「最悪の合唱」を今年も再現することになる、と。子どもにとって最大の教育環境は親であり、教師である。そこが変わらなければ、子どもは成長しない。

□保護者の皆さんに質問です。
　お子さんは登校に何分かかりますか。
　金曜日、そして本日、何分に家を出ましたか。

□金曜日から、全校で朝、昼、放課後の合唱練習が始まっています。
　そのことは先週も書きました。
　朝の練習は7時40分開始です。集合でなく、練習開始です。
　逆算して、それに間に合う時間にお子さんは家を出ていますか。
　もし出ていないとして、保護者の皆さんが出ることを促していないとしたら、今年もまた「最悪の合唱」（家庭訪問時に複数の方から出た言葉）で終わります。

□子どもたちの現在の姿は、無論子どもたちに原因もありますが、主の原因はそこにはありません。取り巻く大人たちの教育の質に、原因があるのです。
　子どもたちにまともな生き方をさせ、人を思いやる心を育むためには、まず第一に周りの大人が自分を変える必要があります。それがなければ、子どもたちは変わりません。もちろん私自身も例外ではありません。
　たとえば、一方的に怒鳴ることは通用しません。彼らはもう、「怒鳴られても平気でいるための術」を身につけています。ある先生方から指導を受けているにもかかわらず、ニヤニヤと笑う、隣とちょっかいを出し合う、これらは、自分の心を守るための術なのです。
　叱ることは、必要です。叱った時に最も大事なのは、互いに納得したかどうかです。なぜ叱っているか、なぜ叱られているか。お互いに理解はできているでしょうか。理解してもすぐに納得には結びつきませんが、理解のあとにしか、納得は生まれません。

□一部の子どもたちの心の声を示します。ぜひ感想をお寄せください。
　その程度の行動ができずして、子どもが良くなることはありません。
　長谷川からの、真剣な問題提起です。

■金曜日朝の歌練。7時40分に来ていたのは、たったの8人でした。美月さん、唯さん、さとみさん、かおりさん、颯太さん、陽翔さん、悠真さん、私だけでした。

> 寝坊した人とかもいるとは思いますが、やる気の差かなとも思います。

　これを直していかなければ、みんなのやる気を上げなければよい合唱にはならないと思いました。先生が、授業の時、涙しながら語ってくれてうれしかったです。みんなの意見も聞けてよかったです。（陽菜）

■合唱の朝練が始まりました。40分まえに教室に来ていたのは、私と唯さん、陽菜さん、さとみさん、陽翔さん、颯太さん、原田さん、かおりさんだけでした。すごく残念でした。けっきょく、練習を始めたのは50分からでした。男子の中でも朝練に来ない人がいて、残念でした。
　でも、今日の先生の学活の話を聞いて、がんばろう！　と思えました。今日初めて、男子が去年歌わなかった理由を聞きました。これを去年のうちにやれば、今年はもっと良いスタートになっていたと思いました。でも、もうがんばるしかないのでがんばります。私たちのことを悪く思っている人たちに、みかえしたいです。（美月）

152

●10月

平成X年10月19日発行第144号

愛情がベースにあれば遠慮は要らない

●アーカイブコメント： 「歌わなかったらそのまま済まされる……。いつもそうでした」これが生徒の本音である。本当はもっと早い段階で改善できたはずなのだ。その努力が甘く、指導の腕も低いがゆえに、問題が雪だるま式に巨大化したのだ。その陰で一体何人の生徒が泣いたことか。

■今日初めて男子の歌わない理由を聞きました。

　先生が休んでいたとき、こんな出来事がありました。

　陽翔君がその時、大きな声で歌ってくれていました。

　そしたら、男子数名が、「うわっ、どうした、この声」とバカにしたのです。

　その時、本当に許せなくて、口が悪くなってしまったかもしれません。

　もう、バカにしてほしくないです。（茜）

□許す必要はありません。不正、裏切り、差別とは全力で戦いましょう。

　人格を否定せず、その人の間違った行為を否定するのです。

　愛情をもってそれをする。相手のためにも、こちらのためにもなります。遠慮は要りません。

■合唱の朝練の開始でした。昨日7時40分には絶対いるようにと担当から言われていました。私と唯さんが一緒に教室に入った時、教室にいたのはたったの2人でした。その時は、30分すこし前くらいだったと思います。ちなみにいた2人とは、陽菜さんと悠真さんです。

　えっ？　これからみんな来るのかな？　と私は思っていました。その後から、美月さん、颯太さん、陽翔さん、かおりさん。40分までに来たのは8人です。8人なんかで合唱ができるはずありません。女子のパートリーダーも来ていませんでした。43分にまとまって教室に入ってきました。入ってきて遅れてきて、ごめんの一つもなかったです。灯さんは走ってきました。そして、「ごめん」と言いました。が、他の人は何もないです。

　「あれ？　みんな早いね」とか言っている人もいました。40分には絶対に来ていてくださいと言われて行っていた私たちは何をしたらいいかもわからず、歌を流していただけでした。せめて、パートリーダーは来てほしかったです。

　次に、本人は恥ずかしいというので内緒にしておいてください。陽翔さんはパートリーダーでもあって最近男子パートの声が聞こえるようになりましたが、陽翔さんの声が大きく聞こえます。陽翔さんみたいな人が増えるとうれしいです。

　最後に、先生が話をしていたことについて書きます。私は長谷川先生に恩返しがしたいです。今まででこんなにこの学年にしてくれることはありませんでした。合唱も歌わなかったらそのまま済まされる……。いつもそうでした。

　でも今年はいつもよりちがいます。長谷川先生が合唱の種をまいてくれました。だから来年にはきれいな花が咲くようにしたいと思いました。バカにする人を見返してやりたいです。（さとみ）

□陽翔君は、同志としての活動を始めてくれました。

　内緒にする必要なんてありません。堂々と生きていい。嬉しく思います。

□紙幅と時間の関係で本日は紹介できませが、唯さんも本音の日記を綴ってくれました。異議なし、の内容でした。

□今朝の歌練習は体育館でした。隣のテニスコートで男子テニス部の指導をしつつ、様子を観察しました。

　参加者は、颯太君、悠真君、由美子さん、陽菜さん、灯さん、美月さん、鈴音さん、さとみさん、由香さん、裕美さん、陽翔君、友梨さん、かおりさん、唯さん、凛さんの15名が時間通りに参加しました。

　金曜日から一歩前進と言えましょうか。こちらにも理想はありますが、とにかくこの現実、この実態から始めるしかありません。

● 10月

平成X年10月20日発行第145号

心配はしていない。信じています

●アーカイブコメント：　当然の嗜みだが、担任である限り自身が全パートをマスターした上で合唱指導に臨む。一学期の段階から授業は何の問題もなく進み、実力も上がっている。ただし、合唱や演劇等の自己表現は別だ。眼前には小学校時代からの負の遺産が暗く横たわっている。

□昨日放課後、今年初めて合唱の指導をしました。

今まで昼夜問わずあれこれと考えてきて、結論が出たのです。

その結論とは、私が歌う、です。この一言に納得するまでに、膨大な時間とエネルギーを注ぎました。

2Aは成長しています。ということは、25名一人ひとりが成長しているということです。これは確かな事実です。

そのうえで言います。私が一番成長しています。君達の言葉、態度、行動から、私が最も大きな学びを得、変容しています。

君達に出会ったことには、やっぱり、大きな意味があった。かみさまの采配に感謝します。

歌で、心を通わせる。成長を歌で表す。そのために歌い尽くします。

■朝練では金曜日より人数が増えてよかったです。放課後の練習では、長谷川先生がわかりやすく教えてくれたので歌いやすかったです。（颯太）

■歌練で長谷川先生の歌声にビックリしました。自分はあそこまでは出せないけど自分が出せる声を出したいです。（悠真）

■放課後の合唱練習は今までで一番良かったと思いました。男子パートに先生が入って歌ったら、女子もものすごく声が大きくなりきれいでした。私もピアノをがんばりたいです。（美月）

■帰りの会が終わった後、合唱の練習をしました。今日、初めて長谷川先生の歌声を聞いてびっくりしました。なぜなら、先生の歌声がきれいだったからです。

先生が一緒に練習してくれたおかげで、男子の声が今までで一番大きかったと思います。

まだまだクラスでの練習はしていかないとですが、明日の合唱の練習では、今日の練習のときよりもいい歌声で練習できるようにしたいです。（凛）

■午後の歌練がきつかったので、大変でした。歌えるようにしたいです。（貴司）
□「何がきつかった？　俺の指導はあんなもんじゃないぞ。やっとスタートラインだ」と、貴司君の日記にコメントしました。

■放課後練、すごかったです。「走る川」の全パートが集まるとあんな感じなんだなと思いました。こんなふうに一緒に歌って、教えてくれた先生はたぶんいなかったと思います。ほんとうにありがとうございました。明日もがんばります。（唯）

■合唱感動しました。先生が歌ってくださると男子がちゃんと歌っていました。うれしいです。私たちも男子が歌いやすいように完璧に歌えるようにしたいです。（陽菜）

■放課後の合唱練習。今までで一番いいものでした。先生が、「やっと、ゼロからスタートできたね」と言ってくださった言葉がすごく心に残っています。

今、ゼロの所に立ったのは、遅いかもしれません。けど、2Aにとっては大きな成長です。とてもよくなっていると思います。

明日は、さらによくなって、文化祭まで一歩一歩いいものをつくっていきたいと思います。（由美子）

●10月　　　　　　　　　　　　　　　　　　　　　　平成X年10月20日発行第146号

君達はきっと

●アーカイブコメント： ここでもまた、私の腹の中を開示している。生徒に本音の交流を望むなら、教師が本音で関わり続けるのが先である。心身ともにつらい時期があった事実を述べつつ、この出会いは天の粋な計らいなのだと結論づける。磨き砂の話と共に、すべて本心である。

□昨日は二時間目後に上尾のスポーツ総合センターに向かいました。
　県大会の申込及び抽選会に出席するためです。
　今朝話しましたが、学級を空けることに対する不安が小さくなっていることに気づきました。
　それは、君達が1ミリずつ、確かに成長しているからです。

□私のメンタルとフィジカルは、人並み以上にタフです。
　途中で物事を投げ出したことはなく、三日間徹夜しても大丈夫でした。
　それでも、本校に異動して後、4月から夏休み明けにかけては、ひと晩に4回目が覚めました。
　4回起きるとは、1時間ごとに目覚めてしまうということです。
　神経が極度に張りつめているからだと、知り合いの医師に言われました。
　また、どれだけ遅く、たとえば2時3時まで仕事をして寝ても、4時には目が覚めてしまいます。目覚めから6時半に家を出るまでが自身との格闘でした。
　薬に頼りたくはなかったので、精神力で踏ん張りました。
　今、目覚める回数は2回に減りました。
　半年間にわたって熟睡できていないのでいつか身体を壊すと思っていたら、先日感染症にかかり、腰も痛めました。
　それでも、心はだいぶ楽になってきました。
　ひとえに、君達の言葉と態度と行動が、良くなっているからです。
　見えるもの、聞こえるものが、心に優しいものに変わっているからです。
　同時に、私自身も変容しています。考え方も対応の腕も向上しているのを実感します。
　本校に赴任し、君達と出会った。
　これはまさにかみさまの粋な計らいだったのです。

□私は教育の理想を捨てません。中学生が本気になると、授業、行事、部活動でどこまでのことを為し遂げるのかを事実として体験してきています。その体験が、理想を形作りました。その理想は、諦めません。
　でも、理想がどれだけ遠くとも、1年間、3年間という限られた時間では収穫に間に合わないとしても、目の前の現実から始める以外にないと腹を決めています。まさに、千里の道も一歩から。
　厳しいこと、苦しいこと、辛いこと。生きていればこそ、負の出来事も起きます。それらもひっくるめて、起きる出来事はすべて、自分の魂のステージを上げるための磨き砂です。
　今の私は、何の力みもなく無理もなく、この言葉を言えます。

□給食の準備と片付けが、私が居る時と同じくらい早かったという報告が相次ぎました。
　国語の自習時間、誰もが集中して取り組んでいたという報告も複数ありました。
　一方で掃除が長引き、帰りの会の開始が遅れ、音楽室を使って練習できる貴重な時間が減ってしまったという指摘もまた複数ありました。
　「ではどうすればよかったのか」を反省したら、もう大丈夫です。
　次はきっとうまくいきます。
　解散まで、あと96日間あります。
　96日あれば君達はきっと、私という教師を必要としない集団に成長します。
　私はそう信じています。
　合唱もきっとうまくいく。歌声がひとつになる。そう信じています。

●10月

平成X年10月20日発行第147号

全員参加、全員本気、全員成長

●アーカイブコメント：　この時期になると保護者からの便りが毎日のように届く。内容の多くは、学級通信の感想である。心のドアをノックし続けるから、向こうからも返事が返ってくるのだ。タイトルは長谷川学級最大のスローガンである。私は常にこの境地を目指す。覚悟が要る。

□陽菜さん、美月さん、陽翔君の親御さんからお便りをいただきました。
　2Aという学級と、子どもたちを大切に思えばこその行動です。
　心から感謝いたします。

□3通のお便りには、ここで是非紹介したい内容が幾つもあります。
　ですが、許可を得ていませんので控えます。

□「合唱のことでケンカをしている親子なんか他にいないのではないか」
　あるお母さんは、2Aの合唱のために、お子さんと本気の対話をしてくれています。
　心から尊敬いたします。そして、感謝いたします。

□「今やっていることのすべてが、自分のためになり、将来、役にたったと思う時が絶対にくるから頑張ろうと話しています」
　あるお母さんは、毎日合唱練習をするお子さんを精一杯サポートしてくれています。
　2A代表として、また人として、感謝いたします。

□「『変な声、下手』と言われたって、同じ土俵にすらたっていない人のことを気にするなと話しています」
　異議なし、です。
　私も大口開けて歌っています。
　上手い下手は二の次三の次。学級で合唱をつくるために自分ができる努力をする。それが尊いのです。
　その努力を馬鹿にしたり、足を引っぱったりする権利は誰にもありません。
　そういう行為が今後もしあるならば、私は教師生命を賭して戦い、打ち砕きます。

□私が目指すのは、上手な合唱ではありません。
　それはコーラス部に任せておけばよい。
　学級合唱で目指すべきは、

> 「全員参加、全員本気」の合唱です。

　そして、合唱の取組全体を通しての、

> 「全員成長」です。

　これが長谷川の思想の根本です。
　全員成長の実現を目指して努力を重ねた結果、見る者聴く者の心を打つ素晴らしい合唱が生まれました。
　そうならなかった試しはありません。例外なく、毎年毎回、そうなりました。
　だから、私は信じられるのです。
　君達もまた、きっとできるようになる、と。
　思っているだけでは実現しません。だから、ひたすら行動しているのです。

□「先生と共に素晴らしいクラス、子供になるよう願っています」
　言葉というものは、絶大なる力をもっています。良い言葉は人にエネルギーを与え、悪い言葉はそれを奪います。
　3通のお便りから、私は大いなる力をいただきました。感謝し、行動します。

●10月　　　　　　　　　　　　　　　　　　　　平成X年10月22日発行第148号

2A と共に在る

●**アーカイブコメント：**　教師としての姿勢を生徒、保護者に示している。優先順位を明らかにし、勝負所を限定しているのだ。グループとチームの違いはこれが「正解」ではない。あくまでもこの時の考えである。その時々に精一杯の力で現実と格闘する以外に、私にできることはない。

□「私のいない朝練、昼練、困っていませんか。OK ですか」
　返ってくる言葉はありませんでした。
　うなずく子もいましたが、少数でした。
　数名の子の、目が語っていました。
　「OK ではありません。私達だけでは」という無言のメッセージです。
　集まりの悪さ、声をかけても来ない人の存在、練習態度の質の低さ、妨害行為。
　そんなあれこれに苦しんでいますという声なき声が、伝わってきました。

□合唱練習と重なることと、暗くなるのが早いことから、放課後練習がほとんどできない状態です。
　先日も書きましたが、県大会に出るということは、郡市の代表として参加するということです。学校事情だけで練習をしたりしなかったりというわけにはいきません。
　だから、私は朝と昼、毎日テニス部の練習につきます。4月から毎日変わりません。
　合唱練習ももちろん気になります。
　しかし、私も身一つです。物理的に不可能なことを、可能にすることはできません。
　その分、放課後の合唱練習で自分にできる指導を精一杯やろうとしています。

□2A 以外の学級には、担任他が必ずついています。
　2A は、子どもたちだけで練習しています。
　合唱という、ただでさえ負荷の高い活動で、しかもこの学年のこの状況で、そこに教師がいない。
　これは、一所懸命やろうとする人であればあるほど、たいへんな思いをする事態です。よくわかります。
　では、どうするか。
　チャンスととらえるしかありません。

□朝の会でグループとチームの違いを教えました。
　運動部でも、グループで終わっているところが多いのです。
　グループは、チームには勝てません。
　チームは、プレーヤーの中にリーダーがいます。
　リーダーは誰よりもチームを思い、努力を重ねている人です。
　周りは、そのリーダーの言うことなら聞こう、従おうと思っています。
　一言で言えば、信頼されているのです。
　こういうリーダーがいて、そのうえで「共通の目標」に向けて共通の行動をしている集団を、チームと言います。
　言葉にすると簡単ですが、現実はそれほど楽ではありません。
　多くの部が、グループで終わっています。

□2A は最初、バラバラでした。異なる動物が原野に点在しているような状態です。
　それが、グループとして、少しずつ少しずつ、まとまってきています。
　グループとしての質を高め、チームにまで駆け上がる。
　朝練と昼練は、そのチャンスです。
　ピンチをチャンスにするのです。
　たとえテニスコートで指導をしていても、私は常に、2A と共に在ります。

●10月

平成X年10月22日発行第149号

連帯しよう

●アーカイブコメント： 保護者からの便りは、彼らが学級経営に参画している証の一つである。すなわち彼らからの、私たち教師と、共に汗をかく生徒への連帯の表明である。便箋何枚分もの便りが届くのは、生徒・教師のみならず、保護者もまた向上的に変容しているからなのである。

□本日もまた2通のお便りをいただきました。2Aを代表し、感謝します。
　おひとりが、2Aへのメッセージを書いてくださいました。「匿名」で紹介します。

■文化祭まであと1週間……どうですか？
　歌っているメンバー、歌わないメンバーがいると「気愛」に書いてありました。
　親としては色々な事を考えます。自分の子はどっちのメンバーなんだろうか、迷惑はかけていないだろうか、歌わない子に対して努力の声かけをしているのだろうか……等々。
　合唱、確かに自分達の決めた事ではないし、がんばりたい事ではないかもしれない。学校行事だし、しかたないから出る、やると思っているから、歌うメンバーや歌わないメンバーとバラバラいるのかもしれません。
　ただの学校行事。親にとってはただの学校行事ではないんですよ。
　みんなの成長を見られるとあって、期待して見に行きます。
　「くるな！」と言われても我が子の成長を見たいから行く。
　だって親はみんなの成長する姿を心から楽しみにしているから。
　だから、あと1週間、合唱練習を頑張って下さい。
　頑張っている子が増えていっている、それを耳にするのもすごく嬉しい。
　中2の合唱、一度きりしかないんだよ。
　このクラスのメンバー全員と、長谷川先生の担任のクラスの合唱。
　10月31日（土）たった一度しかないんだよ。

　本番だけやればいと思っている子もいるはず、でもそれはダメです。
　伴奏の美月さん、裕美さんは夏休みから必死の練習を始めて、今ここまで来ました。でも2人は緊張とプレッシャーに負けないよう、そしていい歌をみんなが歌えるよう残り1週間の努力が続いているんです。本番だけ頑張ってひけるわけありません。
　指揮者のあかねさん、あおとくんもきっと緊張しているでしょう。
　だからみんな一緒にがんばって下さい。
　親も毎日がんばっていますよ。文化祭当日、風邪などひかないよう健康管理をしてやれていると思います。
　だから感動の歌声を……去年とは全く違う歌声をあと1週間がんばって下さい。
　母たちは（きっと）君たちの成長をみたいです。

　みんなが生まれた日、あの日は何時間もお母さんはがんばりましたよ。
　これからの成長を一緒にあじわうために。
　だから見守って、応援しています。

　クラスの合唱は一人だけ頑張ってもいい歌声はきこえません。
　野球だってサッカーだってバスケット、バレー、テニス、一人だけでは試合はできない。
　とにかくあと1週間、2Aの思い出づくりでいいからいい声で練習してみて下さい。当日、楽しみにしています。
　いち親からの願いです。

□子どもたちを思っての具体的行動。心からありがたく思います。
　いま、大人が立ち上がる時です。連帯しましょう。

●10月

平成X年10月22日発行第150号

尊敬され、信頼される大人であるために

●アーカイブコメント： コンクール1週間前。伴奏者及び女子指揮者の思いを代弁している。同時に、指揮者の男子が為すべきことも明示している。保護者からの問い合わせに対応して書いたのである。この時点ではまだ「合唱」には程遠い状態だ。来る日も来る日も現実との格闘が続く。

☐いま、日々が勝負です。

　いろいろなことを考え抜いています。

　考え付いたことを、次々形にしています。

　これが、7月から練習を重ねている伴奏者と、目覚めて歌をがんばり始めた人達への、私からの連帯の証です。

　私は美辞麗句が嫌いです。

　表面上だけを繕うような綺麗事が嫌です。

　自分でやりもしないで人に要求する生き方も嫌いです。

　それは卑怯だと思うのです。

　卑怯者にはなりたくないと思うのです。

☐伴奏者のふたりも、自分から進んで、やりたくて立候補したわけではありません。

　誰も立候補せず、でも伴奏者がいないと合唱が成り立たない。

　だから、弾き切る自信がなくとも、手を挙げてくれたのです。

　この点を、2Aに関わるすべての人間が自覚しておく必要があります。

☐指揮者の茜さんもそうです。2Aのための立候補です。

　自由曲は、人数の関係、歌声の関係で男子が指揮をするとなりました。

　立候補を募っても、誰も出ません。

　しかし、決めなければならない。

　ずっとずっと、女子におんぶに抱っこで生きてきた。

　そのうえ指揮まで押しつけるなど、男のすることではない。

　立候補が出なければじゃんけんで決めると決め、時間を区切り、タイムリミットまで待って、じゃんけんとなりました。

　そのじゃんけんで、最後まで勝ち残ったのが碧人君でした。念のため、負けたのではありません。「一番最後まで勝った人がする」と決めたのです。こういう小さなところにも思想が表れます。

　以上のプロセスで、彼が指揮者となったのです。先々週の出来事です。

　これが経緯です。子どもたちは全員知っています。

　音楽科のO先生にも伝えてあります。

　先週、今週は私が指揮をして見せ、「見て真似をしなさい」と指示しています。「家でCDを聞いて、腕でリズムを取りなさい」とも助言しています。もう10回以上、言っています。

　決まったのが先々週。コンクールまで3週間弱。意欲があれば十分間に合います。

☐学級のことでわからないことがあれば、ぜひ通信を読んでください。

　お子さんにも尋ねてください。

　もちろん、私に尋ねてもらってもかまいません。事実はひとつです。

☐学校行事の教育効果をきちんと評価し、システム化している学校は、体育祭（運動会）に必ず「学級種目」を入れ、そこで小さな成功体験を積ませた後に合唱に挑ませます。

　合唱は高い壁だから、その前に乗り越えるべき小さな壁を幾つか設定するのです。これが「意図的計画的な教育」です。

　現在の本校は残念ながらそうなっていません。いきなり合唱なのです。

　それでもやるしかない。どれだけ大変でも夜が終われば朝が来て、間違いなくコンクール当日もやってきます。一週間後が、本番です。

159

● 10 月　　　　　　　　　　　　　　　　　　　　平成 X 年 10 月 22 日発行第 151 号

声、声、声

●アーカイブコメント：　級友の努力を見える化するのもまた担任の仕事である。伴奏者のふたりが帰宅後にどれだけ練習しているか。どれほどの重圧に耐えているか。彼らが語れないのであれば、教師が語らなければならない。独り善がりの以心伝心はコミュニケーションの放棄である。

■「全員参加」「全員本気」「全員成長」
　この三つができたら、どれだけ変わることができるのか。わたしたちは、もう認められる時期です。この合唱で一つ上の段にのぼれると思います。
　あと 7 日。全員でやって、どんなに合唱が上手くいかなくても、クラスとしての団結力などは、必ず 1 位をとります。練習など、「みえない所でテッペンになる」を頭におき、がんばります。（由美子）

■先生の話で心に残ったのは、「もう見捨てられるのでなく、これからは認められる時期」という言葉です。私たちは、いつも見捨てられたりしていました。文化祭などでその人たちのことを見返し、認めさせたいと思いました。（美月）

■一部の人は家で、合唱のことで親子ゲンカまでするほど真剣なのに、対して練習をしていない僕は見せる顔がありません。
　でも、いまできることを精一杯できるだけの努力をしてがんばっていきたいです。（陽翔）

■先生の話を聞いて、伴奏者は何か月も練習しているのに僕は家へ帰っても歌練をあまりしていないので、がんばりたいです。伴奏者がミスなくひけても、僕たち歌い手が小さい声で歌っていると合唱として成り立たないので、これからもっと声を出していきたいです。
　家の夕ご飯の話題はいつも文化祭のことです。その時いつもがんばれと応援してもらっているのでがんばりたいです。先生でここまでしてくれる人は今までいなかったので、がんばりたいです。
　親と先生の期待に応えられる合唱にしたいです。（晃太朗）

■ 5 時間目の総合の授業で歌ったことが印象に残っています。
　私もまだまだ歌えてはいないと思いますが、男子が声を出してこそ「走る川」は特に良い曲だと思うので、残りの時間をみんなで頑張りたいです！（灯）

■あきるほど歌の練習をしました。自分では音程が合っているのかわからないので、少し不安になると声が小さくなってしまいます。気をつけたいです。
　人のことを言える立場ではないけれど、

男子が歌っている声が聞こえるとすごくうれしくなります。

　そうすると、私もがんばらなくちゃと思えるので、とてもいいです。日に日に成長していってると思うので、あと約 1 週間がんばりたいです。（唯）

■（前半略）伴奏者になった私だから言えることだけど、正直、歌を歌っている方がよっぽど楽です。伴奏者は間違えてはいけないという、歌い手より大きなプレッシャーがかかるのです。美月の「走る川」はすごく難しくて、毎日 4 時間練習しているんです。その間、歌い手達は何をやっているのでしょう。ゲームですか、テレビを見ているのですか、マンガを読んでいるのですか、遊んでいるのですか。だったら、その時間を歌練習にあてるべきなのではないでしょうか。私は美月よりピアノが下手なので教えてあげることはできません。だから、その美月のがんばりに応えようと、家で一人で「走る川」の歌練習を、伴奏練習と交互にしています。「走る川」が弾けない私達は、歌で、美月に毎日私達のために伴奏の練習をがんばってくれてありがとう、と伝えるしか方法がないのです。私は、美月のがんばりに応えるために、本気で歌います。だから、2A のみんなにも、本気で歌ってほしいです。（裕美）

● 10月

平成 X 年 10 月 23 日発行第 152 号

前に、前に進む

●アーカイブコメント： 「みんなが懸命に練習をしたりしているところを見ると、泣きそうです」この一言の背後にある「生徒集団の歴史」をどれだけ想像できるか。彼女の思いをどれだけ我が事として受け止められるか。教師の資質とはそんなささやかなことで測られるのかもしれない。

□長かった1週間が終わります。出し尽くしましたか。私は Yes です。

■今日の学活で一人一人のクラスに対する、文化祭に対する気持ちを聞けてうれしかったです。それに、みんなに負けていられないなと思いました。もっと練習を重ねたいです。それと、誰かのお母さんがくださった2A に対するメッセージ。すごくうれしかったです。親のためにも成長した姿を見せたいです。

3A の先輩たちは、「2年とは歌い合いをやらない」と言っていたのに 2B とはやっていました。なぜ私達とやらないのか、やってくれないのかが不思議でなりません。

もしかしたら、長谷川先生と 2A のみんなの歌声にビビっているのかもしれません。でも差別みたいなことはしないでほしいと思います。3A には本番で、お返しをしてやればいい話です。本番で先輩や後輩、先生、親をあっと驚かすような歌声を響かせて見せます！　（陽菜）

□歌い合いのことを聞いて、朝の会で話しました。

「来年、どんな後輩たちにも優しく接することのできる最上級生になるんだよ。そのための勉強をさせてもらったね」

■私が指揮者に立候補したのは、「他にやる人が誰もいない」のと、「2A のためにがんばってみたい」と思えたからです。グループからチームになろうとしている今、みんなの言葉が、みんなの気持ちが私の背中を押してくれたんです。

指揮者なんて、今まで一度もやったことはないし、私が失敗をすると周りに迷惑をかけると思い、今までずっと避けてきました。正直、怖いです。すごく不安です。

でも、2A のみんなや保護者の人たち、そして応援してくれる先生たちのためならがんばれます。残りの1週間弱、精一杯がんばります。

もう本当に、きのうの道徳の時間は涙をこらえるのに必死でした。……のどが痛い！

私も文化祭の当日、泣いてしまうかもしれません。みんなが懸命に練習をしたりしているところを見ると、泣きそうです。

みんなと一生で一度の合唱祭。みんなの度肝をぬいてやりますよ！！

あと、2B が 3A と歌い合いをしていました。私が 3A に申し込んだら、「2年とやる意味ないから」と断られました。なのに！　本当に悔しい！　もう 2A と歌い合いをしないのを後悔させてやりますよ！　（茜）

□私が3年生の担任ならば、自分から1、2年生の教室に行って歌声を披露してきなさい、後輩の心に火を灯してきなさいと指示します。実際、そうしてきました。

合唱は競い合いではないのです。支え合いであり、高め合いなのです。

口できれいごとを言うのは簡単ですが、行動が大事なのです。

■道徳の時間、色々な事を考えました。誰かのお母さんからの2A へのメッセージはすごく感動しました。2A での歌唱は一度しかありません。一度きりだからこそ、良い歌唱にしたいし、ピアノもがんばりたいと思っています。

裕美さんの日記を読んで、こんなふうにしてくれる人がいてうれしいと思いました。そしてもっとピアノをがんばりたいと思いました。

男子も声が出始めて、うれしいです。（美月）

□月曜日1時間半。

火曜日2時間半。

水曜日3時間。

これが美月さんの、「帰宅した後の」伴奏練習です。感謝のみ。

●10月　　　　　　　　　　　　　　　　　　　　　　　　　　平成X年10月23日発行第153号

合唱は手段の一つに過ぎない

●アーカイブコメント：　合唱は手段の一つに過ぎない。目的は合唱の向こうにある。そう自信
をもって語れる教師であってほしい。未だ少なくない数の教師たちが、「最優秀賞」「金賞」とい
う目標だけを追わせる指導に終始し、生徒の成長をスポイルしている現実を、共に変えよう。

■道徳の授業は、とてもよかったです。保護者のみなさんに、たくさんのお手紙をいただきました。「自分
たちが変わるために頑張る」というのが、一番にあると思いますが、「保護者のみなさんのためにも頑張ら
なくてはいけないな」と思いました。

　わたしたち2Aは成長しています。1日1日がすぎていくごとに、合唱もよくなり、そうじのときも男子
4人が自分達で教室の壊れたものを直す、という成長した所がみえました。このことを聞いて、とてもうれ
しいです。

　長谷川先生がいない合唱練習は、正直言うとすごく辛いです。けど、自分たちだけでもできることは必ず
ある。

　先生も、毎日毎日わたしたちのことを思ってくれています。朝、昼はできないけど、放課後は初めから終
わりまで全力でつきあってくれます。こんな先生はいません。その分、頑張ります。

　「最初で最後の2Aの合唱」「長谷川先生とできる合唱も最初で最後」本当に最高の文化祭にしたいです。

　1位を取って感動させるのではなく、成長した2Aを見せて感動させます。（由美子）

□そうです。合唱は手段の一つに過ぎません。目的は合唱の向こうにあります。

■ぼくは、泣きそうになりました。149号でこんなに心から思ってくれている親の人たちがいるし、みんな
だって変わりたいと思っている。「ピンチをチャンス」このことを大事にがんばっていきたいです。こう
思ってくれる人がクラスでまだまだ少ないかもしれないけど、「チーム」として成功できたら、入賞は大事
だけど、なくなって得るものは大きいと思います。

　クラスのため、あと1週間がんばっていきたいです。これを第一目標として。（陽翔）

□「○○賞を取る」などの話を、今年は一度もしていませんね。

　合唱は相手との戦いではありません。自分の弱さとの戦いであり、自己変革の旅路です。一人ひとりが、
スタート地点より一歩でも二歩でも前に進めたら、成功なのです。

■道徳の授業で「気愛」を読みました。2Aのある親が2Aのことを思ってくれてすごく良いことだと思い
ました。親たちのためにも、歌をしっかり歌いたいです。（貴司）

□親御さん、ほら、子どもたちは喜んでいますよ。あなた方の行動を。

■1時間目の前の休み時間、先生が「かいさんしてください」と言ったあと、女子のほとんどは席から離れ
ず、机につっぷしたり、ぐったりしている様子でした。疲れがたまってこうなったんだと思います。朝早く
から歌練、昼、放課後、そのあとに駅伝に出る人は走って、すごくつかれます。美月さんや裕美さんは、そ
のあとにも、ピアノの練習です。それだけつかれていても、手を抜いている人はいないと思います。

　「全員参加」「全員本気」「全員成長」、時間が少し遅れちゃう人もいるけど、全員参加しています。全員で
はないけれど、本気で歌っている人もいます。これが「全員」になると、「全員成長」できると思います。
そしたら、2Aという「チーム」になれると思います。

　だから、まずは「全員本気」を目指します。親たちや先生、他学年等が感動し、「成長したな」と思って
いただけるような合唱にしたいです。（唯）

□合唱にはその学級の一側面が表れます。チームとして成長すれば、合唱もまた成長します。どんな2Aを
表現しましょうか。わくわくします。

162

● 10月

平成X年10月26日発行第154号

週末に合唱コンクールを控えた月曜日に

●アーカイブコメント： 　男子の声が出始めたことが「嬉しすぎて」「溢れる涙が止ま」らないと
女子が書く。一方で男子にも「確実に１週間前の自分と違うものが心にあ」ると書く者がいる。
リレーションの高まりがはっきりと見える。また一段、学級集団の段階が上がろうとしている。

□本日もまた、保護者の方々からお便りをいただきました。
　朝から胸が熱くなっています。
　金曜日には私宛にお電話をくださった方もいます。
　すべて、2A の君達のがんばりへのねぎらいと、エールです。
　多くの方が君達を応援しています。
　嬉しいことですね。私も、我が事のように嬉しいです。

■学級日誌にも書いたし、先生にも言いましたが、男子達も今一所懸命合唱をがんばってくれています。去
年は数人でしたが今はみんなで。すごくうれしいです。放課後、女子で感動して泣いている子もいました。
（陽菜）

■「気愛」を読みました。すると、ほとんどが「匿名」様が書いてくださったお手紙の感想でした。「泣き
そうになった」とか、「親のためにがんばらなくては」と書いてあって、親はまた教師と違った力を持って
いるのだなと思いました。
　話は変わりますが、今日の放課後練習。ピアノの片付けをしながら、美月に「今日は男子が歌っていた」
と聞きました。そして、「男子の声がピアノまで聞こえる」とも。この時、私は実行委員の仕事があり途中
で抜けてしまっていたので実際に歌声を聞いたわけではありませんでしたが、とても感動したし、嬉しかっ
たです。
　たとえどんなに小さな声でも、今まで歌わなかった男子がみんなに協力しようとしてくれていることが、
すごく嬉しいです。皆が本気になり始めているのに、明日が土曜日なのは、悔しすぎます！！　こんなに休
日がいらないと思ったのは初めてです！！　この忌々しい休日め！　だけど、この休日も活かして、本気に
なっている皆のために、今日のように伴奏を間違えないように、たくさん練習します。
　今日は嬉しすぎて、この日記を書いている今も、溢れる涙が止まりません。（裕美）

■今日で、長〜い１週間が終わりました。確実に１週間前の自分と違うものが心にあります。休日がつづき
ますが、音がちゃんととれるように練習したいです。（陽翔）

■学活で合唱の色々な動画などを見ました。「走る川」と先生の以前の学級と一中と、昨日の自分達のを見ま
した。私たちの以外はすべて、クラスが一つにまとまっていて、一人一人がクラスのためにみんなのため
にがんばろうという思いが強くあるんだなと思いました。私たちもあと１週間で一つにまとまれたらなと思
います。
　私が今日うれしかったことは、男子ふたりが朝練に７時 40 分ぴったりに来てくれたことです。そのあと
2、3 分後にもうひとりも来ました。なんだかすごくうれしかったです。（美月）

■過去の長谷川先生の学級の合唱をもう一度見ました。一学期に見たときにもあのような学級をつくりたい
と受け止めたと思います。それに今、近づいてきている最中だと思います。
　今まで歌ってこなかった男子が口を開けて歌っていました。とても嬉しい光景でした。クラスの成長と努
力をさらに上げるためにも、特に自分が頑張らないと駄目だと思います。精一杯の努力で作り上げた合唱は
笑顔や涙がたえないものになるのだと感じました。（由香）

● 10 月　　　　　　　　　　　　　　　　　　平成 X 年 10 月 26 日発行第 155 号

取り返しのつかない過ちがある

●アーカイブコメント：　人はやったことより、やらなかったことに対して後悔する生き物だという。自分ひとりが後悔するならまだ良い。集団生活には、ひとりがやらないことでその他大勢が犠牲になる場面が多いのだ。その過ちはあとから取り返すことができない。だから、予防する。

□週明けの月曜日。朝、昼練習および音楽の授業の出来は、人それぞれ賛否両論のようでした。
　まさに三歩進んで二歩さがる、です。

■長い 1 週間でしたね。私は yes で、出し尽くしました。本気で歌うとこんなにつかれるんだ、ということを実感しました。大変なことだけど、とてもいいことですね！
　最近の 2A の合唱練習は、男女共に意識が高まっています。上手ではないけれど、「頑張ろう！！」「全力で歌おう！！」という気持ちが合唱に表れているのかなと思いました。
　合唱練習の集合状況は、はじめすごく悪かったです。けど、今となっては、5 分前にはほとんどの人が集まっています。すごいです。それだけでも一つの大きな成長です。日々進歩し、クラスの団結力をもっと高めて、残り 5 日の合唱練習に精一杯取り組んでいきます。本番では、「自信をもって、楽しんで、笑顔で」歌いたいと思います。（由美子）

■「気愛」で、皆の文化祭までの、更にその先まで、たくさんの思いが新たにわかった。歌い合いのこと。自分達が来年、3 年生になったときは、どんな後輩にでも優しくする。そうでなければ、卒業しても、何をしても、「あのとき～」と過去話をいつまでも引きずってしまう気がする。それでは心にモヤモヤが出てくる。結果的に「悪い」ということに変わりなくなる。そんなのは嫌だ。今、自分達でレッテルをはがす。もう一度、繰り返すことがないように。
　美月さんの帰宅後の伴奏練習。動画で見た中学生達。先生の教え子さん達。1 日何時間どころではなく、何百、何千時間も合唱のための練習をしている。そういう一人ずつの高い意識、努力が合わさり、感動の合唱になっていくのだろう。私達は全然格下だし、練習も質が高いわけではない。だけれど、自分達は変わっていっている。周りを驚かせるほどに。だから、たとえ格下でも私達は変化していく。今も、これからも。私も変わっていく。（かおり）

■放課後の合唱練習で男子が真面目に歌っている姿を見て感動しちゃいました（泣）。
　先輩たちは、元から大きな声を出しているからわからないかもしれないけれど、私たちにとって歌っていなかった人が歌ったときってすごく嬉しいことだと思います。
　文化祭まで、残り少ないけど頑張りたいです。（灯）

□今までさんざんルールを犯し、人の心身を傷つけた人間が、卒業式の日に泣く。その姿に感動する人達がいますが、私は違います。
　卒業式の日の涙。それは自己満足の涙です。
　今までかけた迷惑の数々が、そんな感傷ひとつで帳消しになることはありません。
　「なぜもっと早く気づかなかったのですか」私ならそう問いかけます。
　そして、「あなたが気づかなかったために、たくさんの人の中学校生活が犠牲になったのです」と事実を突きつけます。
　「本来ならばもっと楽しく、充実した生活を送れるはずの人達が、悲しく苦しい生活に耐えていたのです」と告げます。

□君達には、取り返しのつかない過ちを犯してほしくありません。
　だから今日も、語りかけます。教えます。共に考えます。

● 10月

平成 X 年 10 月 27 日発行第 156 号

言葉の力、思いの力

●アーカイブコメント： 他学年の保護者から「どうせ 2 年生は歌わないんでしょ？」と言われる保護者の気持ちたるや、読んだだけでも心が痛む。部外者が勝手気儘に貼り付けたレッテルを事実をもって剥がし取る。そんな経験を、20 代から山ほど積んできた。事実の前に人は謙虚になる。

□ここ 1 週間余り、毎日 4、5 通のお手紙をいただいています。

　家事にお仕事にと忙しい中、学級のために時間と労力を割いてくださることに、2A を代表して心から感謝をもうしあげます。

　保護者の皆さんの、2A の子どもたちを思う強い気持ちが行動に移され、

> 行動として形になったからこそ子どもたちにも伝わっていく。

　思いを受け止めた子どもたちは、それぞれに思い、考え、自らの行動を変えつつあります。

　家庭と学校が、本当の意味で手を結ぶ。

　本物の連携から生まれる奇跡に、上限はありません。

□先週いただいたもののみならず、昨日いただいたお手紙にも心から感動し、更にがんばる力をいただきました。

　さらに本日も 4 通のお手紙が届きました。2A 宛のメッセージもいただいているので紹介しますね。

■長谷川先生へ　2A のみなさんへ

　合唱コンクールまであともう少しですね。みなさんの成長は「気愛」から充分伝わってきています。毎日頑張っていますね。

　今から土曜日の本番が楽しみでワクワクしています。2A のみんなの本気の歌声！！　一生に一度しかないこの瞬間を思いきり楽しんで歌って下さい。

　先日、こんなことを言われました。

　「どうせ 2 年生は歌わないんでしょ？」

　それも一人の保護者からではなく、複数です。

　私は自分の事のように悔しかったです。でも、今のみんなはあの時と違うんです。自信を持って、日々の練習の成果を出し切って下さい。そして 2A の底力を見せつけてやって下さい。

　本番まで残り少ない日数ですが、体調に気をつけて練習を頑張って下さい。

　長谷川先生、いつも子供達を励まし続けて下さり感謝しています。

　金曜日に男子達の様子も変化してきたと晃太朗から聞き、今日の「気愛」でもその事が取り上げられていたので、まとまらない文章で申し訳ないのですが、どうしてもみんなにエールを送りたくなりました。

　土曜日楽しみにしています。（小野母）

■2A のみんなへ

　息子の話や「気愛」から、男子が合唱に真剣に取り組み始めた事を知り、文化祭で 2A のみんなが一生懸命歌う姿が見られる事を楽しみにしています。

　一つの事に一生懸命になる事は、自分自身を成長させ、見る人に感動を与えます。そのすばらしさをみんなに是非、味わってもらいたいです。当日楽しみにしています。（小野父）

□2A のみんな、いかがですか。親御さんの気持ちが伝わりますか。

　高田さん、荒巻さん、佐々木さん、古川さん、宮部さんからもいただいています。どれも心底勇気づけられます。エッセンスを、教室で伝えていきます。

● 10月

平成 X 年 10 月 27 日発行第 157 号

2A 応援団の声

●アーカイブコメント： 「親は、子供が明るく楽しくそして、成長していく姿を見るのが何より幸せです」この思いを実現するのが私たち教師の使命である。結果を出せるのであれば、方法論は様々にあって良い。私はこのように、直接の関わり×日記指導×学級通信でアプローチする。

□「全員参加、全員本気、全員成長」
　2A の目標です。
　この目標の実現のために、ご自身もまた「参加」してくださる方が日々増えていることを、心から嬉しく思っています。

■いつもお世話になっています。「気愛」の中で「全員参加」とありました。少しでもその一員になれるかと思い、ペンをとりました。
　金曜日、「めっちゃ、よくなってる。私のクラス、とってもいい。男子もみんな歌っているし、長谷川先生のクラスで良かった」と、帰って来るなり言っていました。その言葉を聞いただけで、涙が出そうになりました。
　「気愛」を読んでも、みんなの文化祭への思い、そしてみんな成長しているのがよくわかります。親は、子供が明るく楽しくそして、成長していく姿を見るのが何より幸せです。
　文化祭、見に行こうと思っています。特にみづきちゃんの頑張りは、子供から聞いています。個々の一生懸命さは違うと思います。でもその頑張りに影響を受け、2A の本気が見られると信じています。当日、ピアノの伴奏で、泣いてしまいそうです。
　先生にも感謝しています。2A の仲間にも感謝です。ですから、私も今、中学生の我が子にしてあげられる事、教えなければいけない事を、悩んだり、話し合ったり、おこったり、笑ったりして、一緒に成長していきたいと思います。
　我が子、2A のみんなを、見守って応援していきたいと思います。

□許可を得ていませんので匿名で紹介しましたが、心が温まりますよね。
　日々精一杯前進する私達を応援してくださる方々は、君達の想像以上に多くいるのです。

■最近、朝の合唱練習のために、7 時 40 分に来てくれたり、昼休みの練習や放課後の練習にもしっかり来てくれる男子が増えてきています。しかも、練習に来てくれた男子は、女子と一緒に歌ってくれました。
　去年では考えられないことが、私の目の前で起こっています。
　今日だって、碧人さんが初めて「走る川」の指揮を振ってくれました。指揮を振ってくれたことが、すごくうれしかったです。
　変わり始めている 2A の歌声を、文化祭で見せつけたいです！（凛）

■最近は嬉しいことばかりです。今日は男子全員が朝練に来てくれました。いつもより早くです。文化祭まで後 5 日ですね。なんだかすぐ終わってしまう。そう考えると、涙がこぼれそうです。5 日間の少ない時間を有効に使いたいです。（さとみ）

■今日は朝練から全員がそろいました。その行動が昼休み、放課後の合唱に表れてきました。1 週間の始まりから良いスタートをきれたと思います。（由香）

■先週は 2A がひとつ上の段階に上がれた 1 週間でした。文化祭まであと数日なので、あとは個人個人がたくさん練習すれば、いい合唱になると思いました。男子はもっと声を出したいです。（悠真）

■風邪をひきました。風邪をひいたら歌を歌うのが大変なので、早く治して、いつも通りの声にして、しっかりと歌いたいです。（貴司）

□一人ひとりの思いを受け止め、私もまた私にできるすべてを為します。

● 10月　　　　　　　　　　　　　　　　　　　　　　平成 X 年 10 月 27 日発行第 158 号

人間のする後悔のほとんどは、やらなかったことに対する後悔なのです

●アーカイブコメント：　「それならうちのクラスの女子は何回泣けばいいんだと盛り上がりました」日記にユーモアが生まれつつある。気持ちに余裕が生まれている証拠だ。この時点ではまだ男子の歌声は「かすか」だ。しかし、マイナス２万点のスタートを考えれば、確かな成長なのだ。

□合唱、機材の準備、練習予定の連絡、旧本部役員としての仕事、そしてバレーボール部長としての仕事。
　ひとりで何役も務めている由美子さんが昨日、体調を崩しました。
　それでも彼女は、綴ってきます。2A の成長にかける思いを、です。

■文化祭まで、音楽の授業は今日で最後でした。

全体的によくありませんでした。

　昨日や一昨日は、いい感じできていたのに、今日はだらけてしまい、右肩上がりになりませんでした。
　先生が「気愛」に、「まさに三歩進んで二歩さがる、です」と書いていました。その通りだと思いました。
　順調に出来上がっていっているのに、

自分たちで悪い方にもっていくのは、すごく「もったいない」と思います。

　この文化祭は、自分達が変われる「チャンス」です。

　　みんなへ
　　自分達のレッテルをはがす「チャンス」です。絶対にはがそうね。変わろうね！！
　　この 2A が解散するまで、残り 90 日前後だと思います。2A でしかできないこと、楽しみがある。絶対あると思います。
　　だから、この文化祭で 2A らしい最高の合唱をつくって、思い出をつくりましょう！！
　　「感動させるぞ〜！！　楽しむぞ〜！！」（由美子）

□彼女のがんばりの一端を知る身として、胸が熱くなりました。

■朝、7 時 35 分頃。生徒会の仕事をしている最中に、私の目にある光景が飛び込んできました。それは、数名の男子と A 君でした。私は驚き、思わず二度見してしまいました。A 君が、歌の朝練習に来てくれたのです。とても嬉しくて、他のクラスの子に、「2A は歌練を休む人が一人もいなくなった」と自慢してしまいました。この瞬間は、本当に嬉しかったです。
　放課後練習。先生から、「3 年生の女子は、何人かが全力で歌ってくれないと泣いているそうだ」と聞いて、それならうちのクラスの女子は何回泣けばいいんだと盛り上がりました。
　けれど、今は全員が本気で歌ってくれているので、クラスの女子が流している涙は「嬉し涙」です。同じ「涙」でも、意味の違う「涙」。この涙の意味が、本番、感動を与える歌になっているかなっていないかの違いを表しているのだと思います。（裕美）

■今日の帰りの歌練で先生が、外にいて男子の声がかすかに聞こえたと言った時はうれしかったです。でも、「かすかに」だったので、しっかり聞こえるようにがんばりたいです。（晃太朗）

□テニスコートで卒業アルバムの写真撮影をしながら、真上の 2A から聞こえる歌声に耳を傾けていました。すると女子の歌声とともに、窓際に並んだ男子の声が、かすかに聞こえてきました。それが嬉しかったと話したのです。

●10月

平成X年10月27日発行第159号

合唱は3日で激変する

●アーカイブコメント： 音楽の専門家でもなんでもない私が学級を率い、郡市大会(学校代表)や県中央大会(郡市代表)に何度も出場できているのは、書籍やセミナーを通して先達の努力の結晶を受け継いでいるからに他ならない。我流では無理だ。「自力でやる」は時に傲慢の証となる。

□京都で中学音楽教師を務め、現在は教育委員会で働く山岡智子氏。私の十年来の仲間です。

　山岡氏の公開サイトから、「走る川」のポイントを引用します。

　パートリーダーは熟読し、それぞれのポイントを練習に活かしてください。

　まだ、あと4日間もありますから。合唱は、3日で激変するのです。

1．1拍前で、みんないっしょにハッと息を吸う。吸う音が聞こえるくらい、たっぷりと。でだしは緊張感を持って、真剣に。

2．いわをかみ　しぶきをあげ　かぜをさき　ふりかえらず　みずははしる　いっしん　に　はしる　はしる　はしる

　　子音を強調してはっきり歌う。「つばが飛ぶくらい」「前の人の後ろ頭が、つばでベチョベチョになるくらい（キタナイなあ）言いなさい」と言いましょう。「KHA」「SHI」「KHI」「HASHIる」それだけをとりあげて、はっきり発音する練習もするとよい。

3．「いわ」最初にでてくる、言いにくいことば。口をたてにしっかり動かして「いわ」と言いましょう。

4．「魚を押し」うおーーーし？？？　吠えているのではありません。「うおーを／おし」と、「押し」の前で言いかえる。「を」は弱く。「おしー」の伸ばすところも音楽。ここで、ぐっと声を前に押し出す感じ。

5．「水は走る→」を盛り上げて（クレシェンドして）次につなぐ。

　　「戻れない命を」1回目は強く、遠くに訴えるように、2回目は弱く、自分の心に歌うように。ここ、ポイント高いです。

　　「るー」「をー」などの、伸ばす音も音楽にする。声を前に送り出す。

6．「一心に走る＜走る＜v（ブレスして）走る」「走る」は3回目になるほど強く。

7．ちょっとのんびり。

　　「こんなにも＜いそいで」「いそいで」にむかって。「でー」や「にー」「くー」の伸ばす音も音楽。前へ声を出す。

8．雰囲気が変わる。はっきり、くっきり。　piu mosso　（より速く）

　　「らっか」「うずまく」の、男女のずれと、揃って言う部分の違いをはっきりと歌う。

　　「けずりー」「なるーー」伸ばすところも音楽。

　　「はやせと　なるー」はすこしゆっくりにしてもよい。

9．雰囲気が変わる。真剣な表情で、厳しさを歌う。

　　「ない」「よるも」「こーれるふゆも」ひとつひとつをお腹から声を出して、はっきり言うことで、厳しさを表現する。

　　「であって」「ふくつの」「いのち」など、男女がずれるところと、揃うところの違いをはっきり歌う。

　　「はばみ」「はしる」「はしりつづける」　口を開けて、とにかくはっきり言う。

　　「戻れないーーーーのちを」ではなくて、「戻れないー／命を」と言いかえる。ここは、ブレスをしないで一息で。

10．戻れない命を＜戻れない命をと盛り上げて、一旦きゅっと小さくして　不屈の＜不屈の＜不屈の＜不屈の　と「決意」に向かう。

11．雰囲気が変わる。河口にたどり着いてきた様子。

　　「やが」をゆっくりめにたっぷりと歌ってから、「てー」から、新しい歌にする。感じ方としては速い4拍子よりも、ゆったりとした2拍子のつもりで。

　　「ひろーがる」「ふりそーそぐー」こういう部分で広がりや動きが表現できる。声をしっかり前に出す。

12．「ゆったりと」は、ちょっとゆっくりめに、それこそ「ゆったりと」、そして、やや弱く歌いたい。そして、「あたたまってゆくー」からクライマックスへ向かって盛り上げていく。

13．「たずさえvてー」ブレスしてもよいので、最後まで十分にのばせるエネルギーを蓄えましょう。「え」や「て」の声の出し方を、研究する。どこを意識したら、出しやすく、美しい響きの声になるか研究する。「お尻」なのか「お腹」なのか「おでこ」「目と目の間」「頭のてっぺん」それとも「前歯」「奥歯」「ほほ」？

● 10月　　　　　　　　　　　　　　　　　　　　　　平成X年 10 月 28 日発行第 160 号

歌に乗せて響かせる

●アーカイブコメント：「1年生のときとは全く比べ物になりません。『何となく』が通用しません」「合唱の本番が終わっても成長していけるクラスでありたい」生徒は正直だ。努力が無駄ではないと知れば一層努力するようになる。そのために小さな成功体験を連続的に保障するのだ。

□昨日、3B から歌い合いの申込がありました。
　また、3A の男女が謝罪に来ました。2A に大変失礼なことをした、と。
　そして、歌い合いをしてほしい、と。
　もちろん許し、承諾しました。
　すべての出来事に意味があります。
　たとえ嫌な思いをさせられる出来事であっても、その経験から学べることはあるのです。
　受け止めて、力に変えて、O 中学校全体の幸福のために歩んでいきましょう。
　あんなことやこんなこと、精一杯やっても賞状は出ませんが、賞状の出ないところでこそ一番を取っていくのが 2A の流儀ですから。
　そういう生き方、とってもかっこいいものですよ。

■国語の授業で「読解スキル」を使いました。そこに記されている文。「大人の言動が子供に与える影響は、これほど大きいのだ」とは、本当だなと実感しました。たとえ言葉でなくても、文字を読んで変わります。
　「気愛」に記されている、皆の日記。親御さん方の手紙。とても胸に響きます。心にぐっときます。更に顔晴ろう（頑張ろう）と思えます。
　1 年生のときとは全く比べ物になりません。「何となく」が通用しません、今は。
　「全員参加、全員本気、全員成長」できています。
　朝、昼、放課後練習もサボっている人がいなくなりました。遅れる人もいなくなりました。ただ、あと数日で終わってしまうことは残念です。それは、どうにもできない事実ですから、仕方ないです。
　最近、ほぼ全員が変化しています。そこで止まらずに、合唱の本番が終わっても成長していけるクラス（2A）でありたいです。
　3 年生との歌い合いでも気を抜かずに、本気でできたらうれしいです。あかりさん、みづきさん、ひろみさん、ゆりさん、あおとさん。ピアノと指揮者の人達に負けないくらい歌い手もがんばります。
　「走る川」のポイントをのせて下さり、長谷川先生ありがとうございます。「伸ばすところも音楽」という所を見て、この人はとてもすごい人だとわかりました。「新しい歌にする」という所も、私は心にきました。常に常に新しく、新しくしていくのです。まるで 1 分 1 秒、まったく違う歌のように、同じ歌にするように。残りの数日で、更に合唱を激変させていきたいです。
　由美子さんが綴っていたメッセージ。「2A でしかできないこと、楽しみがある」というところ、特に胸に響きました。私達にしかできないこと。すっごくキレイ事に聞こえてしまうかもしれません。でも、私達に「しか」できないことって本当にあります。皆がみんな「同じ合唱」なんてできませんから。「2A だけの合唱」「2A にしかできないこと」が今、存在しています。（かおり）

■「気愛」の 159 号に、先生が大切なことをのせてくれました。「合唱は三日で激変する」2A の合唱は、「これでいいや……」と諦めてはいけません。「まだ上手になれる、上手になる」と燃えていてください。松岡修造さんみたいに……。残りの時間を無駄にせず、仲間と自分を信じて、頑張りましょう。
　たくさんの人達が応援してくれています。そのことも忘れずに。
　お手紙、電話をくれる保護者の人達に「ありがとう」を込めて、2A の合唱を届けましょう！（由美子）

□受け取ったら、今度は返す番だよね。感謝を合唱に乗せて響かせる。

●10月

平成X年10月28日発行第161号

心ある行動の数々に、元気をもらう

●アーカイブコメント： 年度当初、当番の仕事をまったくしなかった男子たちが、当番でないにもかかわらず自分から進んで仕事を手伝っている。その姿を見て女子が涙を流している。素敵な場面だ。秋も深まるこの時期に、春以降積み重ねてきた努力が「壺」から溢れ出すのである。

□駅伝メンバーの不在により、1班は3名で給食当番をしなくてはなりませんでした。4時間目が延びて、私が教室に入った時点では誰もいませんでしたから、幾つかの食器や大缶を運びました。

　途中で由美子さんらが急いで取りに来てくれたのに出会い、その、「急いでいる」という事実を嬉しく思ったものです。

　片付けでは圭太君、博君、直樹君が手伝ってくれました。これもまた嬉しかったです。心ある行動をありがとう。

□駅伝メンバーが次々と戻ってきて授業、清掃、歌練習に参加しました。

　これが、本来の姿です。学級を大切にするという、具体的行動です。

　何人もの級友が到着を待っていたし、喜んでいましたよ。

■駅伝でした。みんなベストをつくし、がんばることができていました。私も応援をがんばりました！！

　あと、合唱練習ができてよかったです。少しだけだったけど、少しでも参加できてよかったです！！　文化祭まで少ししかないけれど、1分1秒でも早く練習に参加したいです。（茜）

□1日外にいれば疲れます。私も何十回も経験していますから良くわかります。

　それでも学校に戻り、活動に参画する。

　その思いと行動が、教室に残った人達の心に更なる火を灯すのです。

■まず駅伝で疲れました。でも自己ベストの記録を出すことができたので嬉しかったです。そのあと、駅伝の結果の報告もかねて学校に行きました。6時間目の国語の授業を少し受けて、掃除、歌練習をしました。

　男子の声も徐々に出てきているのは、最初のときと比べてみれば明らかなので、私もソプラノのパートを全力で歌って、腹から声を出せるようにしたいです！！（灯）

□灯さんは一番に戻ってきて、20分以上国語の授業を受けましたね。

　授業者として、教える対象がひとりでも多いことは嬉しいことですよ。

■駅伝の人たちがわざわざ歌練習や掃除をやってくれました。うれしかったです。その気持ちだけで、すごくがんばれそうです。

　明日、2Bと歌い合い、木曜日には3Bと歌い合いがあるので、これまでの練習の成果をぞんぶんに出せるようにしたいです。（唯）

□私も唯さんと同じ気持ちになりました。駅伝組4名が家に帰らず、学校に戻ってきて活動した。尊い行動です。仲間とはそういうものなのです。

■明日は2Bと歌い合いです。明後日は3Bと歌い合いです。歌い合いができるということは、嬉しくて今までと違う自分たちを見せるチャンスであるけど、その分プレッシャーが一番大きいです。ここで、自分たちがどのようにやるかによって、良い方向にいくか、そうでない方にいくか。（鈴音）

□もちろん、良い方向にもっていきますよ。もう、戻りません。

■明日は歌い合いがあります。3年生をびっくりさせられるような、すごい歌を歌えるようにポイントを意識して歌おうと思いました。

　ここまでこれたのもみんなのおかげだと思いました。みんな一人一人が協力したからです。ありがとうございます！！　（友梨）

□言い古された言葉だけれど、あえて書きます。

　一人ではできないことでも、力を合わせれば実現できるのです。

● 10月　　　　　　　　　　　　　　　　　　　　　　　平成Ｘ年10月29日発行第162号

弱さに負けそうになったら

●**アーカイブコメント：**　成長したと思ったら、退歩する。退歩したと思ったら、更に成長する。崩壊を経験した学級集団の成長は、一筋縄ではいかないものだ。だから根気の勝負だと言うのだ。授業はもちろん、掃除や給食当番、係活動はすべて整った。だからこそ、表現活動に挑むのだ。

□本日もお二人の方からお手紙をいただきました。

　2A へのエールが熱意ある筆致で綴られており、一言一句に感謝しながら拝読しました。

　わざわざ学校に来て、思いを伝えてくださる方もいました。

　胸が熱くなりました。

　ほんとうにありがとうございます。

□さて、2A を見ると、今もまだ課題は複数残っています。

　それが偽りのない事実です。

　たとえば、これを私は昼休みのテニスコートで書いているのですが、コンクール前最後のピアノを使った練習を体育館でできるにもかかわらず、20分の時点で半分も集まっていません。10分にごちそうさまをしたのに、です。

　23分に見に行きましたが、曲間に遊んでいる人がいますし、いまだに集まっていない人もいます。

　私はリップサービスやその場しのぎの美辞麗句が嫌いですから、是々非々で書きます。

　問題は、いくつも残っています。

□けれども、全体で見れば、確実に前進しています。

　これもまた確かな事実です。

□昨日の午後の歌い合いや放課後練習では、なかなかの出来だったと聞いています。今朝日記帳でそれぞれの報告を読み、とても嬉しく思いました。

　女子が男子のがんばりに感動している。男子が女子の努力を称賛している。

　素晴らしいことです。

　それならばいっそう、本日の練習でがんばってほしいのです。

　学期に一度くらい、燃え上がってほしいのです。

　ちょっとうまくいったら休み、少しがんばったら休み……。

　弱い個人、弱いチームの特徴です。

　それではチームの力は上がりません。

　実力も上達しないのです。

　君達には、人としても集団としても更にのぼっていってほしいのです。

□私事ですが、先週、父の余命宣告が為されました。

　一昨日火曜日には家族が集められ、手術及び治療の結果万が一の事態になったとしても承諾する旨、署名をしました。

　衰弱が激しいので、肉体が治療に耐えられない可能性があるというのです。

　ほんとうなら、受けさせたくありません。

　しかし、それをしなければひと月から長くてふた月の余命と言われたら、署名するしかありませんでした。

　本日から強い治療が始まります。土曜日が山です。

　その土曜日は文化祭及び合唱コンクールです。

　万が一のことがあった場合、私は病院に向かいます。

　その瞬間までは、学校に残ります。

　そんな中で、私もまた様々なことを考え、日々働いています。

　疲れた、風邪をひいた、面倒だ、さぼりたい。

　自分の弱さに負けそうになったら、一所懸命生きている人間の姿を想像してみるといい。

　私もそうやって、目標にしている人物を思い描き、生きているのです。

●10月　　　　　　　　　　　　　　　　　　　　　平成X年10月30日発行第163号

私が本当に実現したいこと

●アーカイブコメント：　コンクール前日に練習をサボる。注意した伴奏者を心無い言葉で傷つける。結果、「伴奏を辞退します」という言葉が綴られた。これもまた天の采配である。このような試練を幾つ乗り越えたかで、学級の到達点が変わる。乗り越えさせるために、担任がいる。

□今朝は、今朝もがっかりしました。
　テニスコートから音楽室を見た時、合唱練習に参加していない人達が見えたからです。
　がっかりするのはもう何百回と経験しています。
　ですが、文化祭前日の、最後の練習でこれかと思うと、さらにがっかりしたのが本音です。
　がっかりの中身は大きくふたつです。
　ひとつは、これだけ何十回何百回と関わり、真剣に努力している人の事実を示してきたにもかかわらず、まだ歌わない人がいることです。
　もうひとつは、その人達に立ち向かう人がひとりもいないことです。真実を言うと「こうしてほしい」と言った人がひとりいたのですが、心無いことを言われ、傷つき、涙を流しました。
　それ以外の人は、自分は歌っていたのかもしれませんが、歌うこと以外の働きかけをしなかった。問題を問題として、事態に立ち向かうのは常に私ひとり。4月からずっと。
　学級集団の質をあげることは、担任だけの努力では実現できない。それも何十回も伝えてきた。それでも、この状態なのです。
　担任だけがどれだけ努力しても、子どもたちの心が「直る」ことはありません。
　担任と生徒、その両輪が必要なのです。

□昨夜も保護者の方と電話でお話ししました。
　親身に応援してくださっている方です。
　腹蔵なく、たくさんのことを話しました。
　私が今回の合唱を通して本当に実現したいことを、率直に話しました。
　私がやりたいのは、仲間づくりです。

仲間づくり。

　文字にすればたった5文字です。
　たったの1秒で言えるこのことのために、何百時間という時間と、思考と、エネルギーを注ぎ込んできました。
　全力で応援すると言っていただき、心強く思ったものです。

□「へたくそが意見するな」
　今朝の練習で、伴奏者に浴びせかけられた一言です。
　私がその場でこの一言を聞いていたら、ぶん殴っていたかもしれません。
　夏休みから練習を重ねている仲間に対する、許されざる一言です。
　聞こえなかった人もいたでしょうが、聞こえた人もいたでしょう。
　「何らかのアクションがありましたか」
　伴奏者に尋ねましたが、「いいえ。ありませんでした」が返答でした。
　このこともまた、ショックでした。
　その場で誰かが、「そんなことを言うのは間違っている。何を考えているんだ。謝れ！」と言い、周りの大勢がその行動に賛同したなら、伴奏者の心の傷も小さく済んだでしょう。
　しかし、行動はなかった。
　仲間を守る一言は、なかったのです。
　彼女は涙を流し、日記にこう綴りました。
　「伴奏を辞退します」

● 10月　　　　　　　　　　　　　　　　　　　　　　　平成X年10月30日発行第164号

できないことは支え合えばいい

●アーカイブコメント：「クラスのために言ったことに対して、とても嫌なことをされました」
「駄目なことを駄目と言ったら、酷いことをされたり言われたりしました」正義を貫こうとした生
徒ほど傷つく。誰も守ってくれない事実を前に行動を止め、理想を捨てる。彼らが背負う歴史だ。

□1時間目、涙を流す彼女と対話しました。
　2時間目、3A国語。昨日の歌い合いの御礼を述べ、いつもどおり快適に、楽しく授業をしました。
　3時間目、2A国語。さまざまな思いがありましたが、国語は国語。いつもどおりに授業をしました。
　4時間目、2A学活。本日の特別日課について文化祭実行委員の茜さんに連絡をしてもらった後、学級委員を前に出し、時間を設けますから話すべきを話しなさいと指示しました。
　学級委員が発言を促すと、真っ先に茜さんが立ちました。
　次に立ったのが美月さん。
　由美子さんは長時間、具体的なメッセージを2Aメンバーに送りました。
　学級委員にも、為すべきを為しているのかと問い、発言を促しました。
　裕美さんは何度も何度も立ちました。涙をぬぐいながら、「由美子があれほど真剣に話しているのだから、しっかりと聞いてほしい」「茜や由美子が言ってくれたことに対して、どうして多くの人が意見すら言わないのか。何も考えていないということか。考えているなら言ってほしい」と訴えました。
　いつものように、発言のない時間がありました。
　おしゃべりはできても、集団を前にするとだんまりを決め込む。
　小学校1年から共に生活している人間達を相手にすら、考えを述べられない。
　ただただその時間が過ぎることを待つだけの沈黙。
　私にとって、いたたまれない時間です。
　その静寂を破ったのは、かおりさんでした。
　終了のチャイムが鳴った後も、かおりさんは話し続けました。
　「綺麗事だけで終えてはいけないと考えたからです」
　給食準備の時間、なぜ立ったのかと問うた私に、彼女はこう答えました。
　「以前、クラスのために言ったことに対して、とても嫌なことをされました。それ以来、やろうとしてもできなくなってしまいました」
　これは裕美さんも言っていました。
　「駄目なことを駄目と言ったら、酷いことをされたり言われたりしました」
　そういう歴史を背負っている人もいれば、安全地帯から傍観するだけで、可もなく不可もなく、ひたすらこの学年集団が解散する日を待っている人もいます。
　どちらも悲しく、さびしいことです。私には耐えられない生活です。

□私達は、ふたりに伴奏を「やってもらっている」のです。
　ふたりとも、他にやる人がいないから、ただその理由だけで手を挙げてくれたのです。
　そして、夏休みから3ヶ月、練習を重ねてくれている。
　伴奏に比べれば、歌なんて楽なものです。1週間練習すれば誰でも歌えます。
　ひと月練習すれば伴奏がなくても歌えます。
　それなのに、10月になっても歌唱本を持って歌っている。有志がCDを焼いて配ったから聴く気になれ
ばいつでも聴けるのに、「覚えていない」などと平気で言う。
　これは、何事でしょうか。なぜ級友のがんばりに応えずにいられる？
　「あなたががんばっているから、私もがんばるよ。俺もがんばるよ」
　「伴奏を間違っても大丈夫だよ。そのまま歌いつづけるから、入れるところで入ってきなよ」
　これが人間と人間との関係ではないでしょうか。
　努力してもできないところは支え合う。それが学級なのではないでしょうか。

● 10月

平成 X 年 10 月 31 日発行第 165 号

初めての合唱コンクールで

●アーカイブコメント： コンクール当日に何が起きたか。学級の歩みを思い返しながら1枚1枚を読み進めていただきたい。本番では課題曲の前奏で女子が泣き出した。自由曲の時点ではほぼ全員が泣いていた。観客はさぞ驚いたことだろう。さて、彼女たちはなぜ泣いたのか。

□当日朝です。

　7 時半に学校に着き、教室に向かいました。

　現在 7 時 39 分です。

　ほぼ全員が揃っています。

　40 分に咲良君が到着。

　42 分に碧人君が到着。これで全員です。

　下からは 3 年生両組の「大地讃頌」が聞こえます。

　朝ですから小さな声で、最後の練習のスタートです。

□今までの歴史上、特に男子に音楽的な技能が育っていないのは事実です。

　気持ちがあっても、表現に結びつきません。

　表現の自信がないので、歌声に結びつきません。

　それはたとえば、国語の授業で漢字の学習をほとんどやらなかった人が、書かなければいけないという思いがあっても、それだけでは書けないのと同じです。作文然り、読解然り。

　そのような状況のもと、私達 2A は限られた練習の時間を使い、できるかぎりのことはやりました。

　君達も君達なりに考え、程度の差こそあれ、昨年度までと比較にならないくらいに行動した数カ月だったと思います。

　私にとっても、現場で働く 15 年間で最も考え、根気と忍耐を自分に課し、日頃はまったく口にしない栄養ドリンクを飲み、行動した数カ月でした。

□現在開会式を終え、合唱コンクールの始まりを待っています。

　校歌の全体合唱を終え、学級合唱に入ります。

□2A の合唱では、課題曲の時点で女子が泣き出し、曲間に「泣くのは早いぞ！」と言いに行くことになってしまいました。

　自由曲ではほとんどの女子が泣いていましたね。

　様々な思いが脳裏をよぎったのでしょう。

　今日までの、教室での場面場面が思い出されたのでしょう。

　その気持ちが良くわかります。

　私も、この教室で共に同じ時間を過ごしたから。

□一番長い拍手が贈られたのは、君達の合唱に対して、でした。

　特に、3A の男子の拍手です。君達全員が舞台を降りるまで続いていました。

　ある男子は言いました。「すごくいいクラスだと思った」

　別の男子は言いました。「声は小さかったけど、去年と全然違いましたよ」

　別の男子も言いました。「女子の涙で、すげえがんばってきたんだなってことがよくわかりました」

　私達の合唱の裏側にあるものが、見える人には見えたのです。

□たくさんの保護者の方が感想を伝えてくれました。

　2A の向上のために、陰に陽に協力してくださった方々です。

　「正直に言って、悔しかった。なぜ声を出さないのかと。悔しくて涙が出ます」

　わかります。私だって同じです。皆さんは今日 1 日のことですが、私はひと月以上、毎日その現実と向き合ってきたのです。

　「前に出て行って引っ叩いてやりたくなりました」

　そうでしょう。私だって人間です。そんな思いを抱いたことが何度もあります。（つづく）

● 10月　　　　　　　　　　　　　　　　　　　　　　　平成X年10月31日発行第166号

前へ

●アーカイブコメント：　教員の勉強会で本番の合唱映像を流すと参加者も驚く。女子は精一杯歌っている。一方男子の声はつぶやきのようなのだ。それを見た保護者が失望し、怒りに震える。合唱直後の休憩時間、体育館の片隅で緊急の「保護者会」が始まった。保護者の気持ちもわかる。

□（承前）
　「根は深いですね、男子の心の問題の根はとっても深い。それがわかりました」
　そのとおりです。皆さんの想像以上に深いです。
　合唱コンクール当日には合唱を聴ける。
　私もそういう希望を持つように、持つようにと努めてきました。
　しかし、合唱にはなりませんでした。
　歌声という観点で言えば、2Aの男子は全学級中最低だろうと思います。
　それでも、今までと比べれば、1ミリ2ミリと向上しています。
　それは確かです。なぜ向上したのかと言えば、心ある人間が全力を尽くしたからです。

□他の収穫もあります。何人もの保護者が、子供達の現実を我が事として考え始めてくれていることです。
　悔しいと涙を流してくれる人が出てきた。
　何かしなければと真剣に考え声をあげてくれる人が出てきた。
　これは、宝です。
　怒って帰るのは簡単です。怒鳴りつけるのも簡単です。
　陰口を言うのも簡単です。ほんとうは何かをしなければならないとわかっていても、放置する。それもまた簡単です。
　しかし、そういう安易な方法に逃げるのでなく、現実の厳しさを受け止め、なんとかしようと立ち上がってくれる方が増えてきたのです。
　ありがたいことです。ほんとうにありがたいことです。

□一方で何の反応もない方もいます。それが「普通」なのでしょう。
　そこに文句を言っても仕方がありません。
　私は共に考え汗をかいてくれる方々、子供達と力を合わせて前に進みます。

□他学級他学年の保護者も話しかけてきてくれました。中には初めて話す方もいました。
　「先生、悔しかったでしょう。合唱を見る先生の姿を見ていたらなんか泣けてきちゃいました」
　あるお母さんはこう言ってくれました。
　そばに居た3年男子数名が言いました。
　「小学校の時は、盗み、万引き、人の物を壊す。そんなことがいっぱいあったんすよ。それなのに、だいぶ落ち着いたじゃないですか」
　「来年も、担任するんすよね！？」
　「なぜ？」
　「先生が担任すれば、来年は合唱になりますよ！　絶対！」
　子供とはなんと面白い見方をするのでしょう。
　「来年の事は神のみぞ知る。私にもわかりませんよ」と返しました。

□今までのやり方の結果が、目の前の現実です。
　子どもたちはもちろんのこと、周りの大人も、今までのやり方を変えなければ、現実は変わりません。
　変えなくても構わないという考えもありましょうが、広い世界を知る立場から言えば、それはまさに「井の中の蛙大海を知らず」です。負け犬の遠吠えに聞こえてしまいます。
　私も日々自分を変えています。現実に対応するために変革しています。
　言いたいことは山ほどありますが、また前を向いて歩きます。

● 10月   平成 X 年 10 月 31 日発行第 167 号

「ほんとうにくやしい」

●アーカイブコメント：　昼休みも午後の体験学習の時間も、私は保護者と話を続けた。誰もが悔しがっていた。「悔しさの方が、成長を認める気持ちを上回ってしまうのです」この気持ちは理解できる。だが、彼らにとっての「コンクール」のハードルの高さは、大人の想像以上だったのだ。

□昼休みも、体験講座の時間も、保護者の方が訪ねてくれて話をしました。
　皆さん、「ほんとうにくやしい」とおっしゃいます。

> 「『気愛』を読むとがんばっている人達の存在が本当に多い。それなのにどうしてあんなにも歌わないんでしょうか……」
> 「一人ひとりを見ればいい子なのに、どうして他学年のように、普通に歌を歌うことができないのでしょうか」
> 「私達親の子育てに問題があることは良くわかります」
> 「もう冬ですよね。あっという間に 3 年生になります。そろそろ親が本気で問題に取り組まなくてはいけないと強く思いました」

　目に涙をためて語る方もいました。
　私も同じ気持ちです。

□この 7 カ月間の、2A の一人ひとりの成長は確かなものです。
　4 月の実態とは「月とすっぽん」と表現しても過言ではないくらい違います。
　時間を守ります。
　私が立てば静かになります。
　話が通ります。
　散乱していたゴミや名前のないプリント類も、今はほとんどなくなりました。
　給食当番も清掃当番も、多くの人が真面目に取り組むようになりました。
　私が担当する国語や道徳、学活の授業で言えば、指名なしの発表ができないことを除けば、何の問題もありません。良くやっています。

□だからこそ、そのがんばりを「合唱」という形あるものに結実させ、全体の前で表現させたかった。
　そのために、全体に語り、個人と語り合い、日記でやりとりをし、通信を書き、授業をし……と積み重ねてきました。
　しかし、最後まで「合唱」になることはありませんでした。
　ある方々は言いました。

> 　「子供達が成長しているのはよくわかる。だけれど、どうして合唱ができないのか。どうして歌を歌うことができないのか。そっちの悔しさの方が、成長を認める気持ちを上回ってしまうのです」

　良くわかります。痛いほどわかります。
　ご家庭で、お子さんへの叱咤激励に努めた方であればこそ、悔しさもひとしおでしょう。
　私だって、同じです。

□合唱をしない子が数名、ならわかるのです。良くあることです。
　彼らは周りからの真剣な働きかけにより、徐々に声を出すようになり、当日は素晴らしい合唱ができあがる。
　私にも何度も経験があります。
　しかし、たとえば2A の場合、全員の声が聞こえません。
　保護者の方にも言われましたが、2B にも歌っていない生徒はいました。しかし、第一に T 君の声が、また A 君や D 君の声が、大きく出ている。だから他も安心して声を出せるのです。
　その意味での「リーダー」が、我が 2A にはいませんでした。（つづく）

176

● 10 月　　　　　　　　　　　　　　　　　　　　　　　　　　　平成 X 年 10 月 31 日発行第 168 号

過去に縛られて

●アーカイブコメント：　保護者の思いのすべてを受け止めつつ書いた通信である。明らかにしたい一点を公表するのを我慢し、思いを形にし得なかった男子に反省を促すために言葉を綴った。明らかにしたい一点とは何か。合唱直後、女子たちが私に伝えてくれた言葉に答えがある。

□　（承前）
　　それが悔しいと涙を流す保護者もいました。
　　「女子に申し訳ない、男子はそれがわかっているのか！」と怒りを露わにする方もいました。
　　その怒りも、良くわかります。私にとってもその怒りを抑え、前向きに取り組み続けた数カ月でしたから。

□さて帰りの会で何をどう話そうか。
　　そんなことを考えたら食事が喉を通りませんでした。
　　子どもたちの様子を見ていたら、男子を責める女子はいませんし、男子も何か後ろめたさを感じているようにも見えません。
　　普段通りに食事を楽しんでいました。
　　良くも悪くも、です。

□女子が男子を責めなかったのは、

> 責めても何の役にも立たないことを過去の経験で学んでいたから、です。

　　たとえば、昨年度の合唱、また、三送会の取組です。
　　彼女たちにだって、正直、責めたい気持ちはあります。
　　怒りだってあります。
　　情けなさに泣きたい子だっています。
　　それでも、大声を出しても喧嘩をしても男子が変わらないから、彼女たちはぐっと堪え、包み込むように見守ったり、励ましたりを続けてきたのです。
　　女子が完璧だなんて言いません。
　　課題はいくつもあるでしょう。
　　けれど、今回の合唱の取組において、私からしたら、彼女たちはマザーテレサです。
　　大いにほめるべき態度です。
　　問題は彼女たちにはありません。
　　その優しさに甘え、男子はぬるま湯から一歩を踏み出さなかった。
　　誰も、「坂下大義」（注　B 組の合唱リーダー）にならなかった。誰一人として。
　　それが問題です。ですよね、保護者の皆さん。ですよね、子供たち。

□次に会うのは 11 月 4 日です。
　　学級解散まで、あと 88 日となるでしょうか。
　　3 月まで、イベントは何もありません。
　　授業を受け、給食を食べ、掃除をし、短時間部活動をして帰る。
　　ただただ平凡な日々が平凡に過ぎていきます。

□さて 80 数日をどう過ごしましょうかね。
　　私も私なりに、三連休に部活指導や仕事をしながら考えます。
　　君達も、自分の頭で考えてみるといいです。
　　流されるのではなく、自分の意思で歩いていくために。
　　惰性で生きるのでなく、目的を持って自覚的に生きるために。
　　それってとても大切なことですよ。
　　最後に。人間が一番大事にすべきは「自分」のみではありません。
　　時には自分以上に大事にすべきものが、確かにあるものです。

● 11 月　　　　　　　　　　　　　　　　　　　　　　平成 X 年 11 月 4 日発行第 169 号

Time is life

●**アーカイブコメント:**　男子はサボってなどいなかった。しかし、本気で歌うこともしなかった。その時点の彼らにはまだ越えられない壁が存在したのだ。女子と教師の支えがあっても尚越えられない壁。その壁をいかにして越えさせるか。私が考え続けたのはその具体策であった。

□三日間、部活動で、社会貢献活動で、病院で、脳裏をよぎるのは合唱のことでした。既に終わったことなのですが、頭から離れません。

□早くも 11 月、今年も残すところ 2 カ月です。
　12 月 25 日が終業式ですから、登校日は 30 日余りでしょう。
　少年老い易く学成り難し。一寸の光陰軽んずべからず。
　Time is money. 時は金なり。私にとって、これは違います。
　私にとっては、これです。

Time is life. 時は命そのものなり。

　私達は命を削って今日という日を生きています。
　誰が何年生きながらえるかなど、誰にもわかりません。
　瞬間瞬間に全力を尽くす意味は、ここにあります。

□今朝、部活動の朝練習を終えて職員室に入ると、机上に手紙が置かれていました。保護者の方からのものでした。
　県大会の壮行会を終え、陽菜さんが日記を集めて持ってきてくれました。
　その日記には 9 通の手紙が挟まれており、のみならず、複数の子どもの日記帳に、保護者の方の文化祭（そこに至るまで）の感想が綴られていました。
　ありがたいことです。
　学校にいる時間のほとんどは授業と生徒対応で過ぎるので、早々に返信を綴ることはできません。
　しかし、保護者の方々の参画を心からうれしく思っているのは事実です。
　この場を借りて、御礼申し上げます。

□提出された日記のすべてに、合唱の取組に対する自らの考えが綴られていました。何人もの人が、今までで最も密度の濃い、考え抜いた形跡がはっきりと残る文章を綴っていました。それもまたうれしく思いました。

□あのコンクールにおいて、男子はサボってはいなかったのです。
　しかし、精一杯歌うという努力もしていなかった。
　日常の積み重ねとして、君達の「態度」は終日立派でした。私が注意したのは音楽鑑賞の途中に下を向いていることだけ。1 日でたった 2 回です。
　君達の努力は、生き方の変化、級友との関わりの変化として、着実に実りつつあります。
　それが合唱の歌声にまで到達できればよかったのですが、それにはもう少し時間が必要だったようです。私は心底悔しかったです。

□君達の努力は、君達と私以外には見えません。言葉でも伝わりにくいです。
　授業態度で注意されることが少なくないそうですが、授業は教科の担当者の責任です。学級集団の責任ではまったくありません。
　中学校は「教科担任制」です。9 教科を担当するそれぞれの教師が、自らの授業時間は「担任」なのです。だから、授業がうまくいくのもいかないのも、教科担当者の責任なのです。

□君達が犯した過ちで君達が指導を受けるのは私も甘受します。しかし、君達の過ちではないところで不当なる仕打ちを受けることがあれば共に戦います。
　悪い所は直しましょう。良い所は伸ばしましょう。そろそろ、真剣に。

● 11 月 　　　　　　　　　　　　　　　　　　　　　　平成 X 年 11 月 4 日発行第 170 号

泣きながら歌う姿の意味

●**アーカイブコメント：**　一点を公表する時が来た。女子の涙の意味、それは、「男子全員が指揮者を見つめていたこと」そして、「舞台の上の自分たちに男子の声がはっきり届いていたこと」だった。感動の涙だったのだ。泣きながら席に戻ってきた彼女たちが伝えてくれた「事実」である。

□合唱について、もう少し書きます。子供達の日記も紹介したいし、保護者の方々からのお手紙も紹介したいのです。時間と余力との戦いです。

　まずは、保護者の方々が何を感じ、何を思っていらっしゃるか。

　お名前を伏せ、特定できる部分のみぼやかして、紹介します。

　ただし、全員分を載せることは今はできません。

　幾つかに限定することをご了承ください。

■いつもありがとうございます。

　本日の合唱コンクール、私も保護者の方達と同じように、一言での感想は「悔しい」です。

　通信で 2A の様子を読みながら成長するクラス、長谷川先生と出会い成長する我が子を毎日見てきた私にとって、先生に喜びと感謝の気持ちを、コンクール後にお話ししたいと思っていただけに、残念な歌でした。

　最近の嬉しい事を先生に聞いてもらいたかったのです。

　それは息子が、「これから歌の練習があり、帰りが遅くなるから、○○送ってくれる」と言ってきた事。別の日には、「土曜日来る？　俺達、昨年合唱コンクールで歌っていた？」「みんな下向いたり、歌っていなかったね」と言うと、「今年は、みんな歌っているから」。

　息子から合唱の話をしてきたのです。送迎の車内での少しの出来事でしたが、降りた後、うれしくて涙が止まりませんでした。

　昨年は、練習の前、ホームルームを抜け出したり、本番その場にいるのが私は辛かったです。

　女子達には申し訳ない気持ちでいっぱいで、参加するのはあたりまえの事ですが、それをやらなかった者の親として、こんな事でもすごくうれしかったのです。

　だから長谷川先生に、どうしても伝えたくて、そして今日頑張った姿を見て、成長した子を見て、ありがとうございますと長谷川先生に伝えようと思っていたのです。

　本人は「自分の声、聞こえた？　舞台ではみんな歌っていて、声が聞こえた」と話していましたが、未熟でした。泣き出した女子の気持ちは、こんなはずではないと、痛いほど気持ちが伝わってきました。

　今までも我慢してくれ、責めないでいてくれた気持ち、理解させなければと思いました。やっている子、やらない子と分けたら後者の親なので心苦しいですが、頑張った子には感謝の気持ちでいっぱいです。

　先日の通信に書いてあった、ルールを犯し、人の心を傷つけた人間が卒業式の日に泣く姿に感動する人がいるが、自己満足で、そんな感傷で帳消しになることはないと。その通りです。本当の教育者の考えだと、今まで経験した卒業式はそうではなかったと、この通信を読んで思いました。

　長谷川先生は本当に生徒を守ってくれる、我が子を、そうさせたくないと。そのために親がしなければいけない事は何かと考えなければと思います。

　本当は、色々と先生に聞きたい、聞いてみたいと思うこともたくさんあったのですが、多忙な先生の様子を読んでは、電話では失礼かと思い、手紙を書こうと思っていながら遅くなり、すみませんでした。親子共、長谷川先生を信頼していて、これからも指導していただきたい、先生のクラスで卒業させてあげたいというのが本音です。訪問していただいた時の、うれしそうな笑顔が私もうれしかったです。

　お父様の状態も心配ななか、思いやりのある指導、ありがとうございます。

　最後に、私は長谷川先生の自信溢れる姿、振る舞いがすごく素敵だと思います。どんな時も自分を見失わない姿、尊敬しています。

□合唱開始直後から、席に戻っても続いた女子の涙。あれは、男子を責める気持ちから出た涙ではありません。

　その気持ちが、練習段階ではもちろん大いにあったと思いますが、そういうものを通り越して、私達は当日を迎えたのです。

　あの涙は、考え抜き、努力し続けた者が流せる涙です。当日までの様々な場面が、脳裏に次々浮かぶのです。その多くは苦労したこと、つらかったこと、耐えたことです。それらの上に、今日のこの日があることを思うと、涙が流れるのです。泣きながら歌う姿を、私は過去に幾つも見てきました。

179

● 11月

平成X年11月4日発行第171号

「もったいない！！」

●**アーカイブコメント：** 当日、保護者に伝えた言葉がある。「大人は欲張りですね」自分も含めて、だ。これだけやったのだからこういう結果が出るはずだという期待が先行し、現実がその期待に追いつかないと見るや、失望や怒りを露わにする。それ以外の伸びを認める心を失ってしまう。

□ひきつづき、保護者の方々の声を、時間の許す限り紹介します。

■お世話になっております。

　いつも子供達の事を考え、行動していただいて大変感謝、感動しております。
　さて、先日の文化祭での合唱ですが、連日いただいております「気愛」での先生のお話、子供達の日記を見て、一喜一憂しながら当日を楽しみにしておりました。
　子供から、「○○君の声がよく聞こえるんだよ」とか「今日は2Bより2Aの方が声が出てたよ」とか、皆と頑張っている話を聞くたび嬉しくなり、親として出来る事は、風邪をひかせないように、朝練習遅刻しないように、「合唱声出てる？」などの声かけをするぐらいしかできませんが、陰ながら応援しておりました。
　そんな事もありながら、勝手に合唱の出来を想像し、期待を膨らませすぎたのか、2Aの発表は息をするのも忘れるぐらい、怒りにも似たショックを受けました。
　同日に、小学校の授業参観があったので、そちらに行っても、何人かの保護者に、2Aの合唱について酷評を受けました。同感、と思いながら恥ずかしく、申し訳ない気持ちで聞いておりましたが、
　「確かに本番は声が小さく、他のクラスに比べれば、まだまだな所は多いです。ですが、練習で個人差はあるけれど、一人一人頑張った事があったはず！！」と、思う気持ちも出てきました。
　三学期には、2年生がメインの「三送会」があります。文化祭で、自分達に貼ってしまったレッテルを、是非ひっぺがしてほしいです。
　「やっぱりね」なんて絶対に思われないような「三送会」にしてもらいたいです。
　親としてまだまだですが、子供のために出来る事を考え行動したいと思います。
　長谷川先生に2Aを担任していただいてから、確実に良い方向に向かっていると思っております。どうぞこれからも子供達の事を宜しくお願い致します。

■お世話になります。

　先日の文化祭は小学校の授業参観と重なってしまい、合唱だけをきいて帰りました。
　他の親御さん同様苦い気持ちを抱え、悶々とこの連休を過ごしました。もう子供達の中では、終わった行事の一つとなってしまっているのでしょうか。伝えられないままの一人の親の気持ちをつづらせて下さい。
　前日のぶつかり合い……話を聞いてびっくり。これでは、当日休む子も出てくるのでは、と心配していましたが、子供もそこから逃げずにステージに立っていましたね。
　そんな大小の色々なことを乗り越えてきたのでしょう。女子の歌声はとても澄んでいて、どこよりもハーモニーがすばらしかったです。お世辞ではなく、練習用のCDを聴き慣らされていた私は、実際の歌を聴いたら、聴きおとりしてしまうのではと思っていたのです。でも、本物の皆の歌声はCDに負けないもので、舞台の上でとてもきれいでした。涙が出ました。
　女子の部があったら、堂々の1位だったことと思います。
　男子も皆、口元が動いているのが見えました。皆の中では頑張って参加していたのでしょう。でも舞台ではどうにも弱かった。あいさつも、相手にきこえなければ無視も一緒です。気持ちはあるのに、「もったいない！！」のただ一言でした。（つづく）

●11月

平成 X 年 11 月 4 日発行第 172 号

命の炎を自ら燃やして

●アーカイブコメント： ほぼすべての保護者から便りが寄せられた。「娘が泣いたのは、男子が声を出していないからだとずっと思っていました」「先生、私達親の今やるべきことは一体なんでしょうか」「先生、私達親もがんばります」コンクールを機に保護者たちの本気の行動が始まる。

■（承前）

　先生の指導のもと、数週間前にやっと答えを出しはじめ、やっと動きはじめた子供達。でもまだまだ、自分の中の何かにこだわり、やぶれていない様です。

　根付いている慣習や、硬いカラは何のためなのでしょう。

　それでも、少しずつ動きはじめているのはわかりました。

　クラス全体として、このまま歩みを止めてはいけない気がします。

　残る行事は三送会。

　あの合唱をきいて、子供達の成長を少しでも認めてくれ、よいクラスと評してくれた 3 年生へ、今よりもっと成長した姿を見せ、卒業のはなむけとしたいところです。

　例年寸劇をしているようですが、寸劇では皆の成長がわかりにくいし、誰かのおんぶに抱っこで終わることも可能です。一人一人声を出すことで成り立つ合唱の成功こそ、今の 2A のゴールの様な気がします。

　今回の課題曲「COSMOS」はとてもよい歌でした。命をもやして生きること……今の子供達にはとても大切なメッセージです。

　この歌を皆で歌い続けてほしいと思います。

■長谷川先生、文化祭、お疲れ様でした。ありがとうございました。

　文化祭の後、ちゃんとお礼が言えず、手紙ですみません。

　正直、もう少し声が聞こえるかと思っていました。期待しすぎてました。残念でした。女子も頑張ってたし、男子もよくなってきてたし、面白い子、やさしい子、2A にはいっぱいいい子がいるのに、「もったいない」です。本当に。

　親ばかかもしれませんが、今度は「大丈夫」「頑張って歌える」と思いたいし、思ってしまう、今の気持ちです。

　娘は 4 月頃に比べたら、変わりました。終わってから泣いてしまうかもと思っていましたが、最初から泣いてしまうとは、びっくりです。あの子なりに「本気」だったのだと思います。これも成長した一つだと思います。

　長谷川先生、ありがとうございます。まだまだいろいろと問題はあると思います。大変だと思いますが、宜しくお願いします。

■お世話になっています。先生、合唱祭終わってしまいましたね。残念です。本当に……いろいろと考えさせられる合唱祭でした。

　朝、先生に「まだ合唱にはなっていない」と聞いた時は、正直何を言っているのかわからなくて、歌がはじまって、「えっどうした？」とびっくり。しばらくしたら娘が泣き出して、私まで涙が流れてきました。

　娘が泣いたのは、男子が声を出していないからだとずっと思っていました。多分、他の保護者も皆さんそうに思っていたのではないでしょうか。本人に聞けば、そうではない、男子の声は聞こえていたよって……。

　一体以前は、どれだけ声が出ていなかったのかと本当にびっくりしました。

　家に帰ってからビデオを見て涙を流し、何回も何回も「気愛」を読み涙を流し、本当にこのままではいけないと色々考えました。

　先生、私達親の今やるべきことは一体なんでしょうか。私としてはどうしたら良いのだろうかと。

　先生はほんとにたいへんだと思いますが、ぜひ保護者会を開いていただきたいと思います。保護者の交流を持って、情報交換したいと思いました。

　このままではいけない！　と。

　悔しい思いが強い合唱祭でしたが、親子でたくさんの時間を共有できたことに感謝します。

　先生、私達親もがんばります。

● 11月

平成X年11月4日発行第173号

だから、諦めない

●アーカイブコメント: 「男子達には何か残ったのでしょうか？」誰もが抱く疑問に私は答えた。「コンクールを祭りで終えていたら残るものは小さかったでしょう。しかし生徒も、そして保護者も、祭りの後にこれだけ真剣に反省し、未来を語っています。だから、巨大な成果が残ります」

□男子の日記には、後悔の言葉、反省の弁、そして決意が綴られています。

　もちろん、事の重大さの理解度には差があるでしょうが、一人ひとりが今回の出来事を受け止めているのは事実です。

　こんな日記がありました。

■文化祭があった。自分達は女子や先生ががんばってくれたのに、練習の時からずっと歌っていなかった。本番も、声を出したいという気持ちはあるけれど、自分を守って、大きい声を出せずに、終わってしまった。

　1年前とは変わったのに、変わったはずなのに、合唱にそれを表せられなくて、悔いの残る文化祭でした。

　そして、女子と先生にはもうしわけないです。

　今、自分は、自分を守るばかりで、他人のために何もやっていなくて、そんな自分を変えていきたいです。

□一言一言を噛み締めるように読みました。

　こういう文章を、男子が書くようになったのです。だから、諦めない。

■いつもお世話になっております。日々熱心なご指導をありがとうございます。

　本日の文化祭の合唱コンクールについて一言伝えたく、お手紙を書かせていただきます。

　今日の合唱コンクール、楽しみにしていました。とにかく娘が頑張っていたので。（略）

　しかし、2Aの合唱が始まった直後、あまりの衝撃に言葉になりませんでした。2Aの合唱を聞きながら涙があふれました。途中立ち上がり、「男子！！　頑張れ！！」と言ってしまおうかと思うくらいに。そしてそのままフラフラと帰宅しました。

　やっとスタート地点にたどり着き、最近男子の声が聞こえるようになって嬉しいと、合唱になってきたと聞いていたので、どうやって帰ったのか記憶が曖昧な程の衝撃でした。

　2Aの女子達がどれ程頑張っていたのか間近で見ながら感じながら……「気愛」にも頑張ると書いてくれていたのに……。あの程度の歌声で返している男子達の姿にショックを受けました。途中何度もトラブルが起きながら、何とか合唱を良いものにしようと頑張ってきたのではないのですか？

　今、2Aのみんなは文化祭を終えて何を思っていますか。

　（略）そしてその日から、帰宅後の会話は「今日の合唱どうだった？」でした。

　そして、毎日事細かくその日起きた出来事を話してくれました。時にアドバイスしたり、悩みを聞いたり。今日の朝食時ですら、どうしたらもっと声を出してくれるのかで軽いケンカをしてしまい、本番当日なのに、もっと気持ち良く送り出してやれなかったのかと後悔したほどです。

　娘を頑張れと応援し支えてきましたが、もっと何かやってあげられる事があったのでしょうか？

　文化祭は終わってしまいました。女子達の頑張りは、きっと、絶対に無駄にはならないはずです。しかし、男子達には何か残ったのでしょうか？　自分達が変われる良いチャンスだったのに。私に出来る事はあるのでしょうか？　何をしてあげられるのでしょうか？

　文化祭を終え、車で迎えに行き、JA手前の自動販売機の前で一人しゃがみ込み涙を流している娘を見た時、また涙してしまいました。そして、今日はお疲れ様！　としか言ってあげられませんでした。

　そして、夜にあるお母さんと労いのLINEをしました。頑張って演奏してくれた子のお母さんです。

　そこで、合唱を終えた娘が自分の席で肩を震わせて泣いていたと、あれを見てまた泣けたと教えてくれました。いろんな想いが込められた涙だったのだと思います。

　女子達は、本当に立派に歌っていました。だからこそ、男子の声が残念でなりません。

　先生の思い、保護者の思い、そして2A女子の思いは、男子達に届いているのでしょうか。それが伝わる日が来るのでしょうか。

　学校から帰宅後、思うまま書いてしまいました。文章がまとまらず申し訳ありません。

　今日娘が持ち帰ってきた「気愛」にも保護者の方々の思いが沢山溢れており、それを読みながらまた泣いてしまいました。

● 11月　　　　　　　　　　　　　　　　　　　　　　　平成X年11月6日発行第174号

確かに承りました

●アーカイブコメント：　伴奏に歌唱に最も努力した女子の一人が書く。「けれど、男子が口を
あけて、小さいながらも声を出していたこと、がんばろうとしてくれたことは認めてあげるべき
です」同情ではない。彼女の本心である。そして希望は未来に向かう。3月の、学級演劇へ。

□県大会現地指導を終えました。
　テニスに日常生活のほとんどを投じ、真剣に生きている中学生の姿を見て、心が洗われる思いがしました。
　各地の予選を勝ち抜いた個人戦200ペアのうち、ベスト4に残ったのはすべて同じ中学校の生徒でした。
1から10まで違いました。凄い世界が、君達の日常と同じ時間に、進行しています。
　内向きになっている目を、一度でも外に向けると、為すべき事が明らかになるかもしれません。

□昨日も、今朝も、保護者の皆さんからのお手紙をいただきました。
　もう段ボールひと箱分くらいになります。
　ありがとうございます。子供達も喜んでいます。
　落ち着いて、通信に綴るなどしたいと考えます。

■お世話になります。先日の「気愛」を読み、皆さんの気持ちは全て私の思いと重なりました。男子は何を
考えて唄っていたのでしょう。家で何度もビデオを見直しました。会場では聞こえなかった男子の声はかす
かに聞こえていました。でも、残念な事に会場には届かなかった。男子の歌声を信じて期待していただいた
女子の皆、先生、女子の保護者の方に申し訳なく思います。何故、唄えないのか。頑張る気持ちは十分にあ
るのに、なぜ形に出来ない。長い年月をかけて自分を守る為に作った殻を破るチャンスだと思ったのに。
　しかし、今まででしたらこれで終わりだったかもしれませんが、今年は違います。長谷川先生が担任に
なって頂けたことでこうして終わった行事の事なのに皆で反省し、前に進もうと努力しています。今まで
一度もこんな事はありませんでした。（略）今の長谷川先生の姿を拝見していれば、教師がいかに素晴らし
く、大変な仕事かがわかります。長谷川先生の代わりはいませんので、お身体を大切にしてください。子供
達が先生と巡り会えた事に感謝致します。合唱コンクールは残念でしたが、今の気持ちを忘れず、同じ過ち
を繰り返さないためにも、長谷川先生、ご指導宜しくお願い致します。

■保護者様方の「気愛」にのっていたお手紙を読んで、今日は終始涙が溢れ続けました。先生のもとには本
日、何通もの手紙が届いていて、私達のことをこんなにたくさんの親が思ってくれているのだなと思いまし
た。すごく嬉しかったし、今までにこんなこと、一度もなかったのでとても感動しました。
　親御さん方も、「悔いが残る」と書いていた方が多く、私も本当にそう思います。けれど、男子が口をあ
けて、小さいながらも声を出していたこと、がんばろうとしてくれたことは認めてあげるべきです。
　どんなに悔いが残ろうとも、この2Aというクラスの合唱は、文化祭の合唱コンクールでは二度と披露す
ることができません。だから、三送会でリベンジです。今まで「最悪の学年」と呼ばれ、先生方、親御さん
方、他学年の生徒から見放されてきた私達のために、それでもあきらめず、全力で支え続け、終わった今も
私達に尽くそうとしてくださっている長谷川先生と、2Aの生徒の保護者様、そして、私達の合唱の裏にあ
るものに気づいてくれた三年生男子に感謝し、三送会や授業参観でも、もう二度とその方々を裏切らないよ
うに、全力を尽くし、本気で取り組み、成長したところを見せてあげられたらいいなと思います。
　保護者の皆様、お忙しい中2Aのためにお手紙を書いてくださり、誠に感謝申し上げます。少しずつです
が、日々成長している2Aの皆を、これからも支え続けていただけると幸いです。（裕美）

あとがき

年度初めの三日間ならば生徒は素直である。
新たな出会い、新たな生活への希望に胸を膨らませている。
その三日間に、1年を貫く学級の仕組みとルールを構築する。
教育界ではこれを「黄金の三日間」と呼ぶ。
公的研修の現場でも当たり前のように遣われるようになったこのキーワードは、我が師匠、向山洋一先生の造語である。

その「黄金の三日間」すらない学級を担任したのは三度目だった。
初日、いや、正確に言えば始業式前日の「準備登校」から、教育的格闘が始まっていた。
春休み最終日、始業式・入学式準備のために中2、3年が登校する。
その集合場所に、集合時刻に、中2だけで十数名がいないのだった。

最初の学活では、一人残らず全員を聴く姿勢にさせ、聴く心構えをもたせるのに数十分を費やした。
そのうえで大切な上にも大切な「所信表明」を行った。

私の仕事を見た仲間たちが、「暖簾に腕押し」と表現した。
そう見えてもおかしくない状況が続いた。

しかし、相手も人間である。
こちらが倦まず弛まず、根気で劣らず、指導の工夫を重ねるにつれ、ほんの少しずつ変わっていった。
彼らの中に髪の毛一筋の変化を見つけるたび、心身にエネルギーが満ちた。

さて、上巻に収めたのは出会いから半年余りの記録である。

最後までお読みいただいた方の心中は、「えっ!? これからどうなるの?」といったところだろう。

そこは下巻のお楽しみ。
とサスペンドしたいところなのだが、予告を一つ記そう。

以下は、大波乱の合唱コンクールから4か月半後、3月下旬に綴った私の日記である。
タイトル欄には「最高記録更新」と記した。

たった1年間の関わりで、目の前の生徒たちと別れなければならない。
今年度の私の実践は、私の歴史上、間違いなく過去最高の実践である。
5年前の私では到底できなかったし、去年の私でも無理だった。
昨年の大学院1年間が役に立ったわけでは、全くない。
誇張でなく、現場の実践の質の向上には結びついていない。
そうでなく、教師が最も成長するのは、目の前の子どもたちとの関わりの中でのことなのだ。

日々子どもたちが持ち寄る課題と真摯に、がっぷり四つに取っ組み合いをする中で、私はまた磨かれた。
過去最高に課題の多い生徒集団を担当したからこそ、過去最高の実力の伸びを実現し得た。
この実感は、揺るがない。
向山洋一先生に学び始めた時に出逢った言葉、「子どもの事実」と「腹の底からの実感」。

これだけを指標に生きてきて、そしていつしか、あり得ない質の子どもの事実を生み出し、教育界に問題提起を為し続けることが自分の天命だと思い至った。

最も困難な場を引き受けて、最も質の高い子どもたちに育てて去る教師。

そのような教師になりたかった。

その境地に、一歩、近づけた1年間だった。

子どもたちのおかげである。

■長谷川先生、お疲れ様です。お忙しい中、毎日毎日、多くの文章を「気愛」に打ち込んでくださって、本当にありがとうございます。できることなら、私も「気愛」を書くのを手伝いたいです。

日記に書きたいこと、長谷川先生と話したいこと、まだまだたくさん残っています。けれど今日、ふいに目に飛び込んできた、「あと5日」という文字を見て、本当に、時間がないなと思いました。私も、あと5日では足りません。2Aの皆とやりたいこと、話したいことが、まだまだ山ほど残っているのに、あと5日で終わってしまうなんて……。

「気愛」を読みながら、日記を書きながら、溢れてくる涙を毎日毎日、抑えることができません。

学校に行って、2Aメンバーの幸せそうな笑顔を見ていると、これで2Aが解散になってしまうだなんて、信じられません。

私達の1年間は、長いようで短いものでした。その1日1日の内容は濃く、決して上書き保存はされないファイルの中に、鮮明に保存されています。

私の中にある「2A」というファイルは、恋なんかよりも特別で、演劇のような、ドラマのような、小説のような、いや、そんなものよりももっとドラマティックな、ノンフィクションとは思えないひとつの物語です。

いつか、この1年間を小説として書くのが私の夢です。公開しなくても、この1年間は文章として書き留めておきたい、そう思えるような、最高に幸せな1年間でしたから。（略）■

ある女子生徒の、昨日の日記である。

母親も、今では学級一の応援団だ。

今回の演劇に際しても、9枚10枚の衣装をひとりで縫って作ってくれた。

現在は、学級解散パーティー企画の中心として毎日準備を進めてくれている。

こういう事実が、子どもの数だけ生まれている。

尊敬する人物から、「長谷川さんの働き方だと10年もたないぞ」と言われたのが新卒4年目。

あれから十数年経過したけれど、あの時以上の精神で働くことができている。

子どもたちのおかげである。（引用終わり）

解散後の春休みにはたくさんの生徒が私の地元を訪れた。
夏休みになっても途切れなかった。
保護者の方々もいらっしゃった。

いくら話しても、話題は尽きなかった。

高校生になっても、男子たちは自宅に遊びに来た。
高校生活、部活、恋愛、家族関係、様々な相談事を持ち込んできた。
雑談の中で、たくさんの教師仲間が「気愛」を書籍化してほしいと言っているのだと話した。

「えっ！　すごすぎる！」
「そんなこともあるんですね！」
「〇〇〇〇主人公でお願いします！」

そう言ったのは、出会いの日、私が話し始めた瞬間に突っ伏した生徒だった。

彼らとの出会いがあり、今の私がある。これは確かなことだ。

「教育の仕事は、子供を成長させることだけを目的として、成就できるものではない。教師もまた成長し続けなければならない。教師が成長のための努力を怠った時、子供もまたその成長を止める。
　教師の成長と子供の成長は一体のものである。子供の成長は教師の成長に規定され、教師の成長は子供の投げかける課題に規定される」

師匠の言である。
生徒と過ごす１年間、この一節を幾度となく口にした。
人間が変えられるのは自分だけだ。他人を変えることはできない。
だが、気づかせることはできる。気づけば相手は己の努力で変わっていく。
だから、気づかせることのできる自分をつくるのだ。
その思いで日々学校に向かい、教室への階段をあがり、教壇に立った。ひたすらに教師修業を積んだ。

本書はそんな私のささやかな実践記録である。

NPO法人埼玉教育技術研究所代表理事・TOSS代表代行補佐　**長谷川博之**

〈著者紹介〉

長谷川博之（はせがわ ひろゆき）

1977年1月17日生。早稲田大学卒。早稲田大学教職大学院卒。TOSS代表代行補佐。向山一門副代表。NPO法人埼玉教育技術研究所代表理事。TOSS埼玉志士舞代表。JP郵便教育推進委員。
全国各地で開催されるセミナーや学会、自治体や学校、保育園の研修に招かれ、年間70以上の講演や授業を行っている。また自身のNPOでも多種多様な学習会を主催している。
主な著書に『生徒に「私はできる！」と思わせる超・積極的指導法』『中学校を「荒れ」から立て直す！』『中学の学級開き　黄金のスタートを切る3日間の準備ネタ』『中学生にジーンと響く道徳話100選』『小学生がシーンとして聴く道徳話100選』（以上、学芸みらい社）、『クラス皆が一体化！中学担任がつくる合唱指導』『子ども・保護者・教師の心をつなぐ"交換日記＆学級通信"魔法の書き方と書かせ方』『黄金の三日間を制する授業準備ノート』（以上、明治図書）等がある。

生徒の心をわしづかみ！
長谷川博之の「学級通信」365日全記録 上巻

2019年5月10日　初版発行
2019年8月25日　第2版発行
2020年4月30日　第3版発行
2024年2月15日　第4版発行

著　者　長谷川博之
発行者　小島直人
発行所　株式会社 学芸みらい社
　　　　〒162-0833 東京都新宿区箪笥町31番 箪笥町SKビル3F
　　　　電話番号 03-5227-1266
　　　　https://www.gakugeimirai.jp/
　　　　e-mail : info@gakugeimirai.jp
印刷所・製本所　藤原印刷株式会社
企画　樋口雅子　　校正　菅洋子
装丁デザイン　小沼孝至

落丁・乱丁本は弊社宛てにお送りください。送料弊社負担でお取り替えいたします。
©Hiroyuki Hasegawa 2019 Printed in Japan
ISBN978-4-909783-04-2 C3037

学芸みらい社の好評既刊 日本全国の書店や、アマゾン他のネット書店で注文・購入できます!

イラスト版
通常学級での特別支援教育

村野聡・千葉雄二・久野歩
井手本美紀イラスト

授業づくり・学級経営場面で
パッとできる支援100

300枚の動画的作品!
教室での支援を動線化したイラスト
どこで何をやれば良いか一目で
早わかり!

全ページにビジュアルイラスト
◎教室の机で1m^{2}をつくる方法
◎片付けの苦手な子のお助け袋 etc

すぐに役立つ支援アイデア大集合!

・A5判ソフトカバー
・208ページ
・定価:2200円+税

学芸みらい社の好評既刊
日本全国の書店や、アマゾン他のネット書店で注文・購入できます!

若手なのにプロ教師! 新指導要領をプラスオン

新・授業づくり&学級経営
365日サポートBOOK

学年別 全6巻

監修:谷和樹（玉川大学教職大学院教授）

「子どもに尊敬される教師になろう!」
いかなる時代の教育にも必須のスキルに加え、新指導要領が示す新しい提案をプラスオンする本シリーズで、教室の365日が輝く学習の場になり、子どもの姿が頼もしく眩しい存在となるだろう。
──向山洋一氏（日本教育技術学会会長／TOSS代表）、推薦!

巻頭マンガをはじめカラーページも充実!

新採の先生が1年もたずに退職。ベテランでさえ安定したクラスを1年間継続するのが難しい時代。
**指導力上達の道筋を「具体的なコツ」で辞典風に編集!
プロとしての資質・能力が身につく「教師のための教科書」。**
──谷和樹氏「刊行の言葉」より──

【本書の内容】「グラビア①：まんがで読む!各学年担任のスクールライフ」「グラビア②：各学年のバイタルデータ＝身体・心・行動」「グラビア③：教室レイアウト・環境づくり」「グラビア④：1年間の生活習慣・学習習慣づくりの見通し」「1章：新指導要領の発想でつくる学期別年間計画」「2章：学級経営＝学期&月別プラン・ドゥ・シー」「3章：若い教師＝得意分野で貢献する」「4章：実力年代教師＝得意分野で貢献する」「5章：新指導要領が明確にした発達障害児への対応」「6章：1年間の特別活動・学級レクリエーション」「7章：保護者会・配布資料　実物資料付き」「8章：対話でつくる教科別・月別・学期別　学習指導ポイント」「9章：参観授業&特別支援の校内研修に使えるFAX教材・資料」「10章：通知表・要録に悩まないヒントと文例集」「11章：SOS!いじめ、不登校、保護者の苦情」「附章：プログラミング思考を鍛える＝「あの授業」をフローチャート化する」

**パッと見れば、どのページもすぐ使える。
365日の授業、完全ナビ!**

B5判並製
各巻208～240ページ
定価：本体2800円+税

学芸みらい社の新刊

日本全国の書店や、アマゾン他のネット書店で注文・購入できます!

新道徳授業が10倍イキイキ!
対話型ワークシート題材70
―全単元評価語一覧付き―

村野聡・保坂雅幸 編著

A5判並製152ページ　ソフトカバー
定価：本体2000円＋税

目　次

教材のユースウェア　―本書の使い方ポイント

第1章　低学年の新道徳で使える「ワークシート」
　　自分自身に関すること
　　人との関わりに関すること
　　集団や社会との関わりに関すること
　　生命や自然、崇高なものとの関わりに関すること

第2章　中学年の新道徳で使える「ワークシート」

第3章　高学年の新道徳で使える「ワークシート」

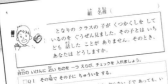

ワークシートは低・中・高別で
A 自分自身に関すること
B 人との関わりに関すること
C 集団や社会との関わりに関すること
D 生命や自然、崇高なものとの
　　関わりに関すること

の4項目ごとに題材例を提示

学芸みらい社の好評既刊 日本全国の書店や、アマゾン他のネット書店で注文・購入できます！

すごいゾ！次世代教師シリーズ──❶
道徳を核にする学級経営
◉担任の趣意説明→ほぼ毎日文言集◉

山本東矢 著（大阪市立みどり小学校教諭）

全国の若手仲間が注目！次世代のホープが登板!!

ほぼ毎日発行する学級通信のリアル収録

●つけたいモラル・マナー習慣
●欲しい集団のモラルパワー
　教師のメッセージ"趣意説明"

B5判／248ページ／定価：2600円+税

主な目次
1. 道徳で人づきあいマナー
2. 教師の趣意説明－ほぼ毎日発行
　 ダイアリー4月〜3月の週ごと活用可
　 徳目ごとのインデックスでも活用可

盛年教師"山本東矢"が 教室の事実から絞り出した
珠玉222の言霊　　*河田孝文 推薦！*

☀ 学芸みらい社の好評既刊
日本全国の書店や、アマゾン他のネット書店で注文・購入できます！

圧倒的人気！スター教師・長谷川博之とその仲間が新年度の学級開き・授業開きの成功の条件を語る。

中学の学級開き
黄金のスタートを切る３日間の準備ネタ
長谷川博之 編・著

A5判／ソフトカバー／184ページ／定価：本体2000円+税

黄金のスタートダッシュを切るために

- ● 限られた時間でなすべきをなす準備メニュー
- ● 「最初の３日間」→ 黄金スタートにする準備
- ● これで大丈夫！１年間の計画と構想ヒント
- ● 生徒を惹きつけるプレゼンのネタと話術

・成功する出会いの準備とチェックリスト表　・学級ルールを決める―係・当番・給食・掃除
・要配慮生徒の確認と教室環境の整備ポイント・学年別・黄金の三日間の流れをシミュレート
・黄金の三日間→隙間時間のゲームや教材ネタ・黄金の三日間→生徒に語ろう「この話」
・黄金の三日間→生徒があげるアドバルーン対応・最初の授業を10倍楽しくするネタ
・荒れた学校の「黄金の三日間」・生徒に見られている担任の行為
・「黄金の三日間」までの準備チェックリスト